国家社科基金
GUOJIA SHEKE JIJIN HOUQI ZIZHU XIANGMU
后期资助项目

金融科技对商业银行风险、绩效多维影响的理论与对策研究

Research on the Multi-dimensional Influence of FinTech on the Risk and Performance of Commercial Banks

刘孟飞 著

上海远东出版社

图书在版编目(CIP)数据

金融科技对商业银行风险、绩效多维影响的理论与对策研究 / 刘孟飞著.
—上海:上海远东出版社,2022
ISBN 978 - 7 - 5476 - 1836 - 3

Ⅰ.①金… Ⅱ.①刘… Ⅲ.①金融—科学技术—应用—商业银行—银行管理—研究 Ⅳ.①F830.33

中国版本图书馆 CIP 数据核字(2022)第 145429 号

责任编辑 程云琦
封面设计 李 廉

金融科技对商业银行风险、绩效多维影响的理论与对策研究

刘孟飞 著

出 版 **上海远东出版社**
    (201101 上海市闵行区号景路 159 弄 C 座)
发 行 上海人民出版社发行中心
印 刷 上海信老印刷厂
开 本 710×1000 1/16
印 张 19
字 数 331,000
版 次 2022 年 11 月第 1 版
印 次 2022 年 11 月第 1 次印刷
ISBN 978 - 7 - 5476 - 1836 - 3/F・697
定 价 78.00 元

目　录

第一章　绪　　论

第一节　研究背景与问题的提出

一、国际背景

人类的金融发展史,是一部伴随着科技进步的历史。各国金融机构国际地位的攀升,也是积极运用科学技术的结果。目前,金融业已全面进入金融科技时代,正在向网络化、数字化、移动化、智能化发展,科技与金融业的深度融合促使金融边界逐渐模糊。金融科技是对金融体系基础设施的重大创新(Schindler,2017),涵盖了从新技术开发到金融服务商业化的广泛活动和业务领域(Bofondi and Gobbi,2017)。金融科技公司运用新兴技术进军信贷市场,扩大了受益客户群体,让客户享受到传统金融机构未能提供或者提供不充分的金融服务(Gomber et al.,2018)。云计算、大数据、人工智能和区块链等金融科技重点技术在传统金融领域的广泛应用,深刻改变金融生态(Lee and Shin,2018),重塑银行业的业务格局,要求银行机构提供更具创新性的解决方案(Romānova and Kudinska,2016)。有观点认为,商业银行、中央银行提供的部分金融服务和部分金融基础设施未来可能会被新型科技公司、自动化程序和去中心化网络取代[①]。甚至有学者指出,在未来某一时刻,银行将只用于存款,而其余的金融服务将由金融科技来提供(Hemmadi,2015;Gomber et al.,2017)。中国人民银行科技司司长李伟在 2018 年 8 月第十九届中国金融发展论坛上表示,金融行业正在发生"数字蝶变",金融机构运用人工智能、云计算、大数据等技术革新业务模式,提高服务效率,创新金融产品,使信息技术不仅仅是电子化与网络化的载体,更成为发展数字经济,催生消费需求,践行普惠金融的重要

---

① 2019 年《中国金融稳定报告》。

动力。中国人民银行研究局局长徐忠在 2018 年 12 的中国金融四十人论坛上也表示,金融科技的影响已经从支付、身份管理、征信、信息安全等金融设施领域深入到风险管理、金融资源配置等核心业务环节,已是全球范围内的一个普遍发展趋势。金融科技正在使用"数字武器"对传统金融机构进行颠覆性的改变,"无科技不金融"已成为各界共识。

大量的研究表明,FinTech(金融科技)已成为金融业结构性变革,改善各方面运营的重要选择(Philippon,2016;Duan and Xu,2012)。金融科技创新可以降低金融服务成本,从而改善社会福利(Frame et al.,2018),对创新企业和整个金融行业都具有重要的价值(Chen et al.,2019)。以 2017 年美元计,FinTech 给创新企业带来的价值中位数为 4 670 万美元,远高于其他金融创新的价值中位数 310 万美元。金融科技以更透明的方式、更低的成本为更多的人拓宽信息获取和投融资途径。尤其在发展中国家,金融科技不仅使现有的服务更加便利,而且创造了新的基础设施,让数百万人融入到实体经济中,这无疑是一个巨大的市场,可以说"金融科技正在创造更美好的世界"(Menat,2016)。FinTech 公司足够敏捷与创新,传统金融服务提供商与金融科技公司合作,既方便又有利可图(Milian et al.,2019)。金融科技可以大幅度扩大资产端和资金端的覆盖范围以及"风险-收益"的匹配程度(杨东,2018)。融合金融科技的业务具有更大的灵活性、安全性、效率和机会(Gomber et al.,2017),运用金融科技是改善各方面运营的一种选择(Duan and Xu,2012)。

此外,金融科技创新还从宏观方面为金融资源合理配置,促进经济高质量发展开辟了新的路径。金融科技有助于缓解信息不对称问题,降低金融资源搜索和企业融资成本,从而促进科技向生产力的稳步转化,能够显著提升企业全要素生产率,进而促进经济增长(巴曙松等,2020)。金融科技突破空间限制,使得众多金融产品和服务在欠发达地区也较易获得,有助于缩小区域经济发展差距,为企业提供多元化的融资渠道,有效缓解金融抑制,提高资本使用效率,提升金融体系效率,从而促进经济增长(李杨和程斌琪,2018)。

银行业要充分利用金融科技所带来的机遇,整合传统服务资源,联动线上线下优势,创新服务方式和流程,充分结合互联网技术,以提升整个银行业的资源配置效率(巴曙松等,2018)。商业银行需要主动融入金融科技,加强科技基础设施建设、打通线下线上渠道、推动场景应用、加强跨界联合、完善风险管控,实现自身转型发展(武安华,2017)。费方域(2018)提出,中国应该从政府层面,高度重视并积极发挥政府在推动金融科技发展中的重要作用,建立明确的金融科技发展战略并一以贯之,强化政府、监管者与业界的合作和互动,大力培育、凝聚和保留关键生态要素,并推出有效的创新举措。吴朝平(2018)认为当前商业银行与金融科技公司的跨界联合创新呈现出三方面新特征:战略层面合作迅速铺开、联合创新成为行业普遍现象、线上线下通过联合创新相互渗透银行机构推动金融科技创新,这不仅是出于当前市场竞争的需求,更是长期战略思路转变的必然(杨涛,2017)。

国际相关组织和各国政府对金融科技的发展也都采取积极肯定的态度。世界银行全球业务局宏观金融部门首席专家埃里克·费恩(Erik Feyen)在2018年全球金融科技(北京)峰会上指出,金融科技的发展将帮助传统银行缓解信息不对称、降低成本、提高效率和交易速度,给金融市场带来了更多的机遇。国际清算银行金融稳定研究所所长费尔南多·雷斯托伊(Fernando Restoy)在2019年银行业公私部门区域政策对话中也表示,金融科技将提高金融服务的效率,扩大服务范围,促进金融的包容性增长。美联储主席杰罗姆·H.鲍威尔(Jerome H. Powell)在2017年中央银行年度研讨会上发表演讲,指出金融科技在信息收集和分析方面的强大功能能够帮助传统金融行业拓宽业务渠道,满足消费者对及时性、便利性的追求。2019年,英格兰银行发布了一份题为《未来金融:英国金融体系展望回顾及对英格兰银行的影响》的专题报告,指出未来金融的发展趋势,认为数字化将推动金融产业快速转型,促使金融活动逐渐由以银行为主转变为以市场为基础;并根据总部位于伦敦的金融创新组织(Innovate Finance)的数据预测,金融科技每年可为英国创造近70亿英镑的收入,同时还将推动高尖金融、技术人才的吸引和培养。

在此背景下,金融科技领域的投融资额迅速增长,主要发达国家纷纷加大对金融科技创新扶持力度,在全球范围内掀起了新一轮的金融创新和金融竞争热潮。根据国际数据公司(IDC)的不完全统计,截至2018年,全球已有超过4 000家金融科技公司,其中支付、借贷、众筹以及大数据分析是最主要的子领域。毕马威发布的《金融科技脉搏2018》研究报告显示,除2015年受金融危机影响稍显低迷外,2013—2018年间,全球金融科技投融资整体呈现不断上升趋势。尤其是美国、中国和英国等扮演了最重要的角色。5年内,全球金融科技投资额从189亿美元迅速增长至1 118亿美元。特别是2018年,投融资额高达1 118亿美元,较2017年的508亿美元增长120%;投资次数2 196起,同比增长1.4%。目前,全球形成了七大全球金融科技中心,其中四个来自中国,分别为北京、上海、杭州和深圳。

在 23 个区域金融科技中心城市中,美国和亚洲占 15 席,欧洲占 7 席。从科技企业的专利申请情况来看,也大体呈类似分布(见图 1-1)。目前,全球区域金融科技发展态势总体呈现出美国、亚洲走在前列,英国以外的欧洲发展稍缓发展的格局。

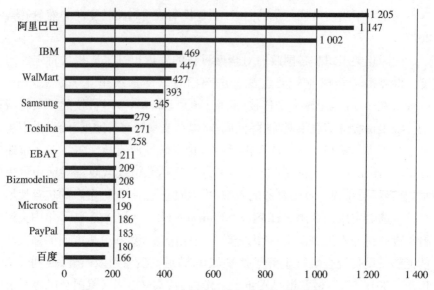

图 1-1　2018 年全球金融科技发明专利申请量 Top 20

根据零壹财经发布的《全球金融科技融资报告(2019)》,2019 年美国公开披露的融资总额为 744 亿元,占全球 28.4%,发生在中国的融资额为656 亿元,处于全球第二位。目前,依托大数据国家战略,美国在前沿技术、企业活力以及商业模式创新等方面已形成全方位的综合竞争优势。作为现代金融制度的发源地,英国始终将保持金融全球竞争力作为重要的国家战略,从 2005 年前后就开始高度重视金融科技发展。特别是 2008 年全球金融危机后,英国更是将引领全球金融科技创新作为重振传统金融部门的重要途径(Carney,2017),并在监管制度、理念创新以及前沿技术的应用方面形成了独特的竞争优势。通过与众多顶尖科技创新企业展开密切合作,共同开展数据存储与分析、机器学习、分布式账本技术(DLT)以及网络安全技术在金融领域的应用研究,英格兰银行在监管科技与数字货币领域的探索始终走在世界前列(Barrdear and Kumhof,2016;Carney,2018)。相比之下,中国金融科技产业的竞争优势则主要体现在市场规模与后发优势上(王达,2018)。

除此以外,欧盟、印度、新加坡、澳大利亚、中国香港等国家和地区也高度重视金融科技创新发展,并制定了一系列的相关保障措施。2018年,世界银行和国际货币基金组织联合发布《巴厘金融科技议程》(The Bali FinTech Agenda,BFA),为全球各国政府促进金融科技发展、改善金融服务、应对新风险、制定相关监管政策提供了框架。目前,全球范围内的金融科技领域竞争正愈演愈烈,中国人民银行副行长范一飞指出,作为未来全球金融竞争的制高点,谁掌握好金融科技这一最先进的生产力,谁就拥有最强的金融核心竞争力(范一飞,2020)。中国社会科学院研究员杨涛(2019)也认为,未来全球金融竞争将更多体现为金融科技元素的竞争,必须把握金融科技创新的历史"窗口期"。

从发展趋势与实践结果看,近十年来金融科技的发展,一方面,各种新型支付工具的兴起,以互联网平台和通信公司为代表的技术类企业涌入全球金融服务市场,通过提高在线提供抵押贷款的质量和便利性,不断获得市场份额(Buchak et al.,2018)。从新技术开发到金融服务商业化,从支付结算、存贷款到市场支持,金融技术涵盖了传统金融机构提供的所有服务,正在威胁几乎所有业务领域的现有企业的市场份额和利润率(Bofondi and Gobbi,2017)。另一方面,通过积极使用人工智能、区块链等去中心化技术,大大提高了金融机构内部经营效率和金融服务质量。依托新技术支持,原有金融服务的问题更易得到缓解,目前是金融科技发展的重要窗口期,既要避免重蹈互联网金融的覆辙,又要抓住重大历史发展机遇(杨涛,2019)。金融科技将帮助实现金融企业间的实力再平衡,并最终带来金融行业格局的改变(李杨和程斌琪,2018)。

巴塞尔银行监管委员会(BCBS)根据应用场景的不同,将主要金融科技产品具体细分为四大类:一是支付结算类,如数字货币、移动钱包等;二是存贷款与资本筹集类,如股权众筹、网络借贷等;三是投资管理类,如智能投顾;四是金融市场基础设施类,如客户身份认证、云计算、分布式账本等。FinTech从最初的移动支付和互联网借贷为主,逐步拓展到智能投顾、消费金融、证券、保险等广泛领域。目前,FinTech已经发展到4.0时代,它使金融行业能够为客户提供全天候的服务和更符合市场需求的金融产品。金融科技促使传统金融体系之外快速形成了全新的金融生态,传统金融机构的经营模式在这场科技变革中正发生着巨大的变迁(杨东,2018)。全球超过2 000家的金融科技公司利用移动互联网、大数据、人工智能、云计算等新兴技术开展低门槛金融服务,打乱了金融机构以往传统的思维定势与业务模式。商业银行推动金融科技创新,不仅是出于当前市场竞争的需求,更是长期战略思路转变的必然(杨涛,2017)。

然而,科技的发展也是一把"双刃剑"。金融创新的历史上,充满了早期繁荣但最终导致严重经济危机的先例(Carney,2017),风险对金融科技发展的影响同科技创新本身一样重要(Navaretti and Pozzolo,2017)。金融稳定委员会(FSB)也指出,随着 FinTech 活动的开展,操作风险和网络风险引发系统性问题的可能性会加大。但也不能因为新的风险出现就停止金融创新(吴晓求,2017)。2017 年全国"两会"期间,中国人民银行行长周小川特别强调,央行既高度鼓励发展金融科技,鼓励科技类企业向普惠金融方向发展,但也要防范风险,对于发展过程中遇到的不健康行为要不断规范。世界银行副行长兼首席风险官拉克茜米·希亚姆-桑德也指出,目前金融科技存在三大风险:一是利用金融科技手段进行金融诈骗;二是操作风险,由于金融从业人员和消费者对金融科技设计的复杂技术缺乏了解,容易发生操作失误并造成资金损失的风险;三是客户隐私泄漏风险(张林,2018)。金融科技使得金融机构的风险来源更加复杂,加重了风险的传染与放大效应,一旦出现风险问题便会影响整个金融系统,形成真正的系统性风险(杨涛,2019)。

金融科技发展带来的风险与挑战有:金融创新对原有法律法规的冲击引发的合规性风险,科学技术的不当应用造成的信息科技与数据安全风险,信息披露的缺失导致信息不对称而产生的信用风险,以及全球范围内互联互通带来的跨行业、跨国境金融波动和传染风险(杨东,2017)。新的金融科技风险具体包括:信息技术风险(数据泄露、技术失控、技术变革)、操作风险、业务风险和系统性风险(易宪容等,2019)。要想实现金融科技的健康发展,就要分析甄别金融科技的潜在风险,在金融科技发展过程中把握好创新与安全的平衡,以推动规范创新、安全创新作为金融科技的"生命线"(杨涛,2019)。如脸书公司(Facebook)提出的数字货币 Libra 设想,就引发国际社会广泛关注,平衡好金融创新和风险的关系成为全球金融监管面临的共同课题。

二、国内背景

2015 年,金融科技(FinTech)的概念被引入中国,可视为中国金融科技元年。大约从 2016 年开始,FinTech 迅速成为中国金融领域的焦点,各机构也积极融合金融科技主动寻求转型创新发展。中国的金融科技行业从线上支付起步,历经十余年发展,目前已覆盖移动支付、P2P、智能投顾、证券经纪、保险经纪、消费金融、征信等业务,发展势头十分迅猛。尤其是近几年,中国的金融科技产业投融资规模始终保持高速增长。据 FinTech Global 数据显示,2014—2017 年间的投融资规模分别为 11 亿、43 亿、120 亿和 31 亿美元。特别是 2018 年,中国金融科技产业投融资规模实现跨越式增长,达到 205 亿美元,是前 4 年投融资规模的总和。度小满、蚂蚁金服、京东金融等代表性金融科技公司开始步入高速发展期,先后完成大规模的战略融资。截至 2016 年底,中国金融科技风险投资总额占全球风险投资总额的 46%(谢治春等,2018),据零壹数据统计,2018 年全球金融科技领域有 1 097 笔股权融资事件,涉及融资额 4 360.9 亿元,其中,来自中国的金融科技融资额 3 256.3 亿元,占全球的 74.7%。中国前瞻产业研究院公布的《中国科技金融服务深度调研与投资战略规划分析报告》数据显示,2018 年中国金融科技营收规模为 9 698.8 亿元,估计 2020 年将上升到近 2 万亿元。在新一轮科技革命和产业变革的新时代背景下,从整体规模以及部分细分领域来看,中国金融科技发展已占据全球领先地位。2013 以来中国金融科技具体营收情况如图 1-2 所示。

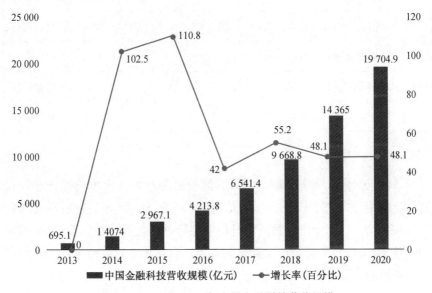

图 1-2　2013—2020 年中国金融科技营收规模

面对新一轮的技术与产业变革浪潮,我国银行业金融机构纷纷通过自主研发或外延并购、跨界合作等方式,加强区块链、人工智能、大数据等重点技术的开发应用,积极融合金融科技,谋求转型创新发展。以商业银行为例,截至 2020 年 8 月末,国内已有 12 家银行陆续成立了金融科技子公司(表1-1)。

表1-1　我国银行系金融科技公司

序号	公司名称	成立时间	注册资金	注册地	所属银行
1	兴业数字金融服务有限公司	2015.12	5亿元	上海	兴业银行
2	上海一账通金融科技有限公司	2015.12	12亿元	上海	平安集团
3	招银云创信息技术有限公司	2016.02	6 500万元	深圳	招商银行
4	光大科技有限公司	2016.12	1亿元	北京	光大集团
5	建信金科技有限责任公司	2018.04	16亿元	上海	建设银行
6	民生科技有限责任公司	2018.05	2亿元	北京	民生银行
7	工银科技有限公司	2019.05	6亿元	雄安新区	工商银行
8	龙盈智达(深圳)科技有限公司	2018.05	2 100万元	深圳	华夏银行
9	北银金融科技有限责任公司	2019.05	5 000万元	北京	北京银行
10	中银金融科技有限公司	2019.06	6亿元	上海	中国银行
11	农银金融科技有限责任公司	2020.07	6亿元	北京	农业银行
12	交银金融科技有限公司	2020.08	6亿元	上海	交通银行

资料来源:本研究整理

目前,云计算、人工智能、大数据、区块链等技术在大中型银行已经得到广泛应用并带来了广泛的影响(表1-2)。另外,据苏宁金融研究院数据,许多学者认为,金融科技战略是商业银行创新发展的必然选择(陆岷峰和虞鹏飞,2017),商业银行尤其是国有大行成立独立的金融科技子公司将是大势所趋。

表1-2　金融科技重点技术在商业银行的运用及其作用

金融科技重点技术	技术应用情况	对商业银行的作用
云计算	大中型银行陆续启动基础设施云项目,发展计算、存储资源和网络服务等	对商业银行发展金融科技起到底层支撑的作用,也是 AI、大数据、区块链等技术应用的基础

金融科技重点技术		技术应用情况	对商业银行的作用
人工智能	智能客服	主要利用语音交互技术、语音合成、自然语言处理、语音识别与机器人技术,提供智能语音服务和智能柜台服务	提高客户体验和银行服务效率、节约银行运营及人力成本、降低操作风险
	智能身份认证	主要是基于计算机视觉技术的运用	帮助银行利用 AI＋人脸识别,辅助远程开户、提高客户身份识别和支付效率
	智能投顾	是智能算法、机器学习技术的典型应用	为投资者快速画像,依据客户投资期限和风险偏好,推荐个性化投资组合方案与理财产品
	智能风控	帮助银行建立基于大数据技术的风险防控解决方案、优化风险评估模型	提高风险控制、识别与处置能力
大数据技术		产品开发、营销与销售、风险管理和资产管理等方面均可利用大数据技术	大数据技术的运用推进银行全面数字化改革,不仅对银行各业务环节带来升级与改造,而且日益成为银行核心资产
区块链技术		目前的应用主要集中在数字化资产、智能证券、支付结算、供应链金融等	减少跨多个系统、涉及多个环节的信息交互,提高交互和信息处理的效率、降低多系统维护成本,并确保每一笔交易的完整记录和处理
物联网技术		实时掌控授信企业的动态运营过程,包括采购、生产、销售等;及时调整贷款额度和进度,帮助银行贷前调查、贷中管理、贷后预警	主要带来银行信用评价体系和供应链金融模式的变化

资料来源:本研究整理

特别是,中国金融科技的应用在移动支付、互联网信贷与互联网理财等领域取得了突出进展。手机移动支付已广泛应用于现实生活中的各类消费场景(Kim et al.,2015),成为中国目前最为普遍的支付方式,改变了大部分消费者的支付习惯,被称为中国"新四大发明"之一。如图 1-3 所示,中国的移动支付交易规模在近 5 年来呈现快速增长态势,2014 年,移动支付规模为 22.6 万亿元,在 2018 年达 277.4 万亿元,位居全球第一。

近几年,互联网信贷规模同样呈现大幅增长态势。2014 年,互联网信贷交易规模仅为 2 013 亿元,而到 2017 年,交易规模已经攀升至 20 848.48 亿元,增长幅度高达 935.67％。因监管力度的不断增强,2018 年中国网络

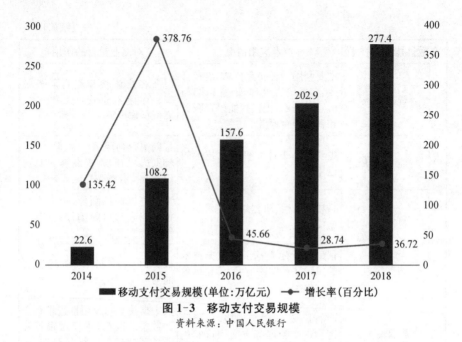

图 1-3　移动支付交易规模

资料来源：中国人民银行

借贷交易规模跌至 12 759 亿元，较 2017 年下降了 38.80％（图 1-4）。随着余额宝、腾讯理财通等代表性互联网理财产品进入理财市场，互联网理财的资产管理规模也开始进入高速增长阶段。据《互联网理财指数报告》公布数据显示，截至 2018 年 12 月，中国已有 1.51 亿网民购买互联网理财产品，同比增长 17.5％，网民规模占比 18.3％。以天弘基金管理有限公司的代表性理财产品余额宝为例，余额宝资产净值自 2014 年至 2017 年间都保持高速增长走势，2017 年的最高资产净值达到 15 798.3 亿元，实现 95.45％的资产增幅（图 1-5）。在移动支付、互联网信贷、网络理财等细分领域，中国金融科技发展已居全球领先地位。

图 1-4　中国互联网信贷交易规模

资料来源：中国人民银行、中国支付清算协会

图 1-5　余额宝理财交易规模

资料来源：CEIC 数据库

与此同时,中国政策当局也开始加强金融科技的规划设计,积极鼓励促进相关产业发展,相关政策密集出台(表1-3)。2016年7月,银监会发布《中国银行业信息科技"十三五"发展规划监管指导意见(征求意见稿)》,明确了有关部门支持商业银行开展跨界合作的政策及监管导向。2017年3月,中国人民银行提出以建设数字央行为目标,重点打造一支专业型、复合型、学习型、创新型的央行金融科技队伍。2017年5月,中国人民银行成立金融科技(FinTech)委员会,旨在加强金融科技领域相关工作的统筹协调和研究规划。2017年6月,中国人民银行发布《中国金融业信息技术"十三五"发展规划》,强调要加强金融科技和监管科技的相关研究与应用。2018年11月,北京金融监管局公布《北京市促进金融科技发展规划(2018—2022年)》,铺开了一张北京地区金融科技的地图。根据规划目标,北京力争到2022年底,涌现5~10家国际知名的金融科技领军企业,形成智能金融、监管科技等3~5个具有国际影响力的金融科技创新集群。2017年7月,国务院印发的《新一代人工智能发展规划》特别提出了"智能金融"的发展要求,指出要提升金融多媒体数据处理能力、创新智能金融产品和服务、发展金融新业态,并建立金融大数据系统。在工信部2017年、2018年2月先后发布的《新一代人工智能产业创新重点任务工作方案》和《促进新一代人工智能产业发展计划(2018—2020年)》中,智能金融始终是重点工作方向。2019年8月,中国人民银行印发《金融科技(FinTech)发展规划(2019—2021年)》,明确提出未来三年金融科技工作的基本原则、指导思想、保障措施、发展目标和重点任务。这也标志着金融科技创新在中国正式上升到政府战略层面。总体来看,从地方到中央,金融科技发展在中国已经引起相当重视,相关产业生态也已形成自上而下的良好发展态势。

表1-3 金融科技发展规划相关政策

发布日期	政策发布部门	政策名称
2017年1月	工业和信息化部	《大数据产业发展规划(2016—2020年)》
2017年6月	中国人民银行	《中国金融业信息技术"十三五"发展规划》
2017年7月	国务院	《新一代人工智能发展规划》
2017年12月	工业和信息化部	《促进新一代人工智能产业发展三年行动计划(2018—2020年)》

（续表）

发布日期	政策发布部门	政策名称
2018 年 7 月	工业和信息化部	《推动企业上云实施指南（2018—2020 年）》
2018 年 11 月	北京金融监管局	《北京市促进金融科技发展规划（2018—2022 年）》
2019 年 1 月	中国人民银行等八部委	《上海国际金融中心建设行动计划（2018—2020 年）》
2019 年 8 月	中国人民银行	《金融科技（FinTech）发展规划（2019—2021 年）》

资料来源：本研究整理

　　但商业银行不论是通过自主研发促进新技术的应用转化，还是与金融科技公司开展联合创新，或是设立金融科技子公司来提供相关产品与服务，都需要大量人力、资金的投入，必将给其带来新的成本压力。以人力成本为例，据苏宁金融研究院的数据显示，截至 2020 年 3 月末，已有 12 家银行陆续成立了金融科技子公司。随着金融科技子公司的纷纷设立，高级技术类和复合型人才市场缺口显现，"抢人"大战不断升级。需求量较大的算法、大数据类人才，如有 5 年以上工作经验者，都在 100 万元年薪左右，更高可达 200 万元至 500 万元不等。据中国银行业协会公布的 2018 年"陀螺"（GYROSCOPE）评价体系评价结果，中国商业银行的金融科技投入普遍占总营收的 1％至 2％，部分城商行金融科技投入甚至达到了 3％以上。国有大行中，建设银行、农业银行、中国银行的金融科技总营收占比分别为 2.17％、2.21％和 2.11％。股份制银行中，平安银行和光大银行的金融科技投入占总营收比例分别为 2.98％和 2.71％。中国银行业整体每年在金融科技上的投入至少近千亿元。

　　总之，金融科技创新正在加速重构市场竞争格局与银行经营发展模式，金融科技已成为银行业未来发展的必然归途。大量研究也表明，近几年金融科技的发展的确给中国金融生态带来了深刻的变革性影响。FinTech 本质上是提升金融效率、促进金融创新的一种技术能力（赵鹞，2016）。它的便利性、高效性以及自由性等特点有助于银行改善用户体验，降低银行经营成本、合规成本，提高员工产出效率进而全面提升银行的盈利能力（王应贵和梁惠雅，2018）。金融科技的发展实质上推动了一种变相的利率市场化，改变了银行的负债端和资产端结构（邱晗等，2018）。王应贵和梁惠雅（2018）指出，金融科技对支付业务、信贷业务与理财业务等三大商业银行价值链均产生了显著影响。汪可(2018)的研究表明,FinTech的发展会直接与商业银行存贷款形成竞争或替代关系,压缩商业银行的净利差,蚕食商业银行利润、加剧价格竞争,抬高商业银行的资金成本,进而增加商业银行风险承担水平。我们可以看到,部分商业银行与金融科技的融合渗透发展正在有序推进,但相对于实力雄厚、技术先进的大型商业银行而言,银行业中另一重要组成部分——中小银行,由于盈利水平、人才队伍、资源禀赋等诸多因素,大多尚处于金融科技布局初期,在战略路径、盈利周期、合作方式、数据应用以及合规创新等方面面临不少困境(吴方超,2017)。如何突破自身局限,在新的金融格局中获得转型升级、提高经营效率、实现稳定的可持续发展,是传统商业银行尤其是众多中小银行亟待解决的突出难题。

第二节 研究意义

金融科技的日渐渗透迫使商业银行特别是区域性中小银行需要调整思维,转型创新,提高效率以应对金融体系的变革。目前,尽管金融科技对传统商业银行的影响得到了有关学者和机构的广泛认同,但金融科技究竟如何作用于商业银行仍是一个尚未打开的"黑箱"。金融科技给商业银行究竟带来哪些机遇与挑战?不同类型商业银行对金融科技的吸收能力是否存在显著差异?传统银行业如何应对金融科技带来的挑战与机遇?商业银行如何融合金融科技实现转型创新发展?金融科技会带来哪些新的风险,监管机构又如何应对?这些问题的解答对进一步深化商业银行改革,促进金融科技与传统商业银行融合协调发展,维护金融安全稳定具有重要的理论价值与现实意义,具体体现在以下几个方面。

一、理论意义

近年来,随着金融科技的日益发展,银行的信用中介职能逐渐弱化,资金绕过银行与供需方直接对接,严重挤压银行机构传统业务的发展空间。商业银行作为我国金融体系的主导,在金融科技冲击下,其风险承受与抗压能力面临极大挑战。从银行业内部看,虽然大型银行与中小银行在资金规模、市场资源、技术条件等方面差异较大,但金融科技是一种颠覆式、革新型的冲击,整个银行业都面临转型发展的迫切需求。如何在新的金融格局中成功完成转型创新、提高经营效率,同时有效防控风险、实现稳健可持续发展是广大银行机构,特别是中小银行亟待解决的难题。

金融科技的快速发展使得金融学科的边界、研究范式不断被打破与重构,有关学者围绕金融科技的概念内涵、发展趋势及其给传统金融带来的机遇与挑战展开了广泛的探讨。大多数学者认为金融与科技的有效融合,有助于创造新金融产品、催生新商业模式、提升金融服务效率与质量,提高金融活动的整体效能,金融科技已成为改善各方面运营,推动金融业变革的重要选择(Philippon,2016;Duan and Xu,2012)。尽管金融科技在金融市场中的扩张非常迅速,但它对银行和金融机构的潜在影响还远未明朗。金融科技在不断推动金融机构的变革与创新,并带来新业态、新模式,提升资源配置效率、降低交易成本的同时,也带来了新的风险隐患。不仅有传统金融风险,也有新型技术风险,还可能带来系统性风险(杨涛,2019)。风险的复杂性、交叉性、传染性、隐蔽性和突发性更为突出(Vives,2017)。稳定与竞争之间的紧张关系,构成了围绕金融科技以及如何监管它的整个辩论的基础,其中最关键的问题是,金融科技是否以及在多大程度上能够取代银行和其他现有的金融机构,金融科技的深化发展是会引发一个健康的竞争过程,抑或是提高进入壁垒很高的市场的效率,还是会导致混乱和金融不稳定(Navaretti and Pozzolo,2017)。

现有国内外学者大量有关金融科技及其对银行机构经营管理潜在影响方面的文献,极大丰富了金融科技及其对银行绩效、风险影响的相关研究,为我们的研究奠定了良好的基础,但由于金融科技是一个较新的研究领域,具体观点与研究结论目前仍然众说纷纭,备受争议。综合国内外研究现状来看,现有文献大多从概念界定、技术特点、竞争关系、影响机制、风险与监管以及应对策略等展开研究,取得了很多有益的结论,大多数文献也对金融科技的重要意义与积极作用给予了肯定。大力发展金融科技,越来越成为银行业共识。但其缺陷也是显而易见的,一是研究内容上,现有文献大多侧重规范分析,少有对其具体影响机制与影响程度的系统研究,有关金融科技与银行综合绩效、全要素生产率增长之间的作用机理,特别是关于金融科技加重银行风险承担与系统性风险的内在机制,有待透彻;二是研究视角上,现有研究大多是针对全国性商业银行的综合性研究,而缺少对不同性质商业银行的分类比较研究,关于各类银行对金融科技冲击的差异化响应,尚待清晰;三是研究框架上,尽管现有研究大多考虑到了金融科技对商业银行的冲击影响,但既缺少银行机构针对性解决方案与发展战略路径的构建,也缺少相关监管机构可操作性应对策略的提出。金融科技究竟给商业银行带来哪些影响?不同类型银行对金融科技的吸收与抗压能力是否存在显著差异？商业银行如何融合金融科技实现转型创新发展？金融科技创新存在哪些潜在金融风险与系统性风险？有关机构和监管部门又如何应对金融科技快速发展带来的机遇与挑战？这些问题都有待进一步的系统解答。

基于以上考虑，本研究从金融科技的基本内涵、技术特点及其发展趋势出发，以其在传统银行业的应用及风险隐患为研究重点，立足于中国金融科技相关业态发展实际，对金融科技给商业银行的风险承担、系统性风险以及经营绩效带来的潜在影响进行多维度分析，从微观作用机制与宏观监管视角系统剖析金融科技创新与商业银行风险、绩效的相互关联，探讨面向金融稳健、可持续发展的"金融＋科技"融合发展战略路径及监管应对策略。这些问题的解答有助于进一步深化商业银行的转型创新，防范化解系统性金融风险，促进金融科技与商业银行的融合发展。

与既有文献不同的是，本研究对云计算、大数据、人工智能、物联网等金融科技重点技术在中国商业银行的应用情况进行了较全面的总结分析，并与以往零散性的研究不同，本研究既分析了金融科技对传统商业银行的绩效影响，又分析了金融科技环境下银行机构信用风险、流动性风险、操作风险等传统金融风险的变化，也分析了由底层信息技术等非金融因素引致的新型风险，还分析了金融科技带来的系统性风险隐患，与以往研究相比更为全面系统。本研究从技术溢出、示范效应、关联效应、竞争效应及替代效应等理论逻辑出发，对金融科技带来的绩效影响、风险承担效应及其关联机制进行多维度分析，从风险传染、风险承担等层面对金融科技系统性风险的来源机制进行理论解读，并构建中介效应模型，采用逐步回归的方法对其中的作用机制进行检验，对金融科技带来的潜在风险的监管挑战进行系统分析，探讨商业银行与金融科技融合发展战略路径设计，提出金融科技潜在风险防范与监管对策安排，有助于补充丰富银行机构转型创新发展与宏观审慎金融监管研究文献，具有重要的理论意义。

二、现实意义

金融科技已成为未来十年银行业无可辩驳的发展方向（程华和蔡昌达，2017）。金融科技与银行之间也存在很强的互补性（Navaretti and Pozzolo，2017）；它使得贷款机构提供的服务更加便利（Philippon，2015）；使金融企业能够紧密地连接到目标市场（Gai et al.，2016）；融合金融科技的业务具有更大的灵活性、安全性（Gomber et al.，2017）。另外，通过大数据、云计算、分布式账本等技术的应用，FinTech 可有效提升传统金融机构的资源配置效率与风险管理能力,大大降低风险集中度(朱太辉和陈璐,2016)。交通银行金融研究中心课题组(2017)的研究也表明,利用金融科技技术手段有助于商业银行开拓中间业务"蓝海",进而增加非息收入,减缓净息差收窄的消极影响。

特别是在中国经济进入新常态、全球经济增速不断放缓的宏观背景下,金融科技可以帮助降低金融服务成本、简化金融业务流程、提升金融服务效率,提供更优质的金融基础服务能力,不断驱动金融体系的创新发展。从银行机构来看,金融科技加快推进银行业数字化进程,改变了传统金融业务服务模式。金融科技为银行提升客户体验提供了新的解决方案,借助信息科技技术,银行通过网络平台可快捷完成客户信息匹配、甄别、定价和交易,极大降低传统金融服务的运营、交易成本,还可针对特定用户推出个性化服务产品,帮助银行发现或重塑客户关联、创造服务场景、扩大服务覆盖面、提升触达及连接用户的能力。

在对社会经济发展的作用方面,金融科技可以提供更为便捷的金融服务渠道,完善金融基础设施建设,为中国普惠金融发展的道路提供更多的可能性。金融科技在金融业务中的价值主要体现在更高效的多方业务协作、产品设计的差异化与精细化、成本结构的优化、获客效率的提升以及风控效果的提高。根据普华永道2017年对全球金融科技的调查显示,在未来的5年里,多个金融业领域和机构可能会被金融科技颠覆,金融业领域方面,零售银行被颠覆的可能性为79%,资金转移及支付为47%,投资及财富管理为51%,其他企业例如基金公司、券商、保险中介、市场运营商以及投资银行等也都会受到一定程度的冲击。

在此背景下,国内外主要商业银行纷纷加大金融科技的研发投入,促进新技术的应用转化。根据易观国际(Analysys International)的统计数据,国内主要金融机构创新技术的研发投入呈逐年递增趋势,2019年,中国近一半的金融企业对创新技术的研发投入占营业总收入比重在3%至10%之间,研发投入总额达2 653.92亿元,具体如图1-6所示。商业银行能否把握住与金融科技共赢发展的机遇、实现金融科技的有效应用,将是银行提升经营竞争力、实现经营转型及注入经营活力的关键(陈泽鹏等,2018)。金融科技推动不同资金实力和资产规模银行机构的战略转型与差异化发展(谢治春等,2018)。金融科技战略是商业银行创新发展的必然选择(陆岷峰和虞鹏飞,2017)。特别是在宏观经济下行压力加大的新常态背景下,传统业务对商业银行的贡献开始减弱,银行业整体面临着转型压力,而以大数据、云计算、人工智能、区块链、物联网等为核心的金融科技可有效重塑金融业态,同时为银行业转型提供破局之策。

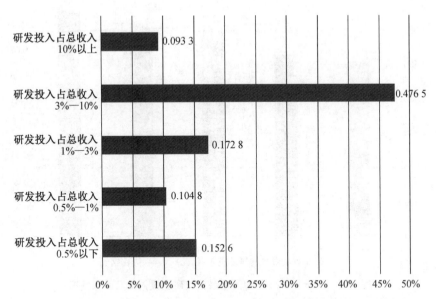

图 1-6　2019 年中国金融机构对创新技术的研发投入占营业总收入的比重

具体到国内主要商业银行,2019 年,中国工商银行全年金融科技投入达 163.74 亿元,拥有金融科技人员 3.48 万人,占全行员工数的 7.8%。2019 年,招商银行业务及管理费共计 865.41 亿元,同比增长 12.23%,增加的原因主要就在于大力支持金融科技创新,大幅加大了数字化基础设施及相关研发人员投入。信息科技投入总额达 93.61 亿元,占当期营业收入的 3.72%,与 2018 年相比增长高达 43.97%。交通银行金融科技投入 50.45 亿元,占当年营业收入达到 2.57%,同比增长 22.94%。中国建设银行金融科技投入 176.33 亿元,占当期营业收入的 2.5%。中国农业银行和中国银行的信息科技投入额也分别达到了 127.90 亿元和 116.54 亿元。各大银行的持续高额投入充分表明,金融科技的应用创新已是银行业进一步发展不可阻挡的时代潮流。2018—2022 年,中国金融机构研发投入额及增长情况如图 1-7 所示。

产出方面,2018 年,中国工商银行拥有智能设备75 756台,这些智能设备涵盖了对公、零售、个人等各类服务达 255 项业务。通过金融科技的应用,全年缩减营业网点 88 个,智能化改造网点15 410个。2019 年,招商银行全年累计申报金融科技创新项目2 260个,累计立项1 611个,其中 957

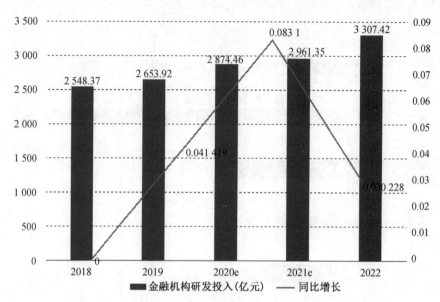

图 1-7 2018—2022 年中国金融机构研发投入额及增长情况

个项目已投产上线,覆盖了从批发、零售、科技、风控到组织文化的各个领域。金融科技发展较为落后的中国农业银行,目前也正在通过大数据分析技术打造的微捷贷业务,通过手机银行、网上银行等电子渠道为小微企业有效缓解融资难的问题,通过构建线上融资体系,线上融资规模达到 5 894 亿元,预计到 2020 年末,微捷贷贷款余额不低于 1 000 亿元,客户量将达到 15 万户。交通银行在金融科技的支撑下,2019 年境内电子银行交易笔数达 80.06 亿笔,交易金额达人民币 270.12 万亿元,电子银行分流率达 97.67%。2019 年,中国建设银行的电子银行账务性交易也占到了全行比重的 94.77%,并且 88% 的个人快贷授信业务、53% 的保险、43% 的理财产品、74% 的基金通过个人手机银行完成。根据国际数据公司的估计,2017 年,中国银行业 IT 解决方案市场的整体规模达 339.60 亿元,到 2022 年将达到 882.95 亿元,这也侧面反映了金融科技在银行业的深入应用。由此可见,大数据、人工智能、移动互联网等金融科技新兴技术在商业银行日常经营活动中的广泛应用,金融科技的加速应用发展已成为行业共识。

总之,金融科技创新正在加速重构金融市场竞争格局和商业银行经营发展模式,传统银行与金融科技公司的合作创新必将进一步加速推进(吴朝平,2018),金融科技已成为银行业未来发展的必然归途。银行机构利用自动化和去中心化等技术,大大提高了内部经营效率和金融服务质量。有观点认为,商业银行、中央银行提供的部分金融服务和部分金融基础设施未来可能会被新型公司、自动化程序和去中心化网络取代。金融科技的日渐渗透迫使商业银行特别是区域性中小银行必须调整思维,转型创新,提高效率,以应对金融体系的变革。

从互联网金融到金融科技,互联网、云计算、大数据、人工智能、区块链等新兴技术逐渐在银行业得到广泛应用,不断推动金融机构的变革和创新,并带来新业态、新模式,同时也带来新的风险。面对鼓励金融科技创新和防范化解系统性风险这两大现实议题,研究金融科技对商业银行经营绩效的影响及其潜在风险,探究金融科技发展与银行风险承担、系统性风险之间的关联机制,对于促进商业银行转型创新发展,完善金融科技监管改革,维护金融安全与社会稳定具有重要的现实意义。

三、政策意义

金融科技不断推动金融机构的变革与创新,并带来新业态、新模式,也带来了新的风险隐患。其不仅有新型的技术风险、金融风险(杨东,2017),还可能带来系统性风险(易宪容等,2019;杨涛,2019)。尤其在网络借贷领域,仅在2018年6月,就有多达数十家P2P平台出现信用违约和跑路事件。金融科技在加快"金融脱媒"、提升资源配置效率、降低交易成本的同时,也暴露出监管能力不足和手段缺失等问题。金融科技服务了大量的长尾客户,其跨界、混业、跨区域、集团化经营特征明显,特别是大型金融科技公司具有"牵一发而动全身"的系统重要性金融机构特点,却长期游离在金融监管之外,一旦出现风险,其影响范围远比传统金融大得多,使得金融风险的复杂性、交叉性、传染性、隐蔽性和突发性更为突出(Vives,2017)。

从系统性风险来源机制看,金融科技的系统性风险威胁表现为:金融科技增强了金融机构的风险承担、风险传染与放大效应。首先,金融科技加大了机构面临的信用风险、流动性风险、市场风险、操作风险、法律与合规风险、业务风险、管理风险与长尾风险等个体特质风险,使得机构可能会承担更高的风险水平,增强了机构的脆弱性。而风险承担效应的增强又提高了交易对手被传染的可能性,导致风险在系统中的传染更加快速、广泛。其次,由于金融自由化、线上化、智能化的快速发展,机构间的溢出效应与传染作用不断增强,加剧了跨行业、跨市场、跨区域的风险传递。使得金融机构、科技企业和金融市场基础设施间的联系更加紧密,三者之间任何一环出现问题,都可能被迅速放大并形成系统性风险。再次,金融机构在通过人工智能和自动化等技术降低成本的同时,底层算法和操作的趋同可能导致金融资产大幅波动,造成风险叠加共振,加剧金融体系的顺周期性,众多金融机构同时遭受损失的可能性上升。最后,放大机制的增强又可能会进一步恶化系统性风险,严重威胁金融稳定。

金融科技的快速发展对金融风险防控工作与相关金融监管部门提出了更高的要求,监管机构面临法律缺失、能力不足和技术手段落后等诸多难题,平衡好金融创新与风险管控的关系成为全球金融监管部门面临的共同课题。为适应全球金融科技时代发展潮流,本研究旨在提出一个涵盖政府、企业、社会与行业协会等多元主体合作的协同式监管体系框架,辅之以主动性、穿透式监管作为监管理念基础,以"监管科技"为底层技术工具支撑,以"监管沙盒"进行监管机制创新,并通过加强市场参与主体的自律行为来切实保障金融科技协同监管体系的贯彻落实。本研究成果可为政策当局就优化金融科技产业发展规划设计,促进商业银行与金融科技的有效融合与协调发展,创新监管机制设计、重建监管体系安排、提升金融监管效率,以及防范化解系统性风险提供决策参考。

第三节　研究方法

第一,文献归纳法。本研究是在阅读大量国内外有关金融科技及商业银行转型发展研究文献的基础上,依托有关网络数据库、图书馆馆藏资源,查询、研读、整理归类及分析与本研究相关的研究文献及数据集,对金融科技关键技术、商业银行改革创新、风险管理与金融监管的国外内研究现状进行总结综述。从理论上定位研究的主要问题,细化研究框架,确定总体研究方案,以此奠定本研究的理论基础。

第二,调查研究法。本研究对主要的金融科技公司及代表性商业银行进行实地走访与调研,获取历史数据。通过半结构化访谈,分析金融科技生态的特征分布事实,了解商业银行经营管理的现状、问题与趋势,及其与金融科技融合发展的基本要求,研判金融科技创新所带来的机遇与挑战,以此奠定本研究的现实基础。

第三,比较研究法。本研究通过借鉴英国、新加坡、中国香港等金融科技先进国家和地区在银行业技术变革、业务创新、效率提升与风险管理等方面的经验与教训,为商业银行与金融科技融合发展,技术条件优化升级、战略转型、产品价值链延伸及风险管理等方面提供科学、合理的政策建议与措施。

第四,实证分析方法。运用计量经济学分析方法、投入产出分析方法,系统研究金融科技对商业银行风险承担、系统性风险以及经营绩效的作用程度,检验其作用机理等。采用"文本挖掘"技术构建金融科技发展指数,选取各类商业银行的财务数据,运用 SFA 模型、无导向 DEA-Malmquist 生产率指数方法等计算银行效率与全要素生产率。通过构建数量模型,实证检验金融科技对样本银行盈利能力、经济效率、全要素生产率增长等变量的具体影响程度与方向。对于金融科技、风险承担与系统性风险间作用机理的数学建模,在前述理论分析的基础上,选取资产资本比、权益负债比、不良贷款率等作为风险承担的代理变量,同时运用基于边际期望损失的静态 MES 以及通过 DCC-GARCH 模型与非参数核估计方法测算得到的动态 MES 对银行系统性风险加以测度。有关的多元面板回归模型,使用同时考虑商业银行个体及时间的固定效应修正标准偏差的方法以及系统广义矩估计(GMM)进行实证分析。

本研究的数据来源于商业银行年报、中国金融年鉴、访谈调研,以及 Bankscope、Wind、RESSET、CSMAR、CEIC 等经济、金融数据库。本研究用到的理论方法和技术工具主要包括:金融经济学、微观经济学、产业经济学、技术创新经济学、管理学、现代企业理论、风险管理理论、宏观审慎监管理论、数学建模方法、半结构化访谈、多元回归分析、中介效应模型、动态 GMM 估计等。

第四节　研究内容与基本观点

一、研究内容

本研究以经济学、管理学、金融经济学、技术创新经济学、现代企业理论、风险管理理论、宏观审慎监管理论等为依据,在对相关文献和金融科技发展现状、趋势进行梳理和总结的基础上,从风险承担、系统性风险、盈利能力、经济效率以及全要素生产率增长等多个维度系统地研究了金融科技对商业银行的作用机制与影响效应。本研究研究共分 10 章,从逻辑框架来看,可概括为"问题提出—理论分析—实证检验—对策建议—研究总结"

的逻辑关系。各章具体内容安排如下：

第一章为绪论。主要介绍本研究的研究背景、研究意义、研究内容、研究方法与技术路线等内容。

第二章为文献综述。本章对金融科技的概念内涵、技术特点及其发展现状、趋势，金融科技的潜在风险、绩效影响，以及金融科技监管等方面的文献进行了总结和分析，并对既有文献进行简要评述，揭示了现有理论分析和实证研究中存在的不足。

第三章为金融科技对商业银行多维影响的理论分析。本章从风险承担、系统性风险、盈利能力与全要素生产率增长等多个层面，就金融科技对商业银行影响的理论机制与作用机理进行解读分析，并在此基础上提出主要研究命题。

第四章为金融科技指数与商业银行系统性风险的测算。本章首先从金融功能角度出发，采用文本挖掘技术，以及主成分和因子分析等方法计算得到金融科技发展指数，并利用双指数市场模型计算了中国 28 家上市银行的风险承担水平，然后采用条件在险价值（CoVaR）、基于边际期望损失的静态 MES 以及通过 DCC-GARCH 模型与非参数核估计方法测算得到的动态 MES 来度量银行机构的系统性风险。

第五章为金融科技对商业银行风险承担影响的实证分析。本章收集了 2011—2018 年中国 78 家商业银行的非平衡面板数据，选取银行不良贷款率和拨备覆盖率等作为风险承担变量，建立多元回归模型，采用多种估计方法就金融科技对银行业风险承担的整体及其异质性影响进行实证分析，并对其中的作用机理与影响异质性问题进行了探讨。

第六章为金融科技对商业银行系统性风险影响的实证分析。本章基于前述金融科技对商业银行系统性风险影响机制的理论分析，并结合前文测算得到金融科技发展指数，利用 2008—2018 年间中国 26 家上市商业银行的非平衡面板数据，通过建立多元回归模型，采用多种估计方法对金融科技与银行机构系统性风险之间的关联进行了系统的实证分析。并在此基础上，通过构建中介效应模型，选取基于双指数市场模型计算得到总风险、利率风险、系统（市场）风险以及银行个体特质风险作为风险承担变量，选取银行机构与银行系统市场收益率的动态相关系数作为风险传染指标，采用逐步回归的方法对风险承担与风险传染在金融科技与银行系统性风险之间可能存在的中介效应进行检验。最后，通过引入系统重要性银行交乘项的策略，进一步就金融科技对不同类型商业银行系统性风险的异质性影响进行了探讨。

第七章为金融科技对商业银行盈利能力影响的实证分析。本章采用平均总资产回报率(ROA)、平均净资产收益率(ROE)以及综合绩效(PCI)作为银行盈利能力的衡量指标,基于2008—2018年中国33家上市银行的非平衡面板数据,采用动态系统广义矩估计方法,对金融科技与银行盈利能力之间的关系进行实证分析,并进一步就金融科技对不同类型银行带来的异质性影响进行了检验。

第八章为金融科技对商业银行全要素生产率增长影响的实证分析。本章基于前述金融科技对商业银行全要素生产率增长影响机理的理论分析,选取2010—2020年中国38家代表性商业银行的平衡面板数据,首先通过无导向DEA-Malmquist生产率指数方法测算样本银行的全要素生产率增长及其分解值变化情况,然后建立多元回归面板模型,结合北大数字普惠金融指数,采用静态面板与动态面板系统GMM估计相结合的方法,实证检验了金融科技发展对中国银行业全要素生产率增长整体及异质性影响。

第九章为金融科技与商业银行融合发展对策研究。本章主要分析商业银行与金融科技融合发展的战略路径选择,金融科技带来的监管挑战以及金融监管部门相应监管对策。一方面,商业银行应积极融入"金融+科技"融合发展大潮,明确金融科技战略定位,充分利用金融科技带来的有利方面,不断加大科技人才相关投入提高经营管理能力。另一方面,有关监管部门要变革监管理念、创新监管机制,优化监管工具,防范化解系统性风险。

第十章为结论与展望。本章对研究结论进行归纳总结,并对未来进一步的研究方向进行展望。

二、基本观点

第一,金融科技正在深刻改变金融生态,重塑金融格局,"无科技不金融"已成为行业共识,金融科技已成为银行机构未来发展的必然归途。作为未来全球金融竞争的制高点,谁掌握好金融科技这一最先进的生产力,谁就拥有最强的金融核心竞争力。

第二,尽管从市场整体规模以及移动支付、网络信贷、互联网理财等细分领域来看,中国金融科技发展已居全球领先地位,但中国金融科技产业的竞争优势主要体现为市场规模与后发优势,在监管制度、企业创新活力以及前沿技术的应用、研究开发上与美国、英国等还存在不小的差距。此外,受分业监管的制度性约束,我国的金融监管仍然存在协调困难、手段有限等诸多弊端,从而形成了一个迥异于西方的银行机构体系。

第三,金融科技不断推动金融机构的变革与创新,并带来新产品、新业态、新模式,在提升资源配置效率、降低交易成本的同时,也带来了新的风险隐患。因此,对金融科技与银行机构相互关联的研究,不仅要着眼于绩效影响,由此带来的风险隐患也应该进入研究视野。

第四,金融科技在银行业的应用发展既赋予了信用风险、流动性风险、操作风险、经营风险等传统金融风险新的内涵,又带来了由底层信息技术等非金融因素引致的数据安全、信息科技漏洞、合规性等新型风险,还可能造成系统性风险。

第五,风险承担、传染效应、放大机制等是系统性风险的主要来源机制,金融科技提高了银行机构的风险承担,增强了机构间的风险传染效应,并在放大机制的作用下,进而加剧银行业系统性风险。

第六,从作用渠道看,金融科技通过创新金融产品、提高服务效率、抬高资金成本等多方面对商业银行的经营管理造成冲击,进而作用于银行盈利能力与市场绩效。从影响机制看,金融科技通过技术溢出、竞争、融合与长尾效应促进银行技术进步,进而有助于其全要素生产率的提高。

第七,金融科技对银行风险、绩效的整合性影响研究,不应仅局限于“金融科技”本身,银行属性、资产规模、业务结构等微观特征因素所造成的影响也不容忽视。一个基本的判断是,大型商业银行资金雄厚,人才储备与技术优势明显,其对金融科技相关技术的应用与研发起步早、投入大、能力强。同时,大型银行在我国金融体系中居主导地位,其受到的信息披露与资本监管要求更严格,风险管理经验相对丰富,决策行为更为审慎。因而,金融科技对不同类型银行风险与绩效的影响效应迥异。

第八,金融科技的快速发展给金融风险防控工作与相关监管部门提出了更高的要求,监管机构面临理念、机制、技术等诸多挑战。有关部门要变革监管理念、创新监管机制、优化监管手段、强化监管力度、丰富监管工具,通过深化多主体协同合作,对金融科技的潜在风险早识别、早报告、早处置,实现金融创新与金融安全的有效平衡。

第五节   研究的技术路线

本项目在具体研究和写作过程中,主要遵循的是从文献评述到理论研究再到实证分析的研究思路。具体技术路线如图 1-8 所示。

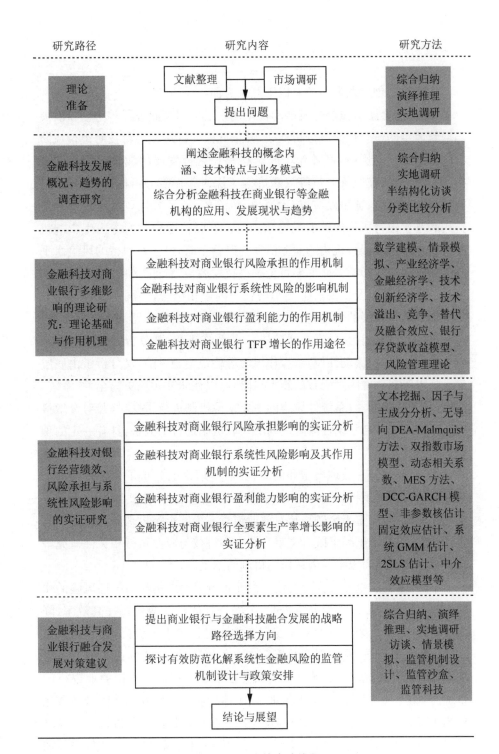

图 1-8　研究技术路线图

第六节　主要创新点

本研究的创新之处主要有以下几个方面：

第一，从金融科技融合发展的视角建立了中国商业银行转型创新发展与监管改革的整合性研究分析框架，并依此框架针对金融科技对银行风险与绩效多维度的影响，商业银行与金融科技融合发展的战略路径方向选择，以及金融科技监管对策等议题进行了探讨。在该分析框架中，金融科技通过替代效应、竞争效应、技术溢出、风险传染、系统性风险等外部冲击作用和基于银行机构内部的风险承担、技术创新、融合效应等内生影响机制等途径作用于银行机构的业务活动与经营策略，进而对银行的风险水平与绩效表现造成影响。此框架将金融科技发展与银行的风险承担、系统性风险、经济绩效以及全要素生产率增长等因素相结合，为国内金融科技与商业银行融合发展的理论分析和改革实践提供了新的思路。

第二，对金融科技的潜在风险进行了系统研究，既分析了金融科技环境下的信用风险、流动性风险、操作风险等传统金融风险，又分析了由底层信息技术等非金融因素引致的新型风险，与以往研究相比更为全面、系统。同时，从理论层面，对系统性风险的主要来源机制进行了探讨，并对金融科技个体特质风险与系统性风险之间的关联机制进行了分析，具有一定的理论创新意义。

第三，通过建立数理模型和演绎推理，从理论上分析了金融科技发展对商业银行风险承担、系统性风险以及银行盈利能力、全要素生产率增长等的作用机制，侧重于金融科技对商业银行多维度影响机理的理论解读与实证检验，弥补了国际上既有文献有关金融科技与商业银行相关性研究中较少考虑微观层面因素与内在作用机制的不足。

第四，多维度论证了金融科技对商业银行风险承担与系统性风险的作用机制与影响程度。理论分析表明，金融科技的广泛应用在提高效率、降低交易成本、给金融体系带来深度变革的同时也带来了新的风险，尤其是增加了银行的研发、业务创新及资金成本等管理成本，进而提高银行风险承担。实证分析证实：金融科技的快速发展显著提高了中国商业银行的系统性风险。银行总的风险承担水平、个体特质风险以及风险传染在金融科技在其中存在明显的中介效应，即金融科技通过提高银行机构总的风险承担水平与个体特质风险，以及加大银行机构间的风险传染效应，进而加剧银行业的系统性风险。这些研究发现为商业银行在金融创新过程中加强风险管理提供了理论基础和经验支撑，同时也可为监管部门制定相应政策，完善金融科技发展规划与宏观审慎监管，防范化解系统性风险提供决策依据。

第五，通过分组回归、引入银行类型虚拟变量等多种识别策略，证实了金融科技对不同类型风险承担、系统性风险、盈利能力以及全要素生产率增长的异质性影响。从风险承担来看，金融科技对大中型银行风险承担的影响更为明显。同时，金融科技对东部地区、创新能力强的银行风险承担的影响，要比中、西部地区与创新能力弱的银行更加显著。从系统性风险来看，与中小银行相比，金融科技对国有大型商业银行系统性风险溢出的作用程度相对较低。在绩效影响方面，金融科技发展对全国性大中型商业银行盈利能力、全要素生产率增长的积极影响要大于区域性的小型银行。与此相反，金融科技对小型与中西部地区银行的全要素生产率增长并没有起到明显的促进作用，这说明金融科技发展对中西部地区的小型银行带来的冲击与负面影响更大。这些结论是深入理解中国不同类型商业银行经营状况的基础，有助于具体分析中国银行机构在金融科技冲击下的转型发展战略方向选择，同时也可为监管部门制定相应规划政策措施，完善金融科技监管，防范化解系统性风险提供决策依据。

第六，指明了商业银行与金融科技融合发展的战略方向。金融科技正在深刻改变金融生态，重塑金融格局，"无科技不金融"已成为行业共识，金融科技已成为银行机构未来发展的必然归途。金融科技的应用发展在提高金融服务效率，促进银行技术进步与全要素生产率增长，带来新的发展机遇的同时，也给商业银行和监管机构带来了新的挑战。对此，商业银行一方面应紧跟"金融科技"风口，积极融入"金融＋科技"融合发展大潮，明确金融科技战略定位，充分利用金融科技带来的有利方面，不断加大科技人才相关投入，降低科技创新成本，提高经营管理能力，获取新的绩效增长空间，另一方面，要强化全面风险管理体系建设，提升金融科技潜在风险防范技能，做到金融创新与风险管理的有效平衡。

第七，给出了金融科技监管对策体系。金融科技的快速发展对金融风险防控工作与相关监管部门提出了更高的要求。它在不断推动金融机构的变革与创新，带来新业态、新模式，在便利金融交易、优化资源配置、降低交易成本、提高金融活动整体效能的同时，也带来新的风险。由于金融监管滞后于金融创新，监管部门面临理念落后、能力不足、手段缺失、协调困难等诸多挑战。针对我国金融体系当前实行的"一元多头式"分业监管存在的弊端，本研究提出加快"多元主体协同式"监管体系框架重构，采用主动性、穿透式监管方式实现监管理念变革,利用监管科技与监管沙盒制度创新监管工具手段,建立宏观审慎监管与微观行为机制相协调的监管体制,把控好金融创新与风险管控之间的适度平衡,具有较强的针对性与可操作性。

第二章　相关文献综述

近年来,信息技术的发展、传统银行机构的危机、消费者行为偏好的演进以及监管政策方面的改变等各方面因素,促进了 FinTech 的兴起(Alt and Puschmann, 2012)。大约从 2016 年开始,金融科技迅速成为整个金融业和学术界关注的焦点。有关学者围绕金融科技的概念内涵、技术特点,及其对传统金融机构带来的负面冲击与积极作用,两者融合发展方向,以及由此带来的潜在金融风险与监管对策等方面进行了广泛探讨。

第一节　金融科技的概念内涵与技术特点

近年来,金融科技的相关研究开始急剧增加,检索中国期刊网,2013年至今,以"金融科技"为题的期刊论文情况如图 2-1 所示。同时我们也注意到,由于金融科技是由互联网金融发展演化而来,故早期文献中,有关互联网金融的研究较多(例如:谢平和邹传伟,2012;吴晓求,2014;郑联盛,2014;沈悦和郭品,2015;郭品和沈悦,2015;李继尊,2015;吴晓求,2015;谢平等,2015;等),而对于金融科技的针对性研究较少,且大多集中于概念界定、技术特点、业务模式介绍以及金融科技对经济总体或行业发展的潜在影响等方面。

一、金融科技的概念内涵

关于金融科技(FinTech)的内涵,目前国内外尚无统一规范。通常它被界定在产业融合范畴,即把科技应用到金融领域,通过技术工具的变革来推动金融体系的创新(巴曙松和白海峰,2016)。

从国际层面来看,2016 年金融稳定委员会(FSB)发布的报告《FinTech:分析框架和景象描述》,首次对 FinTech 的概念进行了界定:FinTech 指依靠技术所产生的金融创新,是对金融机构、金融服务供给以

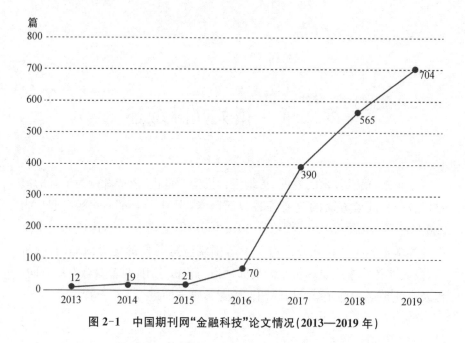

图 2-1　中国期刊网"金融科技"论文情况(2013—2019 年)

及金融市场产生重大影响的新产品服务、新技术应用、新业务模式等,既包括前端产业,也包括后台技术(Carney,2017)。英国金融行为监管局(FCA)将金融科技视为金融科技公司应用新技术对传统金融服务进行去中介化的变革。奇什蒂和巴贝里斯(Chishti and Barberis,2016)将FinTech定义为向金融业提供技术创新应用和产品研发的初创与中小科技公司,例如为个人和公司提供更低成本海外汇款的 Pingit、Tranfer Wise等支付公司。与此类似,阿玛利亚(Amalia,2016)也将金融科技定义为改变人们支付、汇款、借贷和投资方式的一种新型公司。金融危机降低了人们对银行的信任,促进了金融创新。金融科技通过移动平台和应用程序以更低的成本提供新的金融服务。具体来说,金融科技公司提高了信任、透明度和技术,提供了更容易获得贷款的渠道,并扩大了投资机会。马和刘(Ma and Liu,2017)指出,金融科技是广泛影响金融投融资、支付、贷款以及货币运行的一系列科技技术。波方迪和戈比(Bofondi and Gobbi,2017)则认为金融科技涵盖了从新技术开发到金融服务商业化的整个活动过程和业务领域。在新一轮产业变革和科技革命的时代背景下,金融科技成为金融和科技创新深度融合的产物。金融科技是一种对金融体系基础设施的重大创新,是一种基础性的创新,更是一种深度的创新(Schindler,

2017）。它是"革命性的""颠覆性的"，它拥有"数字武器"，将冲破传统金融机构壁垒，指引未来金融革新的方向。

国外有关 FinTech 的定义还有以下几种：FinTech 是金融服务和科技手段的动态交集（Lines，2016），是用来支持银行业和其他金融服务的计算机程序或其他科技，包括互联网、大数据、云计算、区块链和人工智能等（牛津词典）。维基百科将 FinTech 的主体限定为初创公司：FinTech 代表"用科技颠覆传统金融体系的一系列初创公司"。美国商务部则将 FinTech 定义为"应用软件和科技为客户提供金融服务的公司"。新加坡金融管理局（MAS）指出，金融科技是通过使用科技来设计新的金融服务和产品。爱尔兰国家数码研究中心（NDRC）把金融科技定义为一种"金融服务创新"，同时认为这个名词也可以用于指那些广泛应用科技的领域。普施曼和托马斯（Puschmann and Thomas，2017）把 FinTech 看作是金融创新过程。

国内较早对金融科技的内涵进行较系统论述的学者是易宪容（2017），他认为，金融科技既不是互联网金融，也不是科技金融，而是 eScience 范式在金融业的延伸，是指在大数据背景下，利用现代科技及数据挖掘而开发的成本低、使用便利且有效的金融产品及服务。金融科技是将科学技术应用于金融行业，提高行业效率、降低行业成本，服务于普罗大众的技术手段（巴曙松和白海峰，2016）。从信息技术对金融行业的推动和变革角度来看，迄今为止金融科技经历了三大发展阶段：金融信息化阶段，互联网金融阶段，金融科技阶段。金融科技把许多以往不可见、不可度量、不可存储与不可分析的事件数字化，从而颠覆性地改变对信用识别、获得、评估、风险定价等方式的运用，以此来发现和挖掘金融的潜在需求，为客户创造价值。金融科技是以众多新兴科技为后端支撑，并给传统金融行业带来新的业务模式的金融创新（皮天雷，2018）。中国台湾地区将 FinTech 定义为"金融相关事业"，例如利用咨询或互联网技术，为金融机构提供支持性信息数据服务以及效率或安全性提升服务等创新金融服务的行业。但京东金融 CEO 陈生强认为，金融科技并非市场所认为的那样单指创业公司，凡是以数据和技术为核心驱动力，能为金融行业提供服务、提高效率、降低成本的公司，都可称之为金融科技公司。

综上，我们可以从广义与狭义的角度来理解金融科技。广义来看，金融科技是以金融业需求为导向，应用一切科学技术为金融服务能力的提升、金融成本的降低与金融业的革新发展提供技术支撑。从狭义视角来看，金融科技聚焦于大数据、云计算、人工智能、区块链、物联网与互联网等新兴技术在传统金融业的实践应用。金融科技在商业银行的主要应用场景如表 2-1 所示。

表 2-1　金融科技在商业银行的主要应用场景

后端技术 ＼ 业务模式	市场设施	支付结算	投资管理	存贷款及资本筹集
(移动)互联网	跨行业通用服务	移动钱包	线上理财	线上借贷平台
大数据	多维数据收集	点对点汇款	大数据风控	贷款清收、信用评分
人工智能	多维数据处理	智能支付系统	智能投顾	投资型众筹
区块链	分布式记账	跨境支付、数字货币	区块链股权管理	分布式清算

资料来源：本研究整理

二、金融科技指数的测度

由于金融科技发展时间尚短,有关的量化研究方法仍然处于探索阶段。目前,学术界主要从以下三个方面度量金融科技发展水平。一是从金融的普惠性和包容性来看。北京大学数字金融研究中心(2016)编制的基于蚂蚁金服海量用户数据的"数字普惠金融指数",该指数编制覆盖了中国31 个省、337 个市与 1 700 多个县级行政区划,并衍生出覆盖广度、使用深度和支持程度三大指数以及相关子行业与业务分指数,较为全面地刻画了我国金融科技发展情况,在学术界具有较高的权威性。二是从发展程度来看。乔海曙和黄荐轩(2019)采用主成分分析法计算了 10 个国家的金融科技发展动力指数,比较其动力结构,得出中国金融科技发展综合动力处于金砖五国前列的结论。金融知识咨询机构零壹财经通过权重赋予方法构建了全球金融科技发展指数及评价指数[①]。三是从热度情绪来看。沈悦等(2015)、汪可等(2017)、金洪飞(2020)等采用文本挖掘和主成分分析等方法进行相关研究;王靖一和黄益平(2017)基于新闻报道采用自然语言处理、机器学习算法构建金融科技情绪指数。四是反映融资和资本市场渗透情况的股价指数测度。如以 66 家在深交所挂牌的金融科技公司为样本的香蜜湖金融科技指数的开盘价(魏成龙,2020)以及基于 49 家纳斯达克上市的科技金融公司的金融科技股价指数。此外,中国人民银行于 2020 年

---

① 零壹财经,《全球金融科技投融资与指数报告(2017)》,http//www.01caijing.com/article/13550.htm

10 月发布了金融科技行业指标标准,从机构、行业、区域三大板块全面刻画中国金融科技行业发展情况[①]。

三、金融科技的技术特点

金融科技在近几年发展势头迅猛,各个行业都受到金融科技的影响,但从全球范围来看,金融科技的起源最早可以追溯到 20 世纪 60 年代。目前,新兴技术正驱动金融科技生态快速发展,金融科技在经历了 2.0 及 3.0 时代后,正快速步入 4.0 时代。从技术特点来看,其演进历程可大致划分为四个阶段。

金融科技 1.0 时代:1866—1967 年,金融跨境互联阶段。在这段时期,电报、电话、广播等促进了通信技术革新,逐渐取代传统邮件通信方式,打破了金融国界,金融机构跨国投资快速增长,这一时代金融服务的提供者主要是银行。

金融科技 2.0 时代:967—2008 年,数字化阶段。该阶段主要以计算机和互联网技术的发展应用为标志,银行等金融机构内部流程和对外业务逐步实现电子化、数字化和自动化,代表性应用包括核心账务系统、信贷系统和交易系统。目的是通过 IT 技术代替大量人工劳动,降低人工成本,同时减少人工差错,提高金融业务处理效率。

金融科技 3.0 时代:2008—2015 年,互联网金融阶段。这段时期,互联网企业对传统金融渠道进行变革,实现信息共享和业务融合,传统金融业务由线下向线上转移,主要应用包括网上银行、移动支付、网络借贷、互联网基金销售等。

金融科技 4.0 时代:2015 年至今,金融机构和科技企业深度融合阶段。利用大数据、云计算、人工智能和区块链等新兴技术进行业务革新,改变了传统金融机构前、中、后台业务的各个环节,突破了原有金融工具、金融渠道和金融服务方式的界限。

根据艾瑞咨询的估计,智能客服给金融机构带来的人工降本价值如图 2-2 所示。

FinTech 涵盖了从新技术开发到金融服务商业化的广泛活动和业务领域(Bofondi and Gobbi,2017);是基础性的创新,是对金融体系基础设施的重大创新(Schindler,2017);它以科技创新应用为支撑,以金融需求

---

① 2020 年 10 月 22 日,中国人民银行正式发布《金融科技发展指标》(JR/T 0201—2020)金融行业标准。

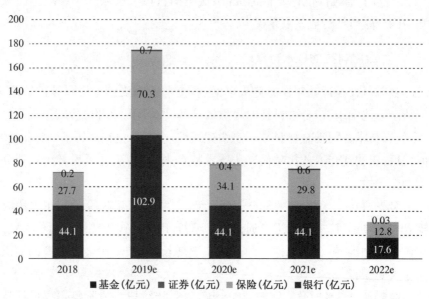

图 2-2　2018—2022 年中国金融机构智能客服带来的人工降本价值

资料来源：艾瑞咨询 2019《中国金融科技价值研究报告》

为导向，在较短的时间内对金融业产生巨大而深远的变革（姜增明等，2019）。FinTech 以"金融＋科技"的特有模式，将从基础技术层面颠覆银行业传统信用中心式服务模式，从而开启价值互联新时代，对传统银行业形成巨大冲击和挑战（李岩玉，2017）。从支付到投资咨询，传统银行产品正在受到创新金融科技产品的挑战，例如：区块链降低了交易成本，同时提高了交易安全性（Lee and Shin，2018；Vives，2017）；云计算可有效帮助金融机构对网络相关信息进行分类（Gai et al.，2017）；众筹可以提供成本更低的资金渠道（Cumming et al.，2021）；从银行业务、银行信用职能、金融消费者和金融竞争格局等多方面对传统商业银行造成冲击（王娜和王在全，2017），特别是信息中介的转型将会是商业银行面临的重大挑战（宁小军，2017）。金融科技与商业银行之间的竞争关系如表 2-2 所示。

表 2-2　金融科技公司与传统商业银行的不同点

	传统商业银行	金融科技公司
地域限制	多设网点以减少地域限制	不受地域限制
购买门槛	购入门槛较高	购买门槛很低

（续表）

	传统商业银行	金融科技公司
信用基础	客户工作、资产等信息	客户交易或社交等信息
经营成本	大量网点和职工,成本高昂	依赖网络,成本低廉
推广速度	实体网点营销,推广速度慢	网络社区营销,推广速度快
应变能力	机构庞大,应变不灵活	对变化的世界更能灵活应变
顾客互动	与顾客互动少	借助网络,与顾客互动多
监管力度	受到严格监管	监管松散或缺乏监管

资料来源：本研究整理

  金融科技的立足点在科技,强调区块链、云计算、大数据等新兴技术在金融服务和产品上的应用,金融科技重点技术及其在金融机构的应用情况如图 2-3 所示。大量研究表明,区块链、人工智能、云计算、大数据等金融科技关键技术的应用有助于商业银行开辟新的金融产品与客户服务渠道,带来新的盈利空间与发展机遇,提升风险防控水平,已成为发现新的金融需求、创新金融产品与服务、创造社会财富的动力与源泉(易宪容,2017)。金融科技的关键在于通过科技与金融的有机融合,即通过技术的变革来推动金融服务、产品与体系的创新(巴曙松和白海峰,2016)。FinTech 已成为金融业结构性变革,改善各方面运营的重要选择(Philippon, 2016; Duan and Da, 2012),是未来十年银行业无可辩驳的发展方向(程华和蔡昌达,2017)。金融科技通过提高资本配置效率、优化资本配置结构,有助于减少信息不对称,降低融资成本和信用风险,提高金融服务效率,为产业升级以及全要素生产率增长提供了新的基础,尤其是对于高技术密集型产业优化资本配置、提高产能效率方面的作用更加明显(巴曙松等,2020)。商业银行应加速推进与金融科技公司的联合创新,重点围绕强化自身生态圈建设、与外部生态圈融合、智慧银行转型、"颠覆式"金融科技研发四个方向深化发展(吴朝平,2018)。

  随着金融监管的趋严,金融科技公司与传统金融机构的合作趋势将会增强,金融科技公司的业务分工将更加细化。金融科技公司擅长精准获客、技术应用、数据挖掘分析等,但风控能力较弱。而银行、保险等传统金融机构在风险管理、流动性管理等方面具有天然优势。若两者能优势互补,实现有效合作,将会大大促进金融体系的转型发展。但随着合作的增

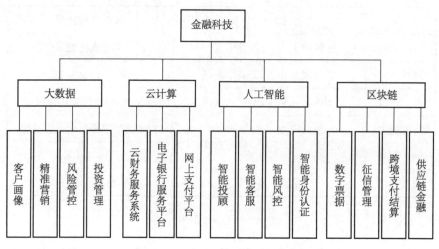

图 2-3　金融科技在金融机构的应用

强,风险外溢性也将增强。

需要注意的是,金融科技(FinTech)与早前大热的互联网金融(ITFIN)并非同一概念,互联网金融是指互联网企业与传统金融机构运用网络信息技术开展信用中介服务,实现资金融通、支付、投资的一种新型金融业务模式。互联网金融是传统金融业务与网络信息技术结合后的升级、更新版,其本质仍然是金融。一个是利用互联网工具的金融业态,另一个是服务于金融行业的科技产业。

第二节　金融科技潜在风险的相关研究

金融业与生俱来就与风险相伴,风险防范是金融行业永恒的主题。风险作为一个基本的约定与前提,在金融从业者的心中应该永远处于第一位(吴晓求,2019)。金融科技使得金融市场中的金融创新愈发活跃,然而金融创新也可能模糊现有行业界限,颠覆现存行业格局,加速金融脱媒,诱发新的金融风险(张吉光,2018)。金融科技带来的金融创新使得金融风险种类与特征发生变化(李展和叶蜀君,2019),导致金融风险泛化,风险来源分散与多样化(周仲飞和李敬伟,2018),信息不对称又使得金融风险更加隐蔽化,周期性、系统性风险更加复杂化(朱太辉和陈璐,2016)。金融科技使得金融机构的风险来源更加复杂,加重了风险的传染与放大效应,一旦出现风险问题便会影响整个金融系统,形成真正的系统性风险。甄别金融科技潜在风险,实现金融创新与金融安全的平衡,有利于金融行业持续、健康、稳步发展(杨涛,2019),进而打造覆盖风险识别、计量、决策、实施全流程的风险管理体系(袁媛,2018)。综合现有研究和金融科技发展现实来看,金融科技既有信用风险、流动性风险、操作风险等传统金融风险,又有底层信息技术等非金融因素引致的风险,还可能引发系统性金融风险。

一、潜在的传统金融风险

FinTech 是用于提升金融服务效率的应用创新(Gomber et al.,2017),金融风险的属性与类型并未因 FinTech 的运用而发生实质性的变化。在金融科技时代,信用风险、流动性风险、市场风险、操作风险、法律合规风险、声誉风险等传统金融风险仍然存在但是发生了一些新的变化,金融业务经过复杂程序编码后,各类传统金融风险在信息科技环境下以更加隐蔽与复杂的形式展现。

1. 信用风险

信用风险,又称为交易对方风险或履约风险,是传统金融风险中最主要的类型;主要是指还款能力的风险,是借款者的发展风险(陈忠阳,2021)。FinTech 业务增加了金融服务便捷性与可获得性的同时,也降低了客户的准入门槛,引入了大量资质水平参差不齐的高风险客户(姜增明等,2019),加上中国征信体系存在信用数据不完整、征信体制不健全、征信监管不完善等问题,极易爆发信用风险(杨涛,2017)。互联网借贷平台是信用风险高频爆发地(方意等)。网络平台进行高风险投资容易产生逆向选择风险(陈红和郭亮,2020)。由于这种多节点、高密度的网络特征,一旦出现信用事件,将加快信用风险传染的速度,扩大信用风险传染的影响范围和力度(许多奇,2018)。金融科技将金融服务对象扩展至不受传统金融机构服务的长尾用户,这部分客户的信用等级较低,还款意愿与还款能力更低,信用违约的主体风险更高(程雪军和王刚,2020)。

2. 流动性风险

金融科技对商业银行的冲击主要集中在价格竞争和流动性风险两个方面(梁涵书 和张艺,2021)。流动性风险是指企业在某一特定的时期风险过分集中和业务集中而产生资金流量缺口,而无法偿付到期债务和业务发展需求的风险。FinTech 的运用,加速了信息传导和产品交付频率,提升了金融市场反馈的速度，金融产品随时兑付要求明显提高，这对金融科技平台的流动性风险管理能力提出了更高要求。随着金融数字化程度的提高，一些区域性中小银行与第三方互联网平台合作，通过搭建旅游、娱乐、电商等线上场景，成为业务联盟上的"全国性银行"，这会大大增加流动性管理难度，高估流动性匹配率，在很大程度上容易引起流动性风险（杨望，2021）。

流动性风险主要源于资金错配、网络故障、FinTech 企业不自律以及投资者的非理性投资。金融科技初创企业抢占了银行大量零售存款，导致银行更加依赖于风险更高的批发性融资（郭品和沈悦，2018），一旦出现市场波动，批发性融资被收回，银行极易发生流动性危机（Freixas et al.，2015）。尤其是大量互联网借贷平台，其自身不具备从事金融服务的资格，为小微企业及个人提供存贷款、投融资、资产管理等服务，相较于传统金融机构具有更高的流动性风险和信用风险（杨涛，2017）。

3. 市场风险

市场风险是指未来市场价格（商品价格、股票价格、汇率、利率等）的不确定性对企业实现既定目标的不利影响。其中的利率风险是 FinTech 企业面临的主要市场风险。FinTech 企业的高收益率会引发传统金融机构为提升自身竞争力而降低贷款利率，但大部分成立时间较短的 FinTech 企业没有足够完善的应对机制，容易受到利率波动的冲击。唐（Tang，2019）、德鲁尔等（De Roure et al.，2019）的研究也证实，P2P 平台发放的贷款比银行发放的风险更高，尤其是成立时间较短的金融科技企业缺少应对能力，容易受到利率波动的冲击，产生市场风险。金融科技具有的网络化、远程化、实时化特点，加快了金融风险的传播速度，打破了金融风险传递的范围限制，使金融风险的波及范围更广，提高了金融风险的传染性与传播速度（陈红和郭亮，2020）。

4. 操作风险

操作风险是指因系统缺陷、人员操作失误、不完善的内部程序或外部事件而造成损失的风险。操作人员的道德风险与专业技能，技术设备可靠性以及信息系统软硬件配置，是衡量操作风险高低的主要标准（杨涛，2017）。操作失误与系统缺陷是 FinTech 企业产生操作风险的主要原因。金融科技创新产品的专业性与技术性要求极高，多数初创的 FinTech 企业无成熟的内部控制体系和员工培训体系，极易发生操作失误的现象。此外，尚处于起步阶段的 FinTech 企业的系统仍处于研发或者试用阶段，出现系统缺陷的可能性较大。

5. 法律合规风险和声誉风险

法律合规风险是指 FinTech 企业因违反法律法规,或无法满足法律法规的要求,而给企业自身、消费者乃至整个社会带来损失的可能性。金融机构在与众筹、第三方支付等金融科技机构进行深入合作时,容易因违规行为或者法律不完善而导致连锁反应;此外,金融机构在对合作机构资质进行审核时可能因信息的不对称而出现失误,那么金融机构选择与不合格的机构合作就可能出现非法集资、洗钱、集资诈骗等违法情形。声誉风险是比较综合的风险。FinTech 企业多处于发展初期,任何不利好的消息都有可能让企业遭受极大的声誉损失,比如:企业高层卷款潜逃、遭受黑客攻击、遭受重大损失、消费者对产品体验不佳或者企业被恶意冒充进行欺诈等。伍丽菊和魏琳(2020)认为,为改变管理标准滞后于市场发展的现状,监管机构加快将新法规纳入监管体系,金融机构被迫追踪法规变动,且新法规更加严格,合规成本快速上升。

二、潜在的技术风险

金融科技背景下金融风险的特殊性在于,既有传统金融风险,也有底层信息技术等非金融因素引致的风险。金融科技创新极大地推动了金融业务的开放化、线上化、虚拟化,客户交易远程化与资金流转实时化,这增加了金融市场对互联网网络和信息技术的依赖程度(Lee and Shin,2018)。一旦在互联网业务运营流程、技术管理与网络维护环节出现任何技术漏洞,都会导致数据窃取、隐私侵犯、网站攻击等信息技术风险,进而导致系统大规模瘫痪,给相关客户和企业造成严重的经济损失。由此可见,金融科技的发展不仅改变了传统金融风险形态,还改变了金融机构风险的分布和权重,使得因金融科技的技术漏洞而导致的技术风险日益严峻。具体表现在以下几个方面。

1. 技术不完备

技术不完备是金融科技风险的最主要来源(袁康,2021),一旦出现任何问题,极易引发系统性风险(Buckley et al.,2019)。金融科技依托于大数据、云计算、人工智能、区块链、物联网和互联网等新型技术得以发展,而初创 FinTech 企业很可能存在技术不成熟、算法缺陷与技术失控等风险,这会导致提供金融服务过程中面临的风险无法预测与不可控制。首先,金融科技技术不成熟意味着技术本身还有提升的空间,需要进一步适应更高层次的需求。例如,数字加密货币仅仅涉及货币信用问题的改善方案,目前还无法调节整个社会经济需求(皮天雷等,2018)。其次,基于大数据、云计算、人工智能和区块链的金融科技技术一旦存在算法缺陷这样的系统偏误,将会导致金融业务大范围出现差错,而又因金融业务交易的实时性特征,将会进一步造成无法修复的损失。最后,技术失控风险是指科技技术脱离控制范围的风险。当前,金融市场已走向大数据化、移动化与智能化,一旦技术的数据与应用环境脱离其可控范围,人工也许很难控制,目前也尚未存在能够同时提高收益并且降低金融科技技术失控风险的科技技术。此前中国市场上的光大"乌龙指"事件与美国市场上的闪崩事件,都展现了失控事件造成的市场剧烈动荡与恶劣的社会影响。

2. 数据安全隐患

在大数据时代背景下,金融与科技的融合渗透发展也引发了对数据安全问题的担忧(Wang et al.,2014)。数据安全风险主要包括信息完整性被破坏、信息泄露、拒绝服务、非法使用、木马、窃听、窃取、授权侵犯、旁路控制、计算机病毒、物理侵入、人员不慎、业务欺骗等。在信息时代,金融服务提供商能够通过大数据进行消费者分析,深入挖掘消费者的不同需求,以此制定特色化、个性化的金融服务。于是,客户的私人信息成为一种具有巨大潜在商业价值的资产,高度集中的用户信息便极有可能被恶意窃取和利用。置身于金融科技生态中的用户并没有安全感与主导权,各类钓鱼、欺诈和恶意程序快速增长,大规模的私人数据泄露和黑客恶意攻击事件频发,作为数据生产者的个人用户的数据安全受到严重威胁。据统计,2017年金融行业就出现了 CVE 安全漏洞 374 个,19%的机构遭受了损失,36%的机构受到了 DDOS 拒绝服务共计 87 972 次①。此外,中国消费者协会公布的《2018 年 APP 个人信息泄露情况》表明,大约 85.2%的受访者遭遇过个人信息泄露,并且自 2011 年以来,全世界已有 11.27 亿用户的私人信息被泄露。用户数据是金融科技生态中最核心的资源,它驱动着金融科技的蓬勃发展,但目前数据安全问题已成为金融科技生态中的一大风险隐患。

3. 网络安全风险

当金融服务活动日益网络化的时候,网络安全风险就成为一个不容忽视的问题(Gai et al.,2018)。网络安全风险是在互联网的环境中遭受网

---

① 数据来源:第三方网络安全评价服务平台"安全值"于 2017 年发布的金融业 10 大领域网络安全报告。

络攻击、渗透、数据窃听和拦截、病毒侵袭等威胁造成的风险。一旦网络安全风险发生在 FinTech 企业中，将会导致系统性风险的产生。网络安全风险主要包含网站安全、客户端安全与网络通信安全风险三大类。首先，用户登录、查询与交易都是在互联网网络环境中进行，一旦客户的账号、密码与交易信息在网络传输过程中被泄露或者篡改，FinTech 企业将遭受巨大的网络信息安全风险；其次，为客户提供网上支付、交易等金融服务的交易平台可能会面对黑客攻击、计算机病毒、XSS 攻击等网站安全风险；再次，在移动化的金融服务时代下，客户终端成为常被入侵与攻击的对象（Li et al.，2016），因个人用户安全意识不足、客户终端系统的脆弱性与客户终端系统防护能力不坚固，客户端安全风险也成为网络安全中的一大风险隐患；最后，大量金融科技初创企业涌现，形成了大量小额、网络分散的金融模式，可能会出现"网而不倒"的现象（杨涛，2019）。且网络安全问题具有高速且大规模的传染效应，监管机构需要警惕新的单点失败风险（李敏，2019）。

三、经营管理风险

金融科技除了会形成以上个体风险以外，还可能存在经营管理方面的风险。

1. 业务风险

在金融科技热潮下，过度包装金融科技成为可能，FinTech 公司对金融科技产品进行夸张的媒体宣传或者恶性资本炒作，会导致客户的认知偏差，造成风险隐患。同时，故意模糊金融服务业务的本质、金融科技产品缺乏风险评估或者金融科技产品的风险提示责任履行不到位同样是 FinTech 的重大风险（靳文辉，2019）。此外，因使用复杂性、科技不成熟或者设计问题给客户带来较差的体验感也会导致客户接受度低、客户量流失。

2. 长尾风险

现有金融科技中的主要应用场景业态，比如网络支付、借贷、投资理财等，其主要服务客户群体为低收入的长尾人群（宁小军，2017；周全和韩贺洋，2020）。以蚂蚁金服旗下的明星金融产品为例，无论是芝麻信用借呗、蚂蚁花呗，还是余额宝、支付宝，都是围绕 80％ 的长尾客户提供金融服务。据相关数据显示，截至 2016 年 10 月底，开通蚂蚁花呗用户超 1 亿人次，而其中的 4 500 万为 90 后。2017 年 9 月，余额宝用户总量为 3.68 亿，其中来自农村地区的低收入者达上亿人。金融科技提高了金融普惠性，使得金融服务下沉到无法获得传统金融服务的长尾人群中。但在长尾客户人群享受金融科技提供的便利金融服务的同时,长尾风险也可能正在逐步形成。长尾客户人群个体价值量小、数量庞大,轻担保、无抵押性强,金融知识相对缺乏。加之长尾客户的专业投资决策能力较弱(陈红和郭亮,2020),风险识别和承受能力不足,可能会过分注重收益而忽略潜在风险,进行盲目的非理性投资。一旦发生风险,其传导速度会更快,波及范围也更广。

3. 管理风险

新型技术使得传统金融机构、金融科技企业、科技公司之间的关联性更强,但金融科技企业和科技公司不受严格的金融监管制度的制约(石光,2020),其风险管理能力存在较大局限性(陈红和郭亮,2020),这可能是风险爆发的起点。首先,以金融科技为基础的金融服务,其技术性、专业性与实效性更强,这加大了管理难度。其次,FinTech 发展迅速,大部分金融业从业人员对 FinTech 产品的了解深度不够充分。在这种情况下,可能会与客户之间存在沟通问题,例如沟通模糊、沟通无效或者误导客户的现象。最后,从业人员业务素质不足、金融业务的交叉复杂性会导致管理者难以准确捕捉关键风险点,这会导致其对企业的经营风险把控不够精准,内部风险控制程序难以完善,从而内部风险控制力度不足。

也有学者认为,金融科技对商业银行的影响具有两面性。金融科技在商业银行中的应用能够改善信息不对称问题(金洪飞等,2020),可以帮助商业银行收集消费者数字信息,从而有助于预测客户违约概率,降低违约风险(Bilan et al.,2019)。借助金融科技来实现"三升两降",即提升服务水平、提高收入、提升市场竞争力与降成本、降风险,已成为传统商业银行在金融科技时代创新转型发展的重要方向(叶望春,2017)。例如:对大数据可应用于商业银行运营优化、客户画像、精准营销等风险管控方面,能够快速识别可疑信息与业务违规,强化风险的预判与技防能力。云计算能够有效降低银行 IT 成本,通过统一平台承载银行内部所有信息系统,从而消除信息孤岛,实现数据的集中化管理。人工智能的应用主要集中于智能投顾、智能风控、智能客服等场景,能够推动金融服务趋向智能化、主动化、个性化,提高金融风险控制效能。

四、金融科技的风险传染效应

1. 风险传染的概念

根据世界银行的定义,风险传染是指冲击在整个国家的传导或者一般性的、全国范围内的扩散效应，或者是一个国家（或一组国家）受到冲击后跨市场联系的显著增加（Bertero and Mayer，1990）。主要围绕"相关性分解"的概念进行，是指崩溃期内金融机构相关性在统计意义上的显著增加（King and Wadhwani，1990）。一家金融机构的倒闭，通过银行间市场，支付系统或资产价格的多米诺效应导致受传染机构出现违约的可能性增加（Allen et al.，2009）。而国内学者宫晓琳（2012）在针对宏观金融风险的研究中，将风险传染的概念界定为：在金融系统受到某一事件的冲击后，宏观经济、金融层面风险联动的增加。随着金融科技的应用，风险传导机制更加复杂隐蔽，在各金融领域之间扩散速度加快，相互交叉传染概率与外溢效应也加大（石光，2020；夏诗园和汤柳，2020）。

2. 风险传染的机制

关于金融机构之间的风险传染问题，国内学者（如方意，2016；方意和郑子文，2016；宫晓琳和卞江，2010；马君潞等，2007；范小云等，2012）展开了广泛而深入的研究。方意（2016）认为银行的风险传染不仅来自债务端破产传染机制，也来自债权端为了保证自己的杠杆率而降价出售资产所导致的风险传染。方意和郑子文（2016）基于格林伍德等（Greenwood et al.，2015）的资产降价模型，进一步研究了在资产价格下跌与去杠杆的情况下，系统性风险在银行体系内的相互传染路径。宫晓琳和卞江（2010）利用国民经济核算中资金流量表建立金融关联网络模型，再通过模拟测试，揭示中国各经济部门之间的资产负债表转染机制，同时量化传染发生时的各部门经济损失。马君潞等（2007）通过构建金融网络模型，分别利用最大信息熵算法估测银行双边敞口数，采用虚拟违约算法来模拟单家银行和多家银行同时倒闭的传染效应。范小云等（2012）在建立银行间网络模型的基础上，利用2007—2009年中国资产负债表数据进行模拟，研究银行间关联性与系统性风险之间的关系。

国外学者方面（如 Upper and Worms，2004；Furfine，2003；Boss et al.，2004；Degrys and Nguyen，2007）方面，分别建立了德国、美国、奥地利以及比利时的银行系统的双边信贷关系矩阵，研究银行机构间风险传染所带来的系统性风险。郭等人（Guo et al.，2016）通过分析公共资产持有网络的拓扑结构来揭露一家机构的清算行为对其他金融机构共有资产的价格影响。格林伍德等（Greenwood et al.，2015）通过建立持有共同资产间接关联模型，并运用德国银行系统数据来说明单家银行的降价抛售对各银行的溢出效应，以及单个银行去杠杆化对其他银行造成的影响。该模型被用于美国的系统性风险测量(Duarte and Eisenbach,2021)。

与以上研究着眼于资产负债表的直接联系,由于与交易对手敞口或资金关系引起的直接传染机制不同,孔特和肖宁(Cont and Schaanning,2019)认为机构间的风险传染更多的是间接的,是由于资产多样化,即共同资产持有而产生。西福恩斯特等(Cifuentes et al.,2005)也认为,投资组合链接比直接关联造成的损失更大。刘等人(Liu et al.,2019)使用2007—2015年,600多家开放式共同基金和1 900只中国股票市场的重叠投资组合数据,构建有向加权网络,并计算其投资组合传染程度,研究发现,在金融环境动荡期间,投资组合传染的波动性更大。孔特和肖宁(Cont and Schaanning,2019)提出了两个用于量化金融机构在压力情景下因资产去杠杆化而遭受间接传染的潜在风险,并将其运用于欧洲银行体系对间接传染脆弱性的分析。波莱德纳等(Poledna et al.,2021)的研究表明,忽略间接传染会导致总损失低估50%。

具体到金融科技活动带来的风险传染问题,不少学者纷纷从理论层面进行分析和解释。国务院发展研究中心研究院石光(2020)指出,金融科技特有的信息性、网络性特征,使得各机构之间的关联程度更高,风险传染迅速且范围更广。中央财经大学方意等学者认为,由于大数据、移动互联网等技术的应用,导致金融科技业务间间隔变小,机构和客户之间相互交叉形成错综复杂的关联网络,从而使得金融科技风险一旦发生,将不可避免地传播到其他机构或市场,风险传染的范围广泛且影响深远(方意等,2020)。与传统金融业相比,金融科技带来的风险传染更为严重,会更大程度上影响金融体系的稳定(李广子,2020)。

相较于传统商业银行与证券机构,金融科技的内外部风险传染性最强(曹齐芳和孔英,2021)。李文红和蒋则沈(2017)、陈红和郭亮(2020)认为金融科技的发展使得金融机构、信息科技企业、基础运营机构三者之间的关联性更强,一旦发生风险,相关风险将会在三类企业之间交叉传染,增加系统性风险。金融科技的应用会增强金融脆弱性,加快货币流通速度,进而加剧系统性风险的扩散(罗航等,2020)。对于金融机构来说,在数据大集中后,一家支行、一个区域风险的爆发,将容易导致银行、证券、保险等机构之间交叉传染,影响整个金融体系的安全(李东荣,2017)。许多奇(2018)从社会网络的视角研究了金融科技的风险传染,认为金融科技相较于传统金融业多了许多金融网络节点,任何一个节点的失败都会通过网络连接点传递出去,每个节点都将成为风险放大站。

综上,由于大数据、互联网、人工智能等技术的广泛应用,极大拓宽了信息传播渠道,提升了信息传播速度,更容易产生"羊群效应"等不理性行为,加快风险传染的速度,扩大风险传染的范围,从而造成更大程度的金融不稳定现象。

3. 风险传染的测度

在风险传染程度的具体衡量方法上,主要有未定权益法、传染性指标、传染指数等。宫晓琳(2012)使用中国2000—2008年系统宏观金融存量数据,采用未定权益法开展中国各经济部门之间由资产负债表联系所造成的系统性风险传染的影响研究。格林伍德等(Greenwood et al.,2015)首次提出了衡量银行体系系统性风险传染指标(CR),该指标的含义是:在给定银行 m 的初始总资产损失率后,银行 m 传染给银行 n 的损失。方意和郑子文(2016)在此指标的基础上进行了扩展,创新性地提出衡量房地产价格下跌引起的系统性风险在银行间传染程度的传染性指标。

杜阿尔特和艾森巴赫(Duarte and Eisenbach,2015)提出了一种新的传染风险度量指标即聚合脆弱性(Aggregate Vulnerability,AV),该指标是剔除首次冲击带来的损失,只衡量银行间关联而导致的传染风险,AV的计算方法为两轮溢出总损失占银行系统总股本的比值。方意(2016)构建了一种基于去杠杆机制和破产机制的传染性指标(CBI),用于衡量单家银行将其风险传染给银行体系中每家银行所造成的传染损失,其指标计算由银行间负债违约渠道、流动性挤兑渠道、主动降价抛售、被动降价抛售四个渠道造成的传染损失加总所得。与方意的综合指标不同,孔特和肖宁(Cont and Schaanning,2019)基于破产机制和去杠杆机制提出了两个指标,第一个指标是内生风险指数(Endogenous Risk Index,ERI),它是基于去杠杆化所引起的跨投资组合的溢出效应。第二个指标是间接传染指数(Indirect Contagion Index,ICI),它通过量化一家银行破产清算对其他机构造成的损失来衡量银行的系统重要性。

五、潜在的系统性风险

1. 系统性风险的概念

经济增长与金融体系的健康密切相关。但在现实中,金融体系并不总是正常运转的。追求自身私人利益的个别或者部分金融机构有时会给金融市场带来外部成本,政府便会采取干预措施来及时纠正低效行为。鉴于金融部门在经济增长中的核心地位,金融监管长期以来对系统性风险予以特别关注。金融监管就是旨在通过纠正市场失灵、限制负外部性和保护弱势群体等方式改善金融体系的运作(Magnuson,2018)。然而,系统性风险一直是一个较为模糊的概念。从外部经济影响来看,系统性风险是指金融体系部分或全部受到损害导致的大范围金融服务中断并给实体经济造成严重影响的风险(FSB/IMF/BIS,2011)。从内部作用路径来看,系统性风险是指一个机构的经济困境通过金融交易扩散到与其有联系的其他机构的风险(Rochet and Tirole,1996),也即由于金融机构间的关联性导致多米诺骨牌效应的风险或者可能性(Kaufman and Scott,2003)。例如,当一个金融机构具有高度的系统关联性时,如果该机构遭遇破产,则会对其他与其有联系的金融机构造成严重的负外部性影响,进而导致经济活动大范围遭受影响。

2008 年金融危机后,系统性风险越来越受到学术界与监管当局的重视,不少文献对系统性风险的来源进行了研究,贝努瓦等(Benoit et al.,2017)详细解释了系统性风险的三类来源机制,包括系统性风险承担机制、传染机制和放大机制。系统性风险承担机制的四种相关的表现形式为投资相关资产(Tirole,2012)、流动性风险(Brunnermeier and Oehmke,2013)、尾部风险(Freixas and Rochet,2013)与杠杆周期与泡沫(Boissay et al.,2016)。传染机制则表现为,一家金融机构的损失会蔓延到相关的其他机构。资产负债表与网络(Freixas et al.,2000)、支付与清算系统(Biais et al.,2016)与信息传染(Acharya and Thakor,2016)是主要的双边传染渠道。放大机制主要解释为何较小的冲击能够引发大范围的波动,最常见的放大机制是由资产贱卖导致的流动性不足而驱使的危机(Shleifer and Vishny,2011)。格林伍德等(Greenwood et al.,2015)建立数理模型对银行资产贱卖的风险溢出效应进行了演绎分析,并通过对欧洲银行业的实证研究表明,这种效应在整个银行业存在累积与放大效应。

2. 系统性风险和"系统重要性"金融机构

全球金融危机证实了这种大型的、占主导地位的、"系统重要性"或者"大而不能倒"金融机构的失败对整个经济所导致的广泛而深远的影响。此后,金融风险监管一直以此为指导原则。这一原则带来了金融危机后金融监管方式、实质性监管与监管优先事项的巨大转变。美国的多德-弗兰克法案(Dodd-Frank Act)的出台,标志着危机前所未有的广泛而系统的金融监管的实施,中国同样将监管重心放到了"系统重要性"金融机构上来(周小川,2011)。

系统性风险与"系统重要性"或者"大而不能倒"金融机构的密切关系

在有关金融风险监管的学术文献中被广泛讨论(毛奉君,2011)。"系统重要性金融机构"(SIFIs)的概念由国际货币基金组织(IMF)、巴塞尔银行监管委员会(BCBS)和金融稳定理事会(FSB)等国际金融监管组织在金融危机后提出。系统重要性金融机构是指规模、复杂性与互联性程度高的机构的混乱会导致金融市场甚至是实体经济的失败(Banulescu and Dumitrescu,2015)。"系统重要性"金融机构之所以被认为是金融稳定的主要威胁,是因为:首先,系统重要性金融机构规模较大,当其遭遇失败时必然会带来更大的成本,好比存款巨大的国有五大行的失败必然会比不具备系统重要性的农村商业银行造成更大的经济损失;其次,系统重要性金融机构与其他金融机构或者经济部门的关联度更高,也更广泛,当它们遭受失败或者严重损失时,会对更多的金融机构造成影响;最后,考虑到道德风险问题与系统重要性金融机构的不可替代性,越是具有系统重要性的金融机构,越不敢让其倒闭,政府往往会有强烈的动机去救助处于困境的系统重要性金融机构。也就是说,系统重要性金融机构对政府有着巨大的影响力,也更有能力影响监管的制定与实施。

总之,传统观点认为系统性风险主要来源于"系统重要性"金融机构,但是 FinTech 的崛起似乎改变了这个关于系统性风险的基本认知。金融监管者对"系统重要性"或者"大而不能倒"机构相关的风险过分关注,忽略了小型分散金融市场上与此截然不同的风险。在许多方面,小型的、分散的风险也可能比大型机构带来的风险更大,因为分散的金融科技市场更容易受到不利事件的冲击,更加难以监控和约束,更有可能鼓励市场参与者过度冒险的行为。

由此可见,金融科技的风险,对大机构、传统金融业和非传统金融业的影响是不一样的,具体如图 2-4 所示。"系统重要性"金融机构相对来说应用范围有限,同时因为受到严格监管,风险较低。单一的传统金融机构,因为金融科技出现风险也可能导致传染,导致系统性风险,但总的来说风险相对并不那么大。而小型的、去中心化的非传统金融机构,由于应用范围广泛,总体体量庞大,因而风险比较高。这些机构主要存在于地方,包括各种P2P网络借贷平台,最终往往出现借款人欺诈、平台违约,引发群体性事件,破坏地方金融稳定。而且由于是网络金融的形式,存在较强的跨区域传染特征,一旦出现问题,最终可能演变为系统性的金融风险,亟待加强监管。

3. 金融科技系统性金融风险的来源机制

金融科技生态中的金融业务跨界融合嵌套,金融交易链条不断延伸,

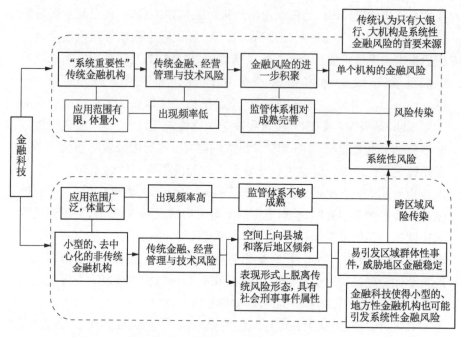

图 2-4　金融科技系统性风险示意图

金融行为主体间的连接模式日益复杂，与外部机构之间的信息交互也日益增多。金融科技直接或间接导致了传统金融风险、技术风险、管理风险等多重风险交叉融合，使得金融风险的复杂性、交叉性、传染性、隐蔽性和突发性更为突出。一旦风险导火索被触发，便极有可能演变为真正的系统性风险（Vives，2017；李敏，2019）。对此，贝努瓦等（Benoit et al.，2017）进行了框架性的研究，认为系统性风险承担机制、传染机制与放大机制是系统性风险来源的三种主要经济机制。为进一步明晰这三种不同的来源机制，我们构建一个简单的理论框架对其进行说明。

假定一个金融系统中总共有 N 家金融机构，每家金融机构 i 的总风险敞口为 x_i，由系统因素导致的风险敞口占总风险敞口的比例为 α_i，由个体特质因素导致的风险敞口占总风险敞口的比例为 $1 - \alpha_i$ [①]。那么，$y_i^S =$

---

① 根据指数模型，将机构的总风险分为"系统风险"（Systematic Risk）和"个体特质风险"（Idiosyncratic Risk），系统风险是指由共同因素引起的，对市场中所有参与者都有影响的，无法通过资产多样化组合加以分散的风险；"个体特质风险"是企业自身因资金短缺、经营不善、声誉受损等因素而造成的风险。相应地，将机构收益率写成包含系统风险和个体特质风险的形式。

$\alpha_i x_i$ 和 $y_i^I = (1-\alpha_i)x_i$ 分别代表机构 i 的系统风险敞口与个体特质风险敞口，$y^S = \sum_{i=1}^{N} y_i^S$ 则代表所有 N 家金融机构的系统风险敞口。此外，金融机构之间还存在着直接的关联，例如，同业拆借、金融衍生品等，于是 N 家金融机构间的相互关联便能构成一个 $N \times N$ 的矩阵 $\boldsymbol{B}$，我们用 $b_{i,j}$ 来表示机构 i 对 j 的风险关联程度。

当系统中不存在其他金融机构时，机构 i 的基准收益为 $\hat{\pi}_i(y_i^S, y_i^I, \varepsilon^S, \varepsilon^i)$，具体为：$\hat{\pi}_i = (\rho^S + \varepsilon^S) \times y_i^S + (\rho^i + \varepsilon^i)y_i^I$。其中，$\rho^S + \varepsilon^S$ 和 $\rho^i + \varepsilon^i$ 分别为系统风险敞口和个体特质风险敞口回报，ρ^S 和 ρ^i 为常数，系统冲击 ε^S 和个体特质冲击 ε^i 为均值为零的独立随机分布变量。因所有金融机构都暴露于系统因素中，当一个大的系统冲击 ε^S 发生时，所有机构可能同时遭受损失，这种风险称为系统风险（Systematic Risk）。然而，我们更多要关注的不是系统风险而是系统性风险（Systemic Risk）。因为机构 i 属于金融体系的一部分，与体系中其他机构相互联系，它实际的收益 $\pi_i(Y^S, Y^I, B, \varepsilon^S, \varepsilon^I)$ 与 $\hat{\pi}_i$ 并不相等，还取决于个体特质冲击、其他金融机构的风险敞口、机构 i 与其他机构的关联程度以及其他机构之间的关联程度，显然系统性风险一个典型的特征是 $\pi_i(Y^S, Y^I, B, \varepsilon^S, \varepsilon^I) \neq \hat{\pi}_i(y_i^S, y_i^I, \varepsilon^S, \varepsilon^i)$。系统性风险存在于整个金融系统中，由于系统中的各个金融机构相互联系，每个机构会承担自身的特质风险，也面临共同的风险敞口，风险会在金融系统中相互传染并自我放大，由此引发系统性风险。我们接下来依据 π_i 取值的决定参数 $Y^S, Y^I, B, \varepsilon^S, \varepsilon^I$ 来解释系统性风险的系统性风险承担机制、传染机制与放大机制，并依据这三大来源机制分析金融科技潜在的系统性风险（如图 2-5）。

图 2-5 中的中间部分代表传染机制，左边部分代表放大机制。每个箭头代表一个风险传递通道，其强度由箭头上方标签给出。例如，机构 i 自身面临的风险冲击程度为 ε^i，而 i 对系统性风险的贡献则为 y_i^S，i 对系统性风险的敏感性由 α_i 衡量。

综上，金融科技既有流动性风险、信用风险、操作风险、经营风险等传统金融风险，又有数据安全、信息科技、合规性等新型风险，提高了银行的风险承担倾向。同时，由于大数据、互联网、人工智能等技术的广泛应用，极大拓宽了信息传播渠道，提升了信息传播速度，更容易产生"羊群行为"，加大银行机构之间的风险传染效应，并在放大机制的作用下，进而加剧系统性风险。

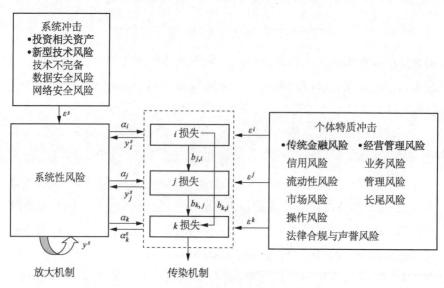

图 2-5　系统性风险来源机制

六、金融科技对系统性风险影响的相关研究

近几年来,金融科技蓬勃发展,物联网、云计算、人工智能、大数据等信息技术与金融业务深度融合,为金融业的发展提供了源源不断的创新活力,但同时也给金融安全带来了新的挑战。2019 年 9 月中国人民银行发布的《金融科技(FinTech)发展规划(2019—2021 年)》指出:对于金融科技,既要关注其创新,也要关注它所带来的风险,要把握好金融创新和金融安全的适度平衡,守住不发生系统性风险的底线。

社会各界和各级监管部门之所以如此重视金融科技的风险,主要是因为金融科技本身的高风险性。金融科技本质上的落脚点还是金融,因此流动性风险、信用风险、经营风险等传统金融风险在金融科技领域仍然存在(方意,2020;石光,2020;杨涛,2019)。另一方面,金融科技以新兴技术为支撑,这不仅会给金融业带来新的风险,比如操作风险、法律风险(杨涛,2017)、数据安全与信息科技风险、合规性风险(杨东,2017)等,更会强化金融的固有风险,改变风险分布,使得极端异常风险发生的概率更大(赵鹞,2016)。金融与科技都是高风险行业,而金融科技作为金融与科技的融合体,可能会造成金融风险与技术风险的叠加效应(李广子,2020),从而放大风险。在监管方面,新技术的应用会使得风险更为隐蔽,难以识别(李东荣,2017),并且监管相对于金融科技的发展具有滞后性(陈红和郭亮,2020),这大大提高了监管难度,导致监管不足,从而进一步造成金融体系的稳定性风险。

金融科技的高风险性不仅体现在增加个体机构风险水平上,更体现在引发系统性风险的作用上。金融科技相比于传统金融服务更容易引发系统性风险,这主要体现在以下三个方面。

首先,金融科技的发展改变了金融行业原本的局面,比如移动支付等导致电子货币越来越普及,从而公众持币的机会成本增加,投机性需求增强。同时互联网金融模式的兴起提高了资本利用效率和循环速度,这些影响最终会造成货币流动性变大,系统性风险扩散加剧(罗航等,2020)。而人工智能在市场上的应用则会因为算法和技术的同质性使得所有市场参与者都倾向于使用同一种策略进行投融资和风险管理,造成市场同频共振现象。这种市场趋同效应通过反馈机制,会不断增加顺周期性,从而使内生风险在体系内不断积聚和放大。当受到冲击时,行为趋同的投资者会集中抛售或挤兑,造成市场恐慌和踩踏,从而使得风险迅速扩散到股票、债券等各类资本市场,最终可能引发严重的系统性金融风险(方意等,2020;石光,2020)。

大数据、互联网、人工智能等技术在金融业的应用极大地拓宽了信息传播的渠道和提升了信息传播的速度(何德旭等,2019)。当受到冲击时,风险信息会迅速在不同的金融科技部门传递,加剧投资者的不理性行为,这种不理性行为所导致的负面后果又进一步通过加速器机制和反馈机制在整个金融科技领域迅速蔓延,产生"羊群效应"(方意,2020),使得风险动态化,增加了突发性和不可预测性风险,进而更容易诱发系统性风险(范一飞,2020)。且部分金融科技服务呈现出顺周期性特征(刘春航等,2017;邱兆祥和刘永元,2019),在市场竞争激烈、流动性需求较高时,基于算法的市场参与者将迅速退出市场,从而增加资产价格波动,增加金融市场的脆弱性。

其次,金融科技增加了风险的外溢性。新型技术在金融领域的持续运用,大量业务由线下转到线上,交易链条不断延伸,交易行为主体间的连接模式日益复杂,与外部合作机构之间的信息交互也日益增多,金融科技实质上加速了业务的外溢风险。一方面,金融科技打破了跨境障碍,互联网和区块链技术的应用将全球的金融系统有机连接起来,加强了不同地区之间的资金往来与业务联系,从而导致地区间的风险溢出更加容易。一旦某个地区发生风险,就会通过资本运作的复杂链条迅速传染到其他地区,从而演变成大范围的金融危机(杨东,2017)。另一方面,金融科技的发展使得金融机构、非金融机构、科技公司之间的关联性大大增强。金融科技的发展使得投资者的投资面更广,相比于利率受限的储蓄存款,货币基金、理财产品的收益更高,因此投资者会减少存款,从而导致银行储蓄性存款流失,资金来源受限,进而增加金融机构间的相互拆借,最终导致金融机构之间的资金关系更加紧密(邱晗等,2018)。在推动金融与民生服务系统互联互通,将金融服务无缝融入实体经济各领域的同时,增加了金融机构与实体经济之间的关联性和金融体系的复杂性。在金融科技语境下,市场竞争激烈,各家金融机构与金融科技公司产品和服务的同质化现象严重,更易放大金融市场波动。

金融科技的社会网络节点多、密度高的特征也会增大发生系统性风险的可能。传统的金融交易方式使得金融活动很大程度上可以在金融体系内部闭环完成,但随着金融科技的深入发展,很多金融业务必须依赖第三方科技公司提供技术支持才能实现,而这种依赖一旦在数量和资产上达到一定的规模,就有可能演变成系统性风险(李广子,2020)。而金融科技相较于传统金融业多了许多社会网络节点,金融机构间、金融机构与客户间、客户与客户之间以及金融与非金融机构间有着错综复杂的社会关系网络,任何一个节点都可能成为风险的创造者和传递者,任何一个节点的失败都会通过网络连接点传递出去,因此每个节点都将成为风险放大站。非金融机构方面主要指的是市场基础设施运营企业,新技术的应用离不开市场基础设施的作用,可以说技术支撑了金融科技,而市场基础设施支持了技术。因此,在这种高度相关的情况下,任何一方发生风险,都可能导致相关风险在不同行业、不同市场中交叉传染,从而极大地加剧系统性风险发生的可能(李文红和蒋则沈,2017)。如果说传统金融系统性风险的来源是"大而不能倒",那么在金融科技时代,系统性风险的来源就是"太关联而不能倒"(许多奇,2018)。金融科技对金融机构的风险溢出与系统性风险增加存在显著的促进作用(Li et al.,2020)。弗朗斯科等(Franco et al.,2020)以美国和欧洲75家金融科技上市公司数据的实证研究也表明,金融科技公司的发展使金融机构之间的连接性更强,更容易发生传染。

最后,监管的滞后性是金融科技诱发系统性风险的重要原因。科技公司的优势在于提供技术支撑,但因为底层算法往往非常复杂,透明性差,难以监管,目前,我国对于金融科技监管仍然存在监管理念陈旧(范云朋和尹振涛,2020)、监管制度不健全(伍丽菊和魏琳,2020)、监管工具不先进(李金栋,2018)、监管主体不明确(杨东,2018)、监管对象不清晰(陈涛,2020)、监管政策滞后(韩俊华等,2019)等多方面的问题,因此容易导致监管盲区和监管套利,成为金融风险滋生和积聚的温床。

第三节　金融科技对商业银行绩效影响的相关研究

一、金融科技对商业银行绩效影响的理论研究

国外有关金融科技的研究起步较早,阿纳等(Arner et al.,2015,2016)认为金融科技的主要作用是运用科技为传统金融的业务痛点提供解决方案,是金融服务和科技手段的动态交集(Lines,2016)。类似地,瓦西列娃和卢卡诺娃(Vasiljeva and Lukanova,2016)给出了较完善的金融科技定义,即借助技术创新为个人和企业提供最有效、低成本、以客户为导向的金融解决方案。金融科技和移动银行能够通过改变沟通方式,帮助客户克服在提供金融服务过程中的歧视问题(Philippon,2016)。金融科技不但为银行业提供了一种增强灵活性、整合业务、优化服务的绝佳机遇(Dapp et al.,2014),而且在于构建一个基于新技术流程、整合金融与技术、取代传统金融结构的新市场(Romānova and Kudinska,2016),是能撼动传统金融市场的颠覆性创新(Lee and Shin,2018)。普华永道发布的《中国金融科技调查报告(2018)》指出,传统金融机构的资金转移支付、零售银行、财富管理是未来五年最有可能被金融科技颠覆的领域。

金融科技涵盖了从新技术开发到金融服务商业化的广泛活动和业务领域(Bofondi and Gobbi,2017),从支付到投资咨询,传统银行产品正在受到创新金融科技产品的挑战,例如:区块链降低了交易成本,同时提高了交易安全性(Lee and Shin,2018;Vives,2017)。云计算可有效帮助金融机构对网络相关信息进行分类(Gai et al.,2017);众筹可以提供成本更低的资金渠道(Cumming et al.,2018)。金融技术能够降低中介成本,扩大融资渠道,增加金融包容性,为未接受服务或者欠发达国家提供服务(Vives,2017)。银行业必须进行战略转型以适应金融科技引起的外部环境颠覆式变化(Van Loo,2018)。罗曼诺娃和库丁斯卡(Romānova and Kudinska,2016)认为,尽管金融科技的发展对于商业银行是重大挑战,但这一挑战也可转化为商业银行进一步增长的机遇。金融科技增强金融市场的竞争,但无法取代银行的大部分关键职能(Navaretti and Pozzolo,2017)。但金融科技与银行之间也存在很强的互补性(Navaretti and

Pozzolo，2017)；它使得贷款机构提供的服务更加便利(Philippon，2015)；使金融企业能够紧密地连接到目标市场(Gai et al.，2016)；融合金融科技的业务具有更大的灵活性、安全性(Gomber et al.，2017)。

金融科技在国内是一个较新的研究领域,具体观点与研究结论目前仍然众说纷纭,莫衷一是。巴曙松等(2017)指出,金融科技是金融和科技的融合,即把科技应用到金融领域,通过技术工具的变革推动金融体系的创新(巴曙松和白海峰,2016)。央行课题组(2017)对中美金融科技发展进行了比较,认为金融科技是以科技为服务手段,旨在延伸金融服务深度、拓宽金融服务广度、提高金融活动的整体效能(中国人民银行广州分行课题组和李思敏,2017)。金融科技是解决金融服务碎片化、长尾化、信息不对称的有力工具(杨敏,2018)；有助于降低商业银行的运营成本,提升商业风险防控水平,提升金融服务场景化的能力(张德茂和蒋亮,2018),利用新兴技术创造了新的金融产品、革新了新的市场、提升了金融的服务效率、拓展了新的金融服务需求、催生了新的商业模式(皮天雷等,2018)。银行机构要充分利用金融科技所带来的机遇,整合传统服务资源,联动线上线下优势,创新服务方式和流程,以提升整个银行业的资源配置效率(巴曙松等,2018)。但需要注意的是,FinTech 与早前大热的互联网金融并非同一概念。正如蚂蚁金服总裁井贤栋(2017)所言：金融科技并非简单地在"互联网上做金融",而是用科技驱动金融,即基于区块链、移动互联网、云计算和大数据等技术、实现金融服务和产品的发展创新和效率提升。互联网金融的金融属性更强,而金融科技的落脚点在科技。杨涛(2019)也认为金融科技强调技术进步,互联网金融的用户风险较大,欺诈事件高发,需要金融科技来持续提升风控水平,降低风险损失。赵鹞(2016)总结了金融科技所具有的低利润率、轻资产、高创新、增长快等互联网技术等特征,能够在支付结算、运营与风险管理、投融资以及信息安全等方面优化金融服务,但本质仍是金融中介。

金融科技对传统商业银行的资产负债两端都形成挤压,传统的盈利模式受到较大的冲击(张德茂和蒋亮,2018)。邱晗等(2018)利用蚂蚁金服用户数据,针对银行行为的研究发现,金融科技改变了银行负债端结构,使得银行越来越依赖于同业拆借资金。未来银行商业模式的发展方向,将是充分融合金融科技基础上的智能化,通过积极应用大数据、人工智能、区块链等技术以降低运行效率,提升客户服务黏度,获取新的收益来源,获得新的增长动力(巴曙松等,2018)。

刘晶和温彬(2018)也认为,金融科技开辟了银行客户服务、营销的新途径,改造了银行传统产品和业务模式。通过云计算、大数据、人工智能、区块链等最新IT技术,改变传统金融的信息采集来源、信用中介角色、投资决策过程以及风险定价模型等,大幅提升传统金融的效率,解决传统金融的痛点。代表技术如大数据征信、智能投顾、供应链金融等(巴曙松和白海峰,2016)。金融科技关键技术对商业银行经营的具体影响如图2-6所示。

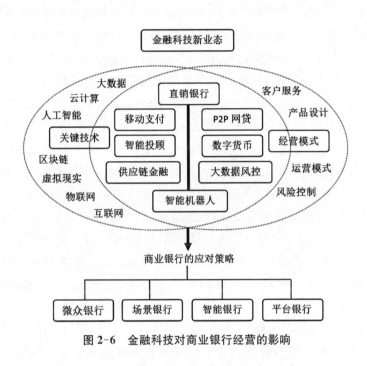

图2-6 金融科技对商业银行经营的影响

也有一些文献从理论层面分析了金融科技对商业银行的影响机制,大致可归纳为两类。一是从技术溢出理论出发,认为技术领先企业(溢出主体)无意识或非自愿的技术扩散会对同行其他企业(吸收主体)的技术进步产生积极影响。例如沈悦和郭品(2015)从技术溢出理论出发,剖析了互联网金融对商业银行全要素生产率的影响机制。郭品和沈悦(2015)将互联网金融"降低管理费用"和"抬高资金成本"效应引入银行风险承担模型,考察其对商业银行风险承担的动态影响与异质作用。高和黄(Kao and Hwang,2010)研究发现,第三方支付具有客户集聚与平台效应。网络金融等新型业态的出现必然会迫使享有行政垄断权力的商业银行改变投入产出组合,进行技术升级。郭捷和周婧(2016)的研究证实,商业银行的整体效率波动与互联网金融环境的变化基本一致。

　　二是从市场竞争理论出发,认为金融科技对商业银行的信贷业务具有替代效应(例如:郑联盛,2014;邱勋,2013 等),从而给传统商业银行带来了较大的负面冲击。金融科技的服务范围已经逐渐渗透到银行机构各方面的具体业务领域,已对银行的存款业务与支付结算造成明显冲击,在长期更有可能触及银行的核心贷款业务(莫易娴,2014)。戴国强和方鹏飞(2014)从资金成本的角度提出,互联网金融推高了商业银行的负债资金成本,导致盈利下降。战明华(2018)认为金融科技主要通过影响银行融资结构、负债结构和证券市场流动性对货币政策银行信贷渠道产生影响。刘征驰和赖明勇(2015)的研究表明,P2P 平台通过借款人信息采集、分析和利用等优势满足了抵押品不足的中小借款人融资需求。互联网金融对银行传统的存贷款业务造成的影响最大(Brissimis and Delis,2009),存贷款利差收益遭受重大冲击(Norden et al.,2014)。德扬和赖斯(DeYoung and Rice,2004)则分别考察了互联网金融对商业银行的存款业务、贷款业务和中间业务这三大盈利渠道的影响。郭品和沈悦(2019)研究发现互联网金融主要通过抬高付息成本和恶化存款结构加重了中国商业银行的风险承担水平,相对于国有大型商业银行,非国有、小型银行的平均付息成本上涨更多,客户存款流失更快。与此不同的是,钱德(Chande,2008)认为,利率较高的 P2P 网络借贷平台服务的客户与商业银行服务的客户几乎没有交叉,从而不会对商业银行的信贷业务造成影响。马尔霍特拉和辛格(Malhotra and Singh,2009)对印度银行业的研究也表明,网络银行与盈利能力之间并无明显关联,但对于银行的风险状况具有显著负面影响。

　　由此可见,金融科技的出现对传统商业银行造成了多方面的负面冲击,当然金融创新的业务模式也为银行发展带来了一定的机遇(Ciciretti et al.,2009),因而有学者认为商业银行与科技企业之间应当是融合合作的关系(Lee et al.,2008),银行产品与网络信息技术的渗透融合,有助于银行创新金融产品和服务(Chou and Chou,2000),借助相关网络平台能大幅提升银行信息传播效率(Luo et al.,2012)。此外,在各类网络平台的推动下,商业银行的理财、支付结算与佣金收入等非利息收入业务比重提升(Jallath and Negrin,2001),从而对银行盈利能力的提升有一定贡献(More and Basu,2013)。

二、金融科技对商业银行绩效影响的实证研究

　　在商业银行绩效影响的实证研究方面,关于互联网金融的文献较多,而有关金融科技的针对性研究尚不多见。

戴国强和方鹏飞(2014)从资金成本的角度提出,互联网金融推高了商业银行的负债资金成本,导致盈利下降。在具体影响程度方面,李渊博和朱顺林(2014)研究发现,互联网金融创新对传统商业银行金融模式的替代效应是其长期发展的原因。与此类似,顾海峰和闫君(2019)的研究表明,第三方支付通过改进存款期限配置效率对传统商业银行盈利能力造成了显著的冲击。互联网金融的技术外溢效应的积极影响未能抵消竞争效应带来的消极影响(申创和赵胜民,2017),导致银行的盈利能力显著下降(刘忠璐和林章悦,2016)。长期内将在众多业务领域与银行展开激烈竞争,使银行融资成本上升(王亚君等,2016)。

具体到盈利业务方面,黄锐和黄剑(2016)基于2006—2014年中国98家商业银行的数据,研究发现互联网金融对商业银行存贷款规模和增速都带来了负面冲击。卞进和郭建鸾(2016)基于协同度理论模型分析得出,互联网金融与传统银行业展开竞争,并在负债业务、中间业务和资产业务上存在替代效应。王锦虹(2015)认为,互联网金融对商业银行负债影响较大,而对资产业务及中间业务的影响较小。罗长青等(2016)着重研究了商业银行信用卡业务受互联网金融的影响,结果表明,互联网金融对信用卡业务有溢出效应,并在一定程度上促进商业银行信用卡业务的发展。互联网金融的快速发展动摇了商业银行的传统贷款业务(张庆君和刘靖,2017),导致商业银行存款量和客户量出现了一定程度的流失(郑志来,2018)。

邱晗等(2018)对金融科技的实证研究表明,FinTech的发展使得银行负债端更加依赖于同业拆借等批发性资金,增加银行资产端风险偏好,但规模大的银行在此方面表现并不突出。汪可等(2017)基于2003—2016年34家中国商业银行数据,分析得出金融科技的发展与商业银行风险承担呈现倒U形曲线关系,且股份制商业银行对于风险变化更敏感。杨望和王姝妤(2019)在更大的截面数据范围(135家2012—2017年商业银行数据)进一步验证了汪可等人的结论。周正清(2017)研究发现,金融科技作为一种金融创新,对商业银行盈利能力显现正负双重效应,商业银行的金融创新达到最优水平前,金融创新有利于商业银行的绩效提升;在超过该最优水平时,金融创新风险放大,并削弱商业银行的盈利能力。金洪飞等(2020)通过运用python技术构建商业银行的金融科技运用程度指标对国内银行业数据研究发现,金融科技的运用使得商业银行的风险水平更低,风险承受能力更强,但这种效应在中小银行中有所减弱,并且大银行运用金融科技的行为会刺激中小银行风险水平的上升。尹应凯和艾敏(2020)

利用 2011—2017 年各省的银行业结构数据和中小企业的微观财务数据研究表明,金融科技的发展使中小银行更加适合服务中小企业,而大银行没有显著变化。在金融科技应用结构方面,中小银行有利于提高放贷的覆盖广度,但大银行在使用深度和数字化程度方面具有更强的后发优势。孟娜娜等(2020)利用 2011—2016 年 31 个省份数据研究发现,金融科技对于地区银行业竞争的影响存在显著的空间依赖效应,并且可以通过"市场挤出"和"技术溢出"两个作用渠道形成产业竞争效应。侯世英和宋良荣(2020)利用 2013—2018 年数据分析发现,金融科技明显提升了银行主导型金融体系的创新激励效应,而市场主导型金融体系在金融科技的作用下边际贡献表现出一定的下降趋势,表明金融科技发展强化了不同金融体系结构对企业研发创新的作用。巴曙松等(2020)基于 2011—2018 年的企业数据研究发现,金融科技创新活力和金融科技创新规模能够显著提升企业全要素生产率,进而促进经济增长,并且这种作用在高技术密集型产业更加明显。

国外方面,菲利蓬(Philippon,2015)的研究表明,金融科技的进步并没有降低中介成本。尽管金融科技贷款机构提供的利率实际上高于非金融科技贷款机构,然而,消费者愿意选择更昂贵的金融科技贷款机构,其中的原因可能在于这些非银行贷款机构提供的服务更加便利。福斯特等(Fuster et al.,2018)研究发现,金融科技贷款机构处理抵押贷款申请的速度更快,在应对抵押贷款需求冲击时,比其他贷款机构更有弹性地调整供应,这说明技术创新可能提高了抵押贷款市场金融中介的效率。

三、金融科技对商业银行绩效的影响异质性

从不同类型银行比较来看,中小商业银行由于盈利水平、人才队伍、资源禀赋等诸多因素影响,发展金融科技面临着诸多困难(陆岷峰,2017)。具体来讲,地方性中小银行推进金融科技发展主要受到以下两个方面的限制:一是社会认可度偏低,线上业务无法开展;二是科技研发能力不足,技术基础设施建设落后(吴方超,2017)。大型商业银行具有资金成本与资产规模的先天优势,地方性中小银行如若失去此次科技革新的机遇,其生存空间便很可能会遭受严重挤压(杨敏,2018)。例如零售银行,中小银行起步就明显晚于大型银行,其零售业务渠道局限于地方区域,线上产品同质化严重,获客能力严重不足(李卓,2019)。此外,大数据和区块链等技术将弱化中小银行信息优势,智能自助设备等创新服务模式将弱化中小银行固有的机制灵活与低成本优势(吴方超,2017)。金融与科技的融合渗透发展大大降低了金融行业壁垒,金融脱媒态势加剧,以个人、中小企业为客户定

位的地方性中小银行将会比大型商业银行遭受更大的冲击(张吉光,
2018)。

第四节　金融科技监管相关研究

一、金融科技带来的监管挑战

金融科技在加快"金融脱媒"、提升资源配置效率、降低交易成本的同时,也暴露出监管能力不足和手段缺失等问题。目前,中国的金融科技发展已达到全球领先水平,逐渐成为全球新型金融生态系统的引领者。但对于金融科技的监管起步相对较晚,分别经历了信息安全监管阶段、风险警示阶段、监管规则初创阶段及合规整治阶段,其中合规整治阶段开始的标志是 2017 年关于互联网金融监管政策的密集出台,特别是人民银行将风险防范长效机制与互联网金融监管纳入金融宏观审慎管理框架。金融科技的发展给金融市场带来的突出变革是,金融创新愈发积极与活跃,以前无法预见或者从未发生的事件也不断出现,而通常正是全新的事件带来了最大的风险,这对监管当局而言是一项重大且严峻的挑战。金融监管理念、监管规则、监管界限都需要进一步的调整、转变和加强。

1. 系统重要性的再界定:传统金融监管理念的认知挑战

金融科技的崛起引发了金融监管当局对于金融体系稳定性的诸多担忧,这些担忧与金融科技全新的金融产品、运营方式、产业结构与服务创新等密切相关。特别是,随着全球各国金融市场开放性和金融基础设施连通性的不断增强,金融科技可能带来业务风险、网络风险、技术风险的叠加效应,使得金融风险传染更快、波及面更广,而且风险外溢与监管套利、不平等竞争、数据隐私保护等问题还可能相互交织,形成更加复杂的风险来源结构,提高了金融风险全球治理的难度(俞勇,2019)。从行业角度来看,随着金融科技公司所提供金融产品规模的日益扩大,其平台越来越具有系统重要性,而这些大型金融科技公司在风险管理方面一般经验不足,面临市场冲击时可能会出现羊群效应,放大金融体系的周期性(Navaretti et al.,2018)。此外,初创金融科技企业很可能存在技术不成熟、算法缺陷与技术失控等风险,这会导致提供金融服务过程中面临的风险无法预测与不可控制。科技与金融深度融合的环境下,金融风险传播速度更快,范围更广,影响更大(Schindler, 2017)。

对于金融科技的系统性金融风险担忧与传统金融模式下的系统性风险隐患在本质上是一脉相承的,不同的是,后危机时代的传统金融监管理念是,"系统重要性"或者"大而不能倒"金融机构的风险是系统性风险的首要来源。近年来,关于金融监管的学术研究也大多聚焦于"系统重要性"或者"大而不能倒"金融机构能够在多大程度上造成系统性风险。但在金融科技时代,监管者对这些机构的过分关注可能掩盖了那些小型的、去中心化的金融机构也可能诱发系统性风险的问题。

实际上,小型的、去中心化的金融机构有更大的动机和能力去过度冒险,并且不易被察觉,这些机构潜在的传统金融风险、经营管理风险与新型技术风险出现的频率更高,单个机构更加脆弱,在金融科技背景下的金融机构一旦遭遇失败便很有可能引发区域性金融危机,进而通过跨界传染形成系统性金融风险。如 P2P 平台遭遇违约、借款人欺诈,极有可能引发区域群体性风险事件,导致地方金融稳定发生动荡,而金融科技的去中心化使得金融科技引发的区域性风险事件,更容易在空间上进行跨区域传染,并最终衍化成为系统性风险。金融科技监管的重点在于限制其风险传染性,防止金融科技类公司从"小而被忽略"通过风险传染与放大机制发展成为"大而不能被忽视"或者"大而不能倒"机构。

2. 监管不透明：金融科技导致的信息不透明

信息不对称是金融体系脆弱性的重要原因(杨东,2018)。监管建立在与特定金融科技相关的数据筛选基础之上,这些筛选数据对于监管者决定监管方式、监管时机和监管对象密切相关。监管时机的选择必须恰当,过晚的监管会引发监管空白带来无序发展及风险,过早的监管会扼杀或扭曲创新发展(Anagnostopoulos, 2018)。如今,金融科技的创新发展日新月异,从而使得基于事实的监管路径应接不暇,监管的紧迫性意味着数据识别更加困难,或者监管者筛选错误数据并据以监管,甚至与新科技相关的数据可能不存在。在多变、复杂且破坏式创新频发的时代,确定监管方式、监管时机和监管对象并非易事,监管者往往会发现自己陷入缺乏足够信息的盲目监管或无为而治的消极监管的固有困局(杨东,2018)。

显而易见,有效的金融监管需要有效的监测制度。如果金融监管者都不能观察甚至识别相关行为主体,那就无法实现对行为主体的约束。全球金融危机爆发之前,因监管机构缺乏对复杂金融衍生品和其他金融工具的实时监测,导致风险大量聚集,最终给银行业造成了广泛的损失,并威胁到了金融系统的稳定(Caccioli et al.，2009；Petersen et al.，2011)。此后，金融监管当局提高了大型银行的额外披露要求，对银行风险进行定期压力测试，对大型银行的系统性风险进行及时监测。但是，这些金融监管措施都得益于金融行为的可识别性与广泛的信息披露要求，然而这两个基本前提条件在金融科技领域都难以达到。

第一，金融科技的广泛应用导致监管者难以确定监管的行为主体。金融科技具有分散化的性质，它依赖于分散的网络，依赖于计算机算法决策，这种过度分散的权利下放严重阻碍了金融监测的有效性。以虚拟货币比特币为例，比特币是计算机网络的产物，运用密码学进行安全设计，它不受特定中央发行机构的控制，具有去"中心化"的特性。那么，监管当局应当如何对其实施监管？首先，监管可以聚焦于比特币的创造者，但实际上其创造者"中本聪"是一个虚拟人物，具有极大的模糊性。其次，监管重点可以放在比特币交易上，关注使用比特币进行交易的个人，但鉴于比特币的高度匿名性，识别这些参与者是非常困难的。最后，理论上，监管机构是无法从技术层面禁止比特币的，因为政府无法阻止所有个人从网络上下载比特币钱包。即使比特币真的就此消失了，依旧会出现其他的数字货币，例如2019年6月，Facebook联合Visa、万事达和优步等27家跨国企业推出的Libra(天秤币)。

第二，即使监管者确定了相关行为主体，但是其行为仍然是难以被有效监控的。抛开部分行为者逃脱监管机构管辖这一事实，许多金融科技公司的业务活动也并不像传统金融机构那样受制于实质性的披露制度，这会对监管造成极大的阻碍。此外，金融科技相关的复杂算法运作也往往难以理解，大多数金融科技公司与监管机构的互动仅限于公司正在进行什么业务活动，但事实上，监管机构对金融科技公司的具体运作和应用情况缺乏足够了解。金融科技的这两个特征导致了普遍的行业监管不透明问题。约束金融市场中的过度冒险行为，需要透明的监控环境，以进一步控制系统性风险的发生。在不透明的金融科技环境中，监管可能会崩溃，监管者既没有必要的工具，也不具备必要的专业知识来恰当地引导和约束金融科技公司的行为。

3. 协同监管：金融科技跨界经营凸显"一元多头"式分业监管体系缺陷

金融科技具有跨市场、跨区域、跨行业以及分散化的特点，其产品通常表现为多环节、多层次、多主体、多连接点的技术叠加(徐晓莉和杜青雨，

2019)。一旦金融科技风险被触发,便很可能引发真正的系统性风险。鉴于分业经营的特点,长期以来,我国金融体系实行"一元多头"的分业监管方式,这一监管体系存在央行监管角色弱化、监管资源割裂、监管内容狭窄等诸多弊端,难以适应金融创新与混业经营趋势加剧的监管需要(舒心,2019;王志成等,2016)。在金融科技时代,大数据、云计算、物联网、人工智能等信息技术迅猛发展,不断重塑着传统金融的经营模式,特别是其创新活动自初创之日起就具有跨界经营的特点,这使得金融业务间的交叉融合和跨市场活动常态化,使得我国金融业朝混业经营方向不断深化发展(周仲飞和李敬伟,2018)。在此情形下,分业监管的制度安排显然面临越来越多的挑战。

分业监管是根据监管对象来确定监管主体,其监管行动围绕监管职责展开,既容易形成监管套利,又可能导致监管盲区或监管错位。当前,对互联网的监督管理权呈"分散化"状态,例如,网络借贷业务归属于银监部门,股权众筹融资的监管属于证券部门等,而金融信息服务的管理又属于互联网信息管理部门。且监管手段滞后于金融科技发展,应对措施针对性不强,导致监管盲区不断扩大。

目前,金融科技与传统金融业之间的竞争日趋竞争,但对于金融科技跨境监管机制的合作安排却明显滞后于跨境业务发展的步伐(Arner et al.,2016)。以蚂蚁金服为例,其支付业务已经覆盖全球 220 多个国家和地区,海外客户超过 3 300 万人,国际步伐日益加快。目前,蚂蚁金服在印度投资的支付公司以及在韩国的合资互联网银行都已获批筹建,并计划在东南亚地区国家开设支付机构或参股当地银行开展业务。欧洲的跨境P2P 业务也是一个典型的例子。对于商业银行与母国或东道国监管当局已经有一系列的合作机制化安排,包括持续协调、跨境检查、信息共享以及处置计划等。但对于开展跨境经营的金融科技公司,无论是在消费者保护还是监管方面,目前尚无任何机制化安排。

此外,面对金融科技的挑战,现有的法律框架也受到一系列的冲击。最为典型的是广受关注的区块链技术,区块链的"代码即法律"的主张集中体现了这一冲突。现有的法律体系旨在提供交易对手间的信任基础,然而区块链并不需要这种信任的背书和支持,但另一方面,区块链的未来发展和运用又非常需要国家和国际层面法律法规的确定性。另外,不同国家的具体国情、经济基础存在差异,制度环境、金融监管理念也各不相同,金融风险判断和管控能力也往往存在差异,一些国家在金融发展优先的政策导向下,可能会引发监管竞次问题(Jakšič and Marinč,2019)。一些打着金融科技创新旗号的机构,从强监管国家地区迁往相对宽松的监管洼地的情况屡见不鲜;在国内也存在从监管严的地方往监管相对宽松的地方转移的情况。

针对金融科技所具有的破坏性创新、跨界经营、多元化主体与系统性风险并存的特征,监管体系需要进行适应性变革,建立多元机制、多元规范和多元主体的协同监管体系(李有星和王琳,2019)。不仅要有一行两会监管机构之间的协同,还要有其他政府职能部门、行业协会、社会公众、金融科技企业自身以及国际合作的共同参与。由政府单向监管向多主体、多层次协同监管转变。监管主体彼此合作形成一个联动网络,监管信息充分共享,最终实现金融创新与金融安全的有效平衡。

4. 监管技术:金融科技生态下的新型监管短板

科技驱动的金融创新虽然降低了金融行业的交易成本,减少了信息不对称,提高了金融业服务效率,但也导致了金融监管缺乏必要的技术手段而更加容易被科技创新者蒙蔽,加大了监管的信息不对称程度,金融监管往往滞后于金融创新,这给监管者带来巨大的挑战(杨东,2018)。

如前所述,线上交易虚拟化使金融业务的时间、地点和交易对象变得模糊,交易过程不公开、不透明,金融风险的形式更加多样与复杂。例如,数字产品的广泛应用已大大增加了数据泄露、网络黑客、洗钱和其他欺诈活动的发生率(Pollari,2016)。海量数据的计算、查询、提取以及指标模型的运算对计算能力要求大大提高,但受算法的影响,数据的质量可靠性、透明度、数据管理、数据存取、传输等方面的安全性不高(Gai et al.,2016)。当科技驱动创新步伐加快时,操作性风险也会随之增加。目前已有部分第三方合作机构因系统缺陷导致金融交易数据泄漏的案例,运用新技术并外包部分金融业务,增加了风险管理难度。

面对金融科技的高速发展,监管者往往难以快速配备相应的专业资源,及时更新知识结构,识别潜在风险,从而影响监管有效性。监管机构在风险及其积聚方面总是选择一种"循序渐进的方法",也就是说通过观察、监视、收集数据、检查、分析、监督、遵循要求,再采取行动。这意味着,在金融科技的创新浪潮中,监管者往往相对于金融创新者是滞后的,监管者无法与创新者同步掌握新业务,缺乏充分的科技手段用以支撑金融监管的实时反馈,这加重了监管者与被监管者之间的信息不对称程度,金融监管在技术手段上面临严峻的挑战。

此外,科技与金融业的要素整合将金融监管的重点从金融市场参与主体转变为了金融科技技术,监管对象从实体化的金融机构转变为虚拟化的非实体技术,这对金融监管的技术手段提出了更高的要求。传统金融审慎监管的逻辑是,只要主要的金融机构安全,金融系统就必定安全。传统金融监管的有效性取决于监管制度的微观审慎监管规则,比如传统风险监管以资本充足率为微观监管准则,以资本充足率为核心监测对象,但金融科技风险监管则更多依赖于技术风险的控制而不是微观审慎监管标准的强化。监管者缺乏强有力的技术条件和技术能力作为支撑进行金融风险监测和预警,就无法及时采取有效的监管措施,导致金融市场监管混乱与无秩序。如何提升监管技术,积极利用、深度融合新兴技术解决新时代背景下的监管难题,提升金融科技风险管理水平,严守系统性风险的底线是当前金融监管面临的一大技术挑战。

二、金融科技监管实践措施

1. 国际方面

为应对金融科技快速发展所带来的潜在风险与挑战,各国金融监管当局纷纷制定更新相应的监管政策措施,从支持技术创新、保护消费者权益、维护市场完整性等方面出台政策指引、开展实践研究,全面应对因新技术带来的风险,寻求创新、效率与金融稳定的平衡。表2-3归纳了近年来国际上的主要监管举措。

表2-3　国际上主要国家的监管举措

年份	国家/机构	监管举措
2015	英国金融行为监管局(FCA)	推出监管沙盒计划
2016	美国联邦货币监理署(OCC)	发布"负责任的创新"计划,设立了包括指导、评估金融创新产品和服务的若干原则
2017	美国国家经济委员会	发布《金融科技监管白皮书》,提出了在应用科技提升金融监管方面的原则和目标
2018	印度中央银行	设立跨部门监管协调工作组
2019	英国金融行为监管局(FCA)	禁止与比特币等数字货币相关的金融工具
2019	新加坡税务局(IRAS)	公布了关于对支付类加密货币(DPT)交易征收商品服务税(GST)的草案

资料来源:本研究整理

从国际经验来看,在金融科技监管上,智能化分析、自动化监管数据采集等技术手段的应用正日益成熟。目前,各国正在不断加强科技手段在监管事前、事后全过程的应用,包括事前监管平台建设、监管政策与合规性要求的数字化阐释,以及合规情况可视化展示、监管模型优化、事后风险信息共享等。例如,美国金融业监管局通过市场质量报告卡制度,分析审查金融机构在股票报价和卖空,贸易报告的合规性等。英国金融行为监管局(FCA)正在探索利用自然语言处理(NLP)和人工智能(AI)技术对欧盟金融工具市场指令 II(MiFiD-II)进行法规解释。

从监管模式改革来看,2012 年,英国开始实行双峰监管模式(Twin Peaks)(如图 2-7 所示),一类着眼于宏观审慎监管(即 PRA),另一类着眼于行为监管(即 FCA),建立起以英格兰银行为主导,微观行为机制与宏观审慎监管相协调的监管体制,确立了新的双峰监管机制。此外,英国率先采用监管沙盒来平衡金融创新与防控金融风险这两个目标,重视培育监管科技企业,鼓励和资助金融科技和金融服务公司不断技术创新。目前,国际上已将监管沙盒作为金融科技监管创新的主要方式,例如,新加坡金融管理局(MAS)于 2016 年颁布《FinTech 监管沙盒指引》,指导金融科技企业申请沙盒测试。

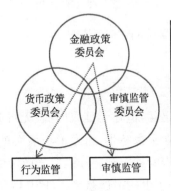

图 2-7　英国双峰监管模式

美国近年来也越来越重视金融科技监管,并提出了"金融科技监管的五为策略",实现智能监管,具体如图 2-8 所示。该监管模式的特点体现在:一是迅速反应,旨在金融科技快速发展的背景下,金融监管也应该迅速跟上步伐,实现科技监管;二是广泛应用,寻求监管技术的进步;三是深入分析,利用大数据搜集整理数据,更深层次地进行监管分析;四是规则治理,在技术转型时期,必须要有相关条文规定来规范新技术的应用,必须遵循统一的监管规则和风险防控标准;五是少提倡议,避免任何形式的诱惑,去支持特定形式的技术、市场结构或创新,而是充分发挥市场的力量和活力,根据市场情况来选择监管新技术的应用。从美国的监管模式可以看出,监管引入更多的智能与科技元素是大势所趋,最终的智能化监管也完全可以期待,而科技和智能的参与程度是在法律上值得探讨的问题。但监管科技的运行始终要在金融监管法律框架内进行,要以监管法律框架为根本依据,遵循基本法律原则,明确相应的权利、责任和义务。

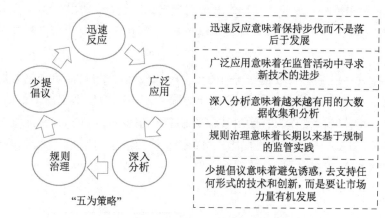

图 2-8　美国监管模式的"五为策略"

2. 国内方面

近年来,中国的金融科技发展迅猛,但在无准入门槛、无行业标准、无监管机构的早期阶段,金融科技行业乱象丛生,引发了一系列对经济社会造成重大不良影响的风险事件,国家开始重视并加强监管政策的实施(表2-4)。特别在 2018 年,是中国金融史上的最严监管年,P2P 网贷、ICO、虚拟货币等金融乱象被监管当局逐步出清。总体来看,中国金融科技发展正逐步规范化、金融科技风险监管正逐步严格化,监管力度不断加强,同时增加了灵活性和变通性。对金融科技行业设置准入标准、深化社会监督也已渐成行业共识。吴晓求(2017)指出,在金融科技监管模式上,应坚持宏观审慎政策与微观审慎监管相协调,构建"双峰"形态监管架构,从注重资本监管逐渐向传统监管与智能监管相结合过渡,并最终渐进至以智能监管为主。

表 2-4 金融科技监管相关政策

政策发布部门	发布日期	政策名称
中国互联网金融协会	2018 年 3 月	《互联网金融逾期债务催收自律公约》
中国人民银行	2018 年 7 月	《条码支付安全技术规范》
P2P 网络借贷风险专项整治工作领导小组办公室	2018 年 8 月	《关于开展 P2P 网络借贷机构合规检查工作的通知》《网络借贷信息中介机构合规检查问题清单》
银保监会	2018 年 8 月	《关于防范以"虚拟货币""区块链"名义进行非法集资的风险提示》
央行、银保监会、证监会	2018 年 10 月	《互联网金融从业机构反洗钱和反恐怖融资管理办法》
中国人民银行	2018 年 12 月	《金融机构互联网黄金业务管理暂行办法》
国家互联网信息办	2019 年 1 月	《区块链信息服务管理规定》

资料来源：本研究整理

　　2017 年 10 月,周小川在华盛顿出席国际货币基金组织暨世界银行年会期间表示,金融稳定委员会将重点关注四方面问题,其中之一就是金融科技发展。他认为部分科技公司没有任何牌照却提供信贷和支付服务、出售保险产品,可能带来稳定风险,金融科技理应成为监管的重点对象,合规性要求将成为金融科技发展的主旋律。钟慧安(2018)认为金融科技监管主体和职责不明确,存在合作机制缺乏、合力不强、协调不畅等问题,例如,网络借贷业务归属于银监部门,股权众筹融资的监管属于证券部门等,而金融信息服务的管理又属于互联网信息管理部门。且监管手段滞后于金融科技发展,应对措施针对性不强,导致监管盲区不断扩大。目前,我国对网络支付的监管规则已相对成熟,对网络融资和电子货币的监管也在不断加强,而对于其他金融科技业态的监管尚处于起步摸索阶段,容易出现监管套利、规避监管等风险。此外,在互联网环境下,个人信息很容易泄露,而有关个人隐私数据保护机制还不完善,相关监管机构和人员职责尚不明确(张林,2018)。袁康和邓阳立(2019)指出,规范金融科技应用规则,完善监管制度,规制新型道德风险,是金融科技应用发展的迫切现实需求。

　　从新政起草的思路来看,仍然秉承高标准、严口径,但执行上更加灵活。在监管机构设置上,中国监管体系的重大变革以 2017 年成立的国务院金融稳定发展改革委员会为标志,它是在国务院统一直接领导下的负责金融稳定与发展的协调、议事机构,承担了"协调统筹金融监管重大事项"等重要职责,加上成立于 2012 年的原一行三会的金融消费者保护局,中国目前的监管已经趋向于准双峰体系。

在监管实践方面,中国人民银行反洗钱监测中心正在建设反洗钱监测分析二代系统大数据综合分析平台;中国银行保险监督管理委员会将现场检查方案与大数据相结合,将分布式架构运用于 EAST 数据仓库,开展银行业机构合规业务检查分析等。2018 年,《中国证监会监管科技总体建设方案》的印发,则标志着证券业监管科技建设工作顶层设计的完成,并开始进入全面实施阶段。2020 年 1 月,央行营管部向社会公示首批 6 个金融科技沙盒创新监管试点应用,即中国版金融科技"监管沙箱",这意味着中国在金融科技监管实践方面有了更大的突破。

表 2-5　北京首批 6 个金融科技沙盒监管试点应用

试点单位	应用名称
中国工商银行	基于物联网的物品溯源认证管理与供应链金融
中国农业银行	微捷贷产品
中信银行、中国银联等	中信银行智令产品
百信银行	ALBank Inside 产品
宁波银行	快审快贷产品
中国银联、京东数科等	手机 POS 创新应用

资料来源:本研究整理

地方金融监管层面,各地方有关机构也在加强与金融科技公司合作,积极探索引入互联网、大数据等信息监管手段和工具,并成立金融安全反诈骗实验室,构建金融安全大数据检测平台,通过信息资源共享,对金融风险进行实时监测和动态预警。从地方实践情况来看,数据技术和区块链在金融监管领域(例如智能合约、监管报告等)得到进一步开发与运用,在保险证券、数据确权、移动支付等方面都取得了较为显著的实践效果。中国主要金融科技相关监管平台如表 2-6 所示。

表 2-6　中国主要金融科技监管平台

监管机构	产品	实现功能
北京金融监管局	基于"冒烟指数"的"打非"监测预警平台	通过对各个维度风险的量化赋值,综合测算企业"冒烟指数",预测所涉非法集资风险
上海金融监管局	上海市新型金融业态监测分析平台	建立新兴金融业态监测分析平台,推动各类信用信息平台和信用主体信息的互动共享
广州金融监管局	广州金融风险监测防控中心	监测预警 P2P 网贷,小贷公司和交易场所等业态风险
国家互联网应急中心	国家互联网金融风险分析技术平台	进行各类金融企业的数据获取,以及非法集资的动态风险监测与防控

资料来源:本研究整理

关于金融科技的具体监管对策,程军等(2017)认为,我国分业监管模式与金融科技混业趋势的制度性错配需要与之相适应的监管体系。应借鉴国际监管科技经验,监管部门的技术系统与金融机构后台系统直接相连,最终实现数字化监管。监管当局应积极运用监管科技、监管沙箱等新方法和新理念优化现有监管工具手段(王雯等,2018)。杨东(2017)主张采用穿透式监管理念路径,在监管的过程中打破"身份"标签,从业务的本质入手,将资金来源、中间环节和资金最终流向穿透联结起来,使金融监管和风险排查跟上金融创新的步伐。王均山(2019)从行业自律、政府监管、信息披露和试行创新金融模式四个方面提出了金融科技金融生态系统外部监管机制建议。张永亮(2019)认为中国金融科技监管的不足主要表现在:金融监管职责归属难以厘定,监管沟通协调机制不畅,多重监管主体导致的监管碎片化。

基于法权理论视角,靳文辉(2019)提出了金融科技风险防范的优化路径,包括提升金融素养,实施"监管沙盒",平衡经营过程中的安全与创新,规范金融监管权等。有必要给予金融科技监管相应法律地位,在法制上推动金融科技监管框架建设(吴燕妮,2018)。俞勇(2019)提出,应将金融科技纳入金融监管,从监管政策安排、监管体制建设、监管科技应用等方面加强全面金融科技宏观审慎监管;从规范章程、底层技术研发与成果转化、功能性监管、行业自律主体等方面健全金融科技的中观监管;从监测、预警、识别机制,风险管理体系,风险治理架构与处置机制等方面强化金融科技的微观监管。廖凡(2019)分析了金融科技背景下"监管沙盒"的适用性问题,认为"监管沙盒"对于金融市场、监管体制和监管文化等外部条件有着特定要求,从中国的实际情况出发,至少就当下而言,并不适于引入监管沙盒。

但唐潜宁(2019)指出,目前的监管手段单纯强调"用大数据工具来监管大数据创新",提出 FinTech 监管体系应朝着"多社会目标""提升预见性"进行升级。数据和技术的作用在监管中会更为重要,未来监管将更多地倚重于 RegTech(王静,2018)。应以数据驱动监管为核心,依靠大数据、云计算、人工智能、区块链等技术构建科技驱动型监管体系,构筑起分布式、智能化的实时监管机制(杨东,2018)。对此,刘江涛等(2019)提出将科技治理纳入监管方式,形成二维监管体系。李有星和王琳(2019)也提出了金融科技监管的合作治理路径,针对其主体多元化、颠覆性创新与系统性风险并存等特征,金融监管需进行适应性变革,由政府单向监管向多层次、多主体共同治理转变。金融科技的监管者需要具备复合背景知识,除了要熟悉监管方针、政策,能够把握金融市场脉搏以外,还要能够充分理解金融科技的技术逻辑(皮天雷等,2018)。

第五节　监管科技相关研究

监管科技与金融科技具有相同的底层技术,是目前防范金融科技风险,促进金融体系健康平稳发展的有效方式,受到了学界与监管机构的青睐。中国人民银行印发《金融科技(FinTech)发展规划(2019—2021 年)》,提出要建立健全数字化监管规则库,推动金融监管模式由事后监管向事前、事中监管转变。2020 年,中国人民银行金融科技委员会在其年度第 1 次会议中强调,要强化监管科技应用实践,积极运用人工智能、区块链、云计算、大数据等技术加强数字监管能力建设,提升监管统一性、穿透性和专业性,不断增强金融风险技防能力。在传统金融监管维度之外增加科技维度是金融科技监管的必然趋势(杨东,2018),科技赋能监管是未来提升金融治理能力的必然选择(王朝弟,2020)。在 2020 年金融街论坛上,中国人民银行党委书记、中国银保监会主席郭树清强调,为了确保市场公平和金融稳定,全面提升监管效能,在监管方面将持续加大监管科技的运用。

从全球范围来看,各国监管机构也正在积极探索监管科技应用,英国金融行为监管局(FCA)先后发布了《监管创新计划》和《2019—2020 年商业计划》，明确提出金融监管的重头戏就是发展监管科技，要积极利用科技手段提升监管效率，减轻监管压力。美国众议院金融服务委员会于 2019 年 5 月成立了金融科技工作组和人工智能组，主要关注机器学习、大数据、人工智能、数字识别等信息技术在金融科技监管中的作用。

一、监管科技的本质内涵与发展历程

1. 监管科技的本质内涵

对于监管科技创新的本质内涵，既有文献进行了充分的辨析（傅强，2018；邵宇和罗荣亚，2020；刘用明等，2020），主要形成了三类观点：一是指金融机构、金融科技企业等微观金融从业主体应用新技术降低合规成本，提高合规效率，也称"合规科技"；二是指监管机构运用新技术更加高效地达成监管要求，即监管技术工具的创新；三是综合上述两类观点，认为监管科技是指监管端和合规端采用先进的科学技术同时实现各自的监管和合规管理目标。本书从监管者的视角出发，沿用英国金融行为监管局（FCA）的说法，将监管科技定义为监管机构运用大数据、云计算、区块链、人工智能、应用编程接口（API）等现代信息科技创新监管手段和模式，提高监管效能。监管科技的主要底层技术如表 2-7 所示。

表 2-7　监管科技的主要底层技术

技术名称	技术描述
大数据	大数据具有强大的数据存储、计算以及提高结构化数据的可用性、增强非结构化数据处理的能力，主要功能包括数据挖掘、数据存储、数据清洗、数据分析、数据查询和可视化
云计算	指使用在线网络存储处理器（"云"）来增加计算能力的规模和灵活性，用于对可配置资源进行整合，实现便捷、按需的资源共享，同时云计算易于扩展，可省省内部 IT 系统成本
区块链	一种融合了点对点网络、共识算法、密码学、智能合约以及隐私保护等技术的多学科综合性技术，本质上是一个去中心化的数据库
人工智能	指用机器实现某些人力功能。人工智能可以通过对大量数据的高级分析进而发现问题、提出假设、进行假设验证并自动做出决策
应用编程接口（API）	本质是一些预先定义好的函数，不同软件程序可以通过这些函数建立交互接口，从而灵活、高效地收集和传输数据
自然语言处理（NLP）	是人工智能的一个组成部分，侧重于通过计算机和算法来解析、处理和理解人类语言

（续表）

技术名称	技术描述
机器学习 （ML）	指计算机在没有人工干预的情况下从数据中进行自主学习，常用于有相关关系事物的识别
深度学习 （Deep Learning）	一种通过对样本数据进行独立学习从而获得新技能的算法，常用于数据挖掘、语音和图像识别、机器翻译等
主题建模 （Topic Modelling）	通过数据定义文本中的关键主题，可以有效地识别大量非结构化金融信息中隐藏的趋势

资料来源：本研究整理

2. 监管科技的发展历程

2008年全球金融危机以来，全球金融监管领域迎来了又一次大的变革，"强监管"再次成为主旋律。例如，美国的多德-弗兰克法案（Dodd-Frank Act）、巴塞尔银行监管委员会巴塞尔协议、国际清算银行和国际证监会组织实施的《金融市场基础设施原则》等，这些新的监管措施在提高监管效力的同时，也为监管科技的发展奠定了基础。与此同时，以人工智能、区块链、云计算、大数据为代表的新型科技在金融领域开始广泛应用，金融科技创新层出不穷，也进一步刺激了监管科技的发展。按照时间先后顺序，监管科技的发展大体可以分为三个阶段。

一是2008年之前，可以称之为"监管科技1.0"阶段。在这个阶段，金融工程和量化风险模型是监管科技应用的主要内容，主要由大型金融机构推动，其主要目的是为了能够以技术驱动来优化内部流程，实现更低成本、更高效率完成和满足监管合规要求，同时也涉及银行与监管者的合作，以量化的内部风险管理系统为基础，但全球金融危机最终摧毁了这种虚幻的安全和信心。

二是2008年至2015年期间，可以称之为"监管科技2.0"阶段。在这个阶段，金融危机引发了全球监管部门以及市场参与者的深刻反思，陆续出台了一系列措施强化金融监管，日益增长的监管复杂程度极大地提高了合规成本。为降低合规成本，一些金融机构与金融科技企业合作，利用数据聚合、风险建模和身份验证等技术，通过对海量的公开和私有数据进行自动化分析，辅助金融机构核查其是否符合反洗钱等监管政策要求，利用大数据、人工智能、区块链等新技术帮助金融机构遵守相关监管制度，避免由不满足监管要求而带来的违法成本，主要应用领域包括反洗钱、KYC、实时审慎监管报送、资本评估和压力测试、交易账户风险管理等。

三是 2015 年至今,可以称之为"监管科技 3.0"阶段。2015 年 3 月,英国政府科学办公室在主题为"'金融科技'优势"的报告中,首次提出了"Regtech"的概念,并引发了全球监管部门和学术领域的广泛讨论,一些新的监管科技创新实践也不断涌现。如果说,前两个阶段监管科技(Regtech)更多表现为大多是金融机构合规端的 Comptech(Compliance Technology)的话,那么这个阶段可以理解为监管部门开始主动求变,拥抱科技,实施更多主动的 Suptech(Supervisory Technology)。

二、监管科技的内容构成与应用场景

在"监管科技 3.0"阶段,数据正成为监管的核心要素,数据主权(Data Sovereignty)和算法监管(Algorithm Supervision)成为各国监管部门关注的焦点。目前,监管部门主动运用监管科技的需求日益迫切,尤其是在面对金融机构报送的海量交易数据时,运用监管科技提升处理效率和监管效能成了必由之路。

1. 监管科技的内容构成

具体来看,监管部门的监管科技应用主要由两个大的方面构成。

一方面是数据收集,包括形成报告(实时检测报告、自动化报告),进行数据管理(云计算大数据、数据可视化、数据确认、数据整合)等。比如奥地利中央银行(OeNB)搭建了一个报告平台,银行将数据传送到该平台就可以自动形成一个简单、完整的数据报告,并被推送到 OeNB,目前 OeNB 几乎所有统计和财务稳定性报告以及一些监管报告,都是根据这一数据模型运行的。再比如新加坡金融管理局(MAS)构建了一个支持 KDB/Q,R,Python 和 MS-Excel 等多种技术的大数据分析平台,以实现对时间序列数据的可视化(网络图、仪表板、报告等),并为警报生成、机器学习提供固有支持并广泛搜索大数据集。

另一方面是数据分析,包括不端行为检测分析、市场监管、虚拟助手和审慎监管等。比如,英国金融行为监管局(FCA)正在尝试使用聊天机器人(Chatbots)与被监督机构进行交流,通过机器人回答日常监管问题,以帮助被监督机构更好地理解监管政策要求。同时,FCA 还利用机器学习(ML)的方法,对海量的交易数据进行分析,从而将数据集转换为市场监管和可疑交易检测的可用模式,并以此推动市场风险评估计划的创新。这一点在证券内幕交易、反洗钱、反恐怖融资、反欺诈等领域的应用日益广泛。美国证券交易委员会(SEC)专门建立了打击操控市场的小组(MAU),并建立高级相关交易调查系统 ARTEMIS,通过该系统分析个人或机构交易员买卖的所有证券及购买的时间点,并且分析每个人交易的规律。一旦有疑似违规行为,SEC 就会进一步调查其交易动机。

2. 监管科技的主要应用场景

从具体的应用场景来看,在监管实施的事前、事中、事后三个阶段均有所涉及,包括监管规则的数字化表达、应用的平台化部署、数据的自动化采集、风险的智能化分析以及结果的综合化利用。

一是规则的数字化表达。通常来说,监管的各项制度要求都是以语言文字的形式表达出来的,利用监管科技,首要问题就是要将这些人类"语言"表达成机器能够识别的机器"语言",比如监管规则的数字化存储与展现,可扩展的 API 监管工具的开发利用,数字化监管规则库的构建与完善,等等。

二是应用的平台化部署。监管科技的应用需要整合不同架构的业务系统、多种来源的监管数据,同时还要具有一定的可拓展性、兼容性和敏捷性,平台化部署是必然选择,包括将监管功能切分成粒度较小的微服务,运用虚拟化等技术实现监管服务敏捷部署,搭建适应监管要求变化的应用环境,实时动态调配信息技术资源,有效提升需求响应速度等。

三是数据的自动化采集。完善的监管数据采集体系是现代金融监管的有效支撑,自动化采集是监管科技的重要组成部分,也是其他监管科技应用的基础。包括运用 API、系统嵌入等方式,减少数据提取环节的人工干预和合规成本,利用密码技术等增强数据传输环节的安全性和可靠性,综合运用数据挖掘、模式规则算法、分析统计等手段,进一步提高数据清洗环节的精确度、低重复、高可用性。

四是风险的智能化分析。金融风险的监测分析是金融监管的核心,也是监管科技应用的重点,提升对金融风险的感知、预判和分析能力是监管科技应用的关键环节,比如构建涵盖业务流、信息流和资金流的全方位、全链条风险识别模型,运用神经网络、机器学习算法等建立金融风险分析模型和评估模型,利用规则推理、案例推理和模糊推理等方式开展情景模拟,提升系统性、交叉性金融风险的甄别能力等。

五是结果的综合化利用。对于智能化分析得出的结果,合理运用、因事制宜、精准施策是监管科技应用的终极目标。比如,对不同风险类型进行自动分类并提出最优化处置措施,对系统性风险提供早期预警并提供缓释措施,对欺诈交易实施自动干预甚至中断交易,利用可视化等技术进行全景化展示,借助云平台开展监管信息共享等。

三、监管科技创新的驱动因素

金融科技以技术为依托,创造了新的金融业态,推动了金融业务的多元化、灵活化和交易方式的虚拟化、数字化,使得金融市场具有了新的风险特征。为了在金融变革的新时期继续维护金融系统的安全和稳定,监管需求正在不断发展变化。

第一,信息对称需求愈发迫切。能够充分获取信息是有效监管的基础,然而,由于短期利益目标错配,监管者与被监管者之间天然地存在信息不对称。并且随着金融科技的发展,金融从业主体和监管机构的非理性心理及行为会进一步加剧,从而导致更严重的信息不对称(陈佩和孙祁祥,2019)。与传统金融监管相比,金融科技监管中的信息不对称会引发更大的监管失效。一方面,金融和科技的互联互通使得风险的结构更加复杂、形式更加隐蔽(李展和叶蜀君,2019),极大地增加了监管机构有效监测和识别金融风险的难度。另一方面,高程度的信息不对称导致监管部门难以把握适宜的监管时机和监管力度。监管介入过早、力度过大会增加企业的合规成本,挤压创新的生存空间,形成"创新阻碍型"的恶性监管环境,不利于经济社会发展;而监管太晚、力度过小又无法有效防范快速演化的金融科技新型风险。

第二,数据治理需求更加强烈。大数据、云计算等信息科技在金融领域的融合应用全面提高了数据的可获得性,以往需要通过长期业务往来、专业审查机构评估才能获得的数据,现在通过算法就能直接从客户的各类社交媒体账户中抓取和分析,并应用网络实现快速共享。便捷的数据获取和共享的对立面就是数据安全问题:信息越容易获取,说明个人的隐私越容易被侵犯,数据越方便被共享,就意味着数据泄露的可能性越大。随着科技与金融的相互交叉融合,数据成为众多金融产品和服务的来源与根基,监管机构既无法"一刀切"地全面禁止通过科技手段收集数据,又不能在开放数据获取权利的情况下有效防范数据安全风险。另一方面,与过去不同,科技时代下,大多数的行为都会产生数据(朱琳和金耀辉,2018),这些数据分布面广、分散性强,并且往往不同类型数据互相融合、混杂。面对海量、繁杂的数据,传统的人工处理方式难以对数据进行快速、准确的分析,从而引发监管时间和政策的错配,容易导致监管错位。

第三,动态实时需求愈加紧迫。现行监管体系践行静态、事后的监管模式,即只在固定的时间对固定的监管对象执行固定的监管程序(刘建义,

2019),并且监管措施的采取往往滞后于风险的发生(巴曙松等,2020),这对金融科技的监管具有极大的不适应性。首先,基于社会公众利益保护的系统性风险防范理念,金融监管的重点主要是能够吸收公众存款的传统商业银行。然而金融科技兴起后,众多科技公司、互联网公司、小贷公司等金融科技从业主体利用技术的便捷性开展类银行的金融业务,却又不具有银行的主体身份,受到的金融监管严重不足,存在巨大的风险隐患。其次,金融科技的数字化、网络化、普惠化和共享化特征极大地提高了金融交易的数量和频率,增加了金融行业与实体经济之间联系的紧密性和复杂性(陈红和郭亮,2020),当金融风险产生后,会迅速扩散和蔓延到其他领域的各个行业,从而增加了引发更大金融危机的可能性。为了提高监管的时效性和守住不发生系统性风险的底线,监管机构必须强化动态监管和实时监管的能力。

四、监管科技创新的国际经验

国外监管科技发展起步较早,在数据标准化、报告报送、数据收集、数据分析和违法交易识别等方面取得了一定的成果,这些发展经验对中国监管科技探索具有重要的借鉴和启迪意义。

1. 英国

英国作为最先提出监管科技概念和率先进行监管科技创新的国家,其实践经验已经成为世界各国竞相学习的对象。英国监管科技将分布式记账、自然语言处理等先进技术在监管规则代码化、监管报告报送、反洗钱与打击金融犯罪、高级数据分析等监管场景中进行了深入应用,其中最具代表性的是"数字报告系统(DRR)"项目,该项目是英国金融行为监管局(FCA)与英格兰银行(BoE)联合建立的,用于简化和自动化监管报告流程,减轻被监管公司的监管报告负担和提高监管机构所获取信息的质量。目前,DRR已经完成了两个阶段的试点。在第一阶段,研发团队首先通过自然语言处理和通用程序语言将文本型监管规则转换成代码形式,创建机器可读和机器可执行规则,定义标准化企业数据;然后使用分布式记账技术构建了报告系统框架,将机器可执行的规则创建为智能合约,对企业以标准化形式提供的合成数据进行合规检查,并将合规结果通过图形用户界面(GUI)提供给监管机构和被监管公司。为了进行更广泛的分析,DRR还可以通过应用程序编程接口(API)对接企业端口,使用智能合约直接从公司节点提取数据。第二试点阶段,研发团队进一步就第一阶段的试验进行了细化研究,包括确定哪种规则适用于创建机器可执行规则、公司和DRR 系统之间的标准化接口可以包含哪些数据、用于生成机器可执行法规和数据定义的第三方解决方案以及 DRR 的经济可行性等。2020 年 1月,DRR 第二阶段可行性评估报告发布后,FCA 将 DRR 纳入了 FCA 数据战略,以期利用先进的数据获取和分析方法来改变英国金融监管的实施方式,更好地实现监管职责。英国央行的"数据收集审查(Data Collection Review)"也借鉴了 DRR 的许多想法和经验,提出要转变英国金融部门的数据收集方式以提高在整个金融系统中数据收集的及时性和有效性。可见,监管科技的发展确实会推动金融监管体系的变革。

2. 欧盟

欧盟由多个独立的成员国组成,其金融监管体系包括欧盟层面监管机构和各成员国内部监管机构。欧盟层面的监管当局主要为监管科技的发展营造良好的创新环境,通过加强顶层设计对数据标准化严格要求以及建立监管机构知识、信息共享机制来为各成员国监管科技发展提供必要的条件。目前,欧盟已经通过了相关的法律,要求上市公司从 2020 年 1 月 1 日起使用最新的数字化业务报告系统欧洲单一电子格式(ESEF)递交机器可读的财务报告,同时欧洲保险和职业养老金管理局(EIOPA)还将创建监管科技源代码和算法共享、改进平台。欧盟各成员国在欧盟层面监管机构的支持下大力开展监管科技试验。奥地利中央银行(OeNB)与奥地利报告服务股份有限公司共同开发了一个统一数据报告平台,该平台的核心是只从银行收集一次具有足够粒度的数据上传至报告平台的"基础立方"(the basic cube),然后再基于这些数据生成不同类型的监管报告,提高报告数据的一致性、真实性和明晰性。荷兰中央银行(DNB)利用神经网络技术开发了监测银行流动性的自动编码器,可以有效检测出银行的流动性问题和预测银行挤兑。意大利银行通过应用机器学习技术进行贷款违约率预测并且以报告自动分类。捷克国家银行(CNB)利用计算机程序语言Python3 开发了首次币发行(ICO)分析工具,用以初步评估 ICO 活动及其对捷克市场的影响。立陶宛银行运用应用编程接口(API)开发了一套数据报送解决方案,使得监管机构能够自动从被监管对象的数据库中获取所需数据并以标准化格式呈现。

3. 其他代表性国家

除英国和欧盟外,其他国家也相继开展了一系列监管科技探索,一些国家侧重营造良好的监管科技创新环境,另一些国家直接参与监管科技项目开发,还有一些国家则主要借助国际力量提升本国监管科技发展水平。具体如表 2-8 所示。

表 2-8　国外监管科技创新实践情况

国家	监管科技相关探索
美国	建立相关法规,要求监管数据报送格式统一化,满足机器可读;创设监管科技组织 R^2A,加强与全球初创企业合作;成立 FATF 金融科技和监管科技论坛,加强国际交流
澳大利亚	成立创新中心和监管科技论坛,打造良好发展环境;开发了市场分析和情报监视系统(MAI),提高金融交易市场监测时效性;积极参与自然语言处理测试,提高监管预测和自动化能力
新加坡	发布《技术风险管理指南》,提前布局技术风险防范;推动数据报送高效化发展,强调数据请求不重复、机器可读和数据收集"颗粒化";成立数据分析小组、举办监管科技相关赛事和论坛,吸收国际创新力量
墨西哥	通过《金融科技法案》,明确监管框架和技术指引;推动报送数据格式统一化并逐渐扩大应用范围;与美国 R^2A 项目合作,借助国际力量开发基于 API 和人工智能的反洗钱解决方案,提高数据提取、传输、储存和分析的有效性
菲律宾	与美国 R^2A 项目合作,建立基于 API 的审慎报告系统和基于人工智能的聊天机器人投诉管理系统,提高监管效能和消费者保护

资料来源:本研究整理

五、监管科技创新的国内实践

随着中国金融科技的蓬勃发展,监管科技也受到了越来越多的关注。特别是 2016 年 4 月国务院开展互联网金融专项整治以来,运用监管科技应对金融科技的挑战成为越来越多人的共识。2021 年的政府工作报告中明确提出,要"强化金融控股公司和金融科技监管,确保金融创新在审慎监管的前提下进行"。从具体实践来看,主要包括以下几个方面。

一是完善顶层设计,制定发展规划。2017 年 5 月,中国人民银行成立金融科技委员会,将提升监管科技应用领域作为丰富金融监管的重要方式。2018 年 8 月,中国证监会正式印发《中国证监会监管科技总体建设方案》,详细分析了证监会监管面临的挑战、存在的问题以及信息化现状,提出了监管科技建设的目标、原则和意义,明确了监管科技 1.0、2.0、3.0 各类信息化建设工作需求和工作内容。2019 年,中国银行保险监督管理委员印发《中国银保监会现场检查办法（试行）》，提出"线上检查"的新型检查方法，即"运用网络技术和信息技术分析筛查疑点业务和机构，实施穿透式检查"，并提出"充分运用信息技术手段，持续完善检查分析系统"。2019年8月，中国人民银行公布《金融科技（FinTech）发展规划（2019—2021年）》，对监管科技应用进一步加强了统筹规划，明确提出要大幅提高穿透式监管能力，建立金融科技监管规则框架。

二是开展机制创新，探索中国版"监管沙盒"。2019年12月，中国人民银行会同发改委等部门在北京启动金融科技创新监管试点，探索设计富有弹性、包容审慎的创新试错容错机制，预留充足发展空间设置柔性边界、划定刚性底线，努力打造与国际接轨、符合我国国情的金融科技创新监管工具。此后，试点范围不断扩大，目前已经拓展至上海、广东、重庆、苏州等10个省市，试点项目涵盖API、大数据、物联网、区块链、人工智能等前沿科技在金融领域的应用创新及监管。

三是搭建应用平台，强化数据共享。2018年，中国人民银行启动了以大数据应用为核心的"数字央行"建设，按照"数据集中管理、软件集中开发、系统集中运行"原则，遵循"共享聚能、科技赋能、数据释能"理念，以数据为中心，建设更先进、更弹性的新型信息基础设施，持续开展数据治理和应用建设，着力整合数据中心资源，形成"一张网、四地数据中心、一朵云"布局，支撑敏捷高效的央行应用服务。与此同时，各地方金融监管部门也大力构建区域性金融监管信息平台，强化对P2P、小贷公司、担保等类金融领域的监测分析。比如，北京地方金融监督管理局运用现代信息技术，首创"风险大脑＋图谱分析＋冒烟指数"三合一的金融风险监测预警体系，助力金融风险防范数据化和智能化。

四是优化监管系统，提高监管效率。比如，中国人民银行支付结算司建立的"支付机构非现场监管信息系统"，对支付机构按类型和地区进行风险画像，针对不同支付机构进行差别化监管；中国人民银行反洗钱监测分析中心研发的反洗钱监测分析二代系统借助可视化分析、数据挖掘、云计算等新技术，将实时监测分析覆盖到反洗钱监测业务的全流程。中国证监会不断强化科技监管局、信息中心、中证数据、中证技术为主体的监管科技工作体系，重点推进上市监管、私募监管、机构监管、稽核处罚相关系统建设，着力构建全景式、覆盖式的监管数据体系。此外，"一行两会"的各监管部门还积极利用大数据、爬虫、可视化等技术开发检查工具，协助现场检查人员在海量交易信息中迅速找出可疑交易、可疑客户。

总体来看，中国监管科技发展迅速，特别是以"一行两会"为主的金融监管部门对此投入力度很大,也取得了不少成果。同时,一些地方政府也在这方面有了不少有益的尝试。从整体来看,中国监管科技涉及的主要技术运用包括大数据、云计算、区块链和人工智能的各细分领域,功能重心集中在数据整合、非法集资等非法金融行为识别、风险监测和风险预警等方面(表2-9)。

表2-9 国内监管科技创新实践情况

监管机构	监管科技创新平台	主要技术
中国人民银行	反洗钱监测系统大数据综合分析平台	大数据技术
中国银保监会	EAST报表报送系统及数据仓库	分布式架构技术
北京金融监管局	大数据打击非法集资监测预警云平台	大数据、人工智能、机器学习、知识图谱、自然语言处理等
上海金融监管局	上海市新型金融业态监测平台	大数据技术
广州金融监管局	广州市金融风险监测防控中心	人工智能、区块链、云计算、大数据等技术
深圳金融监管局	灵鲲金融安全大数据平台	人工智能、数据挖掘、知识图谱等技术

资料来源:本研究整理

第六节 现有研究评价

近年来,金融科技的快速发展使得金融学科的边界、研究范式不断被打破和重构,逐渐成为学术界和业界探讨的热点。国内外学者大量有关金融科技及其对商业银行影响方面的文献为我们的研究奠定了良好的基础,但由于金融科技是一个较新的研究领域,具体观点与研究结论目前仍然众说纷纭,备受争议。综合上述国内外研究现状来看,现有文献从概念界定、技术特点、竞争关系、影响机制、风险与监管以及应对策略等展开了多方面的研究,取得了很多有益的结论,大多数文献也对金融科技的重要意义与积极作用给予了肯定。大力发展金融科技,加快金融业基础性、关键性改革,已成各界共识。但其缺陷也是显而易见的:一是研究内容上,现有文献大多侧重规范分析,少有对其具体影响机制与影响程度的系统研究;二是研究视角上,现有研究大多针对全国性大型商业银行的综合性研究,而缺少对不同性质商业银行的分类比较研究；三是研究框架上，现有研究大多考虑到了金融科技对商业银行的冲击影响，但缺少可操作性解决方案与发展战略的提出。

随着金融科技的快速发展，资金开始绕过银行与供需方直接对接，商业银行的信用中介职能不断弱化，严重挤压传统银行机构有关业务的发展空间。从银行业内部看，虽然大型银行与中小银行在技术条件、市场资源、业务规模、资金实力等方面差异较大，但金融科技是一种颠覆式、革新型的冲击，整个银行业都面临转型发展的迫切需求。商业银行作为我国金融体系的主导，在金融科技冲击下，其风险承受与抗压能力面临极大挑战。如何在新的金融格局中成功完成转型创新、提高经营效率，同时有效防控风险、实现稳健可持续发展是广大银行机构，特别是中小银行亟待解决的难题。

虽然中国监管科技发展已经取得了初步的成果，但要形成一个以监管科技为核心的数字化、智能化现代金融监管体系还存在着诸多的挑战。一是技术制约明显。当前大数据、云计算、人工智能、区块链等监管科技主要技术还处于初级阶段，技术的不成熟极大地制约了监管目标的实现效果，同时还可能由于存在技术"黑箱"而引致监管系统安全防护机制薄弱、监管数据泄露等问题。二是标准化体系建设不足。数据是实施监管的基本要素，数据的标准化和机器可读是监管科技发挥监管功能的前提条件，但目前中国还未建立完整的数据标准体系，导致监管科技缺乏良好的发展应用基础。三是监管科技与传统监管体系的融合有待加强。传统金融监管体系经过了几十年的实践，具有一定的市场适用性和相对稳定的组织架构与行为模式，而监管科技的发展势必会对传统监管模式产生巨大的影响，如何将新型监管技术融入现行监管体系以实现二者的协同发展，使金融监管发挥更大效能是监管当局未来需要考虑的重要问题。

金融科技在促进银行机构技术进步，提高金融服务与资源配置效率的同时，又存在哪些潜在的金融风险与系统性风险？金融科技与银行机构风险承担、系统性风险以及绩效表现之间究竟存在何种关联？不同类型银行对金融科技的吸收与抗压能力是否存在显著差异？商业银行如何融合金融科技实现转型创新发展？有关机构和监管部门又如何应对金融科技快速发展带来的机遇与挑战？这些问题都有待进一步的系统解答。与以往不同的是，本研究从金融科技的基本内涵、技术特点及其发展趋势出发，以其在传统银行业的应用及风险隐患为研究重点，对金融科技与商业银行的风险承担、系统性风险及经营绩效带来的潜在影响进行多维度分析，从微观作用机制与宏观监管视角系统剖析金融科技创新与商业银行风险承担、系统性风险以及经营绩效之间的相互关联，探讨面向金融稳健、可持续发展的"金融＋科技"融合发展战略路径与监管应对策略。这些问题的解答有助于进一步深化商业银行的转型创新，防范化解系统性金融风险，促进金融科技与银行机构的深度融合发展。这是本研究的出发点，也是最终落脚点。

第三章 理论分析与研究命题

第一节 金融科技对商业银行风险承担影响的理论分析

一、理论基础

随着大数据、云计算、区块链、人工智能和物联网等新兴技术对传统银行业务的逐步渗透融合,金融科技在运营成本、经营效率、数据分析、传播介质等多个维度对商业银行形成了巨大的冲击(李岩玉,2017;Lee and Shin,2018)。尽管金融科技的应用并未改变金融风险的属性,但演化出新的特点,使得商业银行所面临风险的内生性和复杂性大大提高。

首先,信息科技风险和网络安全风险更加突出,如存在技术漏洞、参数算法失效等问题(方意等,2020),同时线上交易也容易导致客户信息数据泄露。据统计,2018—2019 年客户资料及企业重要数据泄露在所有安全事件中占比达 44%[①],成为近年来发生频率最高的安全事件。犯罪分子借助客户扫码下载 APP 或转账、注入病毒窃取资金,带来道德风险与金融犯罪,线上业务欺诈风险已呈现专业化作案趋势,资金流转监控更为困难。

其次,客户信用等级下沉增大商业银行信用风险。商业银行通过研发各类数字金融产品,向企业和个人提供越来越多的信用类贷款,扩大长尾客户范围,在增加商业银行信用资产的同时,也提高了商业银行资金杠杆率。

再次,易形成影子银行期限错配带来流动性风险。过去几年来,商业银行纷纷依托互联网建立线上贷款业务(例如陆金所、平安普惠等),或向

---

① 数据来源:普华永道、中国通信研究院和平安金融联合发布的《2018—2019 年度金融科技安全分析报告》。

第三方 P2P 平台(例如拍拍贷、宜信、玖富等)提供机构资金,其本质上是资金池,资产端多为一年以上高利润项目,而资金端多为短期资金,极易期限错配,扩大影子银行的边界,增加商业银行潜在风险。

最后,金融科技放大了银行机构间的风险传染效应,使得跨业务、跨市场、跨区域风险传染过程更加复杂。金融服务的数字化、智能化发展,加强了商业银行业务及数据之间的联系,使得银行之间网络系统、业务流程形成环环相扣的关联网络,一个节点出现漏洞或者受到攻击,易引起全链条的风险传导。

有关金融科技对商业银行风险的潜在影响方面,学术界现有观点主要分为以下三类。

一是风险提高说,即认为金融科技的发展会增加商业银行风险。早期的互联网金融的发展会提升商业银行贷款损失准备率,反映银行风险的上升(Liao,2018);冲击对商业银行资产负债业务,对银行风险具有单边放大效应(戴国强和方鹏飞,2014),增加破产风险(吴成颂等,2019)。朱辰等(2018)基于 SCCA 模型和逐步回归法也得到类似结论。邱晗等(2018)认为金融科技改变了银行负债端结构,使得银行负债更多来源于同业拆借等批发性资金,"水涨船高"式倒逼银行依赖更高风险资产弥补负债端成本抬高。米传民等(2019)用 t-SNE 机器学习模型进行降维和聚类分析研究得出,金融科技的发展会带来区域系统传染性风险、业务发展差异性风险以及系统重要城市风险。作为一种高投资回报的金融创新,有助于更新业务模式,提高银行收益,但也会增加业务风险(权飞过等,2016;顾海峰和张亚楠,2018)。遵循金融科技→市场竞争→银行信贷期限结构调整→增加银行风险的路径(孙旭然等,2020),金融科技通过技术优势加剧竞争提高银行风险(张琰,2019)。进一步地,金融科技在业务和技术两方面增加金融机构内生风险(赵鹞,2016)和系统性内生风险(方意,2020)。汪可等(2018)也指出金融科技对中国银行业系统性风险有一定的强化作用。

二是风险降低说,即认为金融科技发展会降低商业银行风险。技术和金融的融合能够降低信贷中的信息不对称,进而缓解银行风险承担(Lapavitsas and Dos Santos,2008)。马尔霍特拉和辛格(Malhotra and Singh,2009)对印度银行业的研究表明,网络银行对银行的风险具有显著负面影响。早期的以业务模式为重点的互联网金融有助于银行提升风险识别能力(吴晓求,2015),改善经营效率从而降低其破产风险(刘忠璐,2016);金融科技能够降低银行信贷业务中的信息不对称和交易成本,在获客和风控方面具有显著优势(黄益平,2017)。以技术赋能为主要特征的金融科技能有效解决商业银行信用风险管理中的痛点(袁媛,2018);有助于增强区域创新能力,促进地方银行稳定(宋科等,2018);改善银行风控水平,进而降低银行风险(龚晓叶等,2020;李学峰等,2020)。唐松等(2020)从服务实体经济的角度提出,金融科技的发展很好地校正了传统金融机构金融供给方面的"属性错配""领域错配"和"阶段错配"问题,纾解中小企业"融资难、融资贵"问题,驱动企业主动去杠杆和稳财务,反过来降低银行信贷风险。

三是双向效应说,即一些学者认为金融科技的发展与商业银行风险具有明显"期限结构"双边效应。如郭品和沈悦(2015)、顾海峰和张亚楠(2018)研究得出早期的互联网金融在短期通过降低银行管理成本而使风险下降,但长期内会收窄利差空间、抬高资金成本、增大银行风险。汪可等(2017)采用2003—2016年中国上市银行的数据,实证检验了近几年金融科技发展与商业银行风险演化之间的倒U形关系,杨旺等(2019)在更大的截面数据范围内进一步验证了该结论。罗航等(2020)认为金融科技会对风险扩散有双重效应,即缓解信息不对称而抑制风险扩散;但加剧金融体系脆弱性而强化风险传染。

二、影响机制

现代金融服务的本质是基于风险和科技驱动的金融供给和风险管理能力的结合体。金融科技凭借区块链、人工智能、云计算、大数据等新兴前沿技术吸引银行纷纷加紧业务革新,增加银行金融科技研发与人才投入力度,从而提升商业银行技术与业务创新、加剧市场竞争,抬高资金成本。同时,金融科技作为一种金融创新,更新迭代传统的业务模式,增加银行业务及收入多元化程度,提升业务风险。根据既有文献的研究,金融科技对商业银行风险承担的具体作用渠道可概括为如下两个方向。

第一,金融科技的深度应用提高了商业银行的管理成本。

具体而言:一方面,金融科技在移动支付、互联网理财与互联网信贷等领域日趋成熟,这与传统银行业形成了激烈的竞争格局,从而加剧商业银行风险承担水平。例如:移动支付已被广泛运用于各类线下消费场景(Kim et al.,2015),2018年,中国以277.4万亿元的移动支付规模位列全球第一[①]。移动支付凭借其快捷支付、先享后付、验证方便、担保交易等技术特点,导致银行与客户关系逐步疏远。同时,支付平台将银行部分储蓄

[①] 数据来源:中国人民银行2018年各季度支付体系运行总体情况。

资金分流至自身支付账户,间接抽取了银行存款,增加了银行筹资成本。

另一方面,虽然金融科技有助于提升商业银行业务风控水平和效率而在一定程度上降低业务风控和交易成本,但是商业银行运用金融科技的门槛较高,在短期内,需要投入大量人力、物力、财力,大大增加商业银行的研发成本。例如,2019 年,国有大型银行和股份制银行金融科技资金投入总额 1 008 亿元,占营收比重高达 2% 以上[①],并且技术孵化期较长,资金需要持续跟进,前期很难盈利。

其次,金融科技虽然有助于降低业务风险,但也增加了信息科技风险和银行操作风险。新兴数字技术的深度应用,提升了网络安全和系统运营维护的难度,一定程度上造成银行内部不同风险模块类型之间的风险转移,总体上并没有降低银行成本,反而增加了技术运作方面的管理和运维成本。

再次,金融科技增加银行业务创新服务成本。作为一种技术诱导型金融创新,金融科技驱动银行业发展(Berger,2003),通过技术渗透、要素流动和示范作用倒逼银行参与市场竞争(Bloom et al.,2013),不仅助推商业银行加强技术创新,也推动银行业务创新,银行由粗放型管理服务逐渐转为精细化服务,在客户体验、产品迭代、员工培训等软要素上加大投入力度。根据产品生命周期理论,在新技术、系统、产品未形成规模效应或占领市场之前,银行都需要持续改善服务,从而增加银行服务创新成本(Vernon,1992)。

最后,金融科技的发展助推了利率市场化进程,抬高商业银行的资金成本。例如,存款利率的上升倾向使得银行利差不断收窄,同时金融科技公司推出的货币市场基金等产品(如蚂蚁金服余额宝)分流银行客户,存款结构恶化,加强银行转嫁风险,投资高收益项目动机,提升银行风险(郭品和沈悦,2019)。

以互联网理财为例,目前相当一部分第三方支付机构利用自身品牌优势将支付业务转向了理财业务,金融科技将客户互动过程数字化,这使得业务流程更具亲和力,大大提升服务效率。自腾讯理财通、阿里余额宝等代表性产品强势入驻理财市场以来,互联网理财的资产管理规模更是实现了高速增长,吸纳了大量民间储蓄资金(郑志来,2015),导致银行揽客成本大幅提升。而互联网信贷延伸了受益客户范围,丰富了传统商业银行未提供或者提供不充分的金融服务,给传统商业银行的贷款业务造成威胁

---

① 数据来源:2019 年各银行年报。

(Gomber et al.，2018)。金融科技使得银行的传统存贷款业务遭受严重挤压，这深刻改变了中国商业银行主导的资金供需模式和资金定价机制，变相地推动了利率价格市场化，增加了商业银行资金成本(邱晗等，2018；战明华等，2018)。利率市场化会进一步加剧竞争，导致银行存贷款利差收缩(Saunders and Schumacher，2000)，此外，市场竞争的加剧还会导致银行特许权价值下降，为了谋求利润，商业银行会主动提高自身风险承担水平(Marcus，1984；Jimenez et al.，2013)。

第二，金融科技提升银行经营多元化程度，从而增大其风险承担。

鉴于金融科技投入门槛高，迫使银行不得不追求更高的预期收益回报以弥补覆盖前期投入，促进银行业务结构转型，提升业务多元化程度。具体来看，首先，金融科技加剧金融市场竞争，降低贷款门槛，逐渐信用下沉，研发各类中小微企业贷、供应链金融产品，银行客户范围从传统大中型企业客户逐渐扩展至长尾客户(王馨，2015)。然而中小微企业因创立时间短、规模小、公司治理不健全、抵押品不足等原因往往"自我造血"和抗风险能力较弱，在突发性事件或外部冲击下，易资金回笼不及时而逾期，扩大商业银行不良资产，加剧银行潜在信用风险。其次，金融科技抬高存款资金成本，特别是在利率市场化收窄利差空间的背景下，降低银行边际利润和特许权价值(Wagner，2010)。同时，银行将更加偏好高风险的信贷项目或丰富中间业务和表外业务种类，以期增加非利息收入业务，银行运用金融科技包装金融产品，变相增加类影子银行业务，改变资产的信用结构和期限结构，进而提高银行风险(孙旭然，2020)。

总之，金融高科技的广泛应用在市场竞争、业务创新和利润追求的驱动下，对银行管理成本、业务结构与多元化程度造成潜在影响，进而抬高银行风险偏好。具体影响机制如图 3-1 所示。

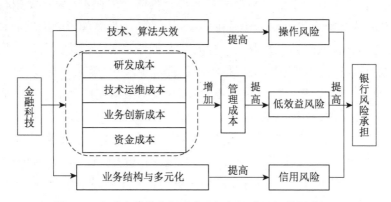

图 3-1　金融高科技发展对商业银行风险承担的影响机制

三、研究命题

结合中国商业银行业务模式发展现状,金融科技的技术特点、演变趋势,以及现有研究情况,我们认为,在新一轮产业变革和科技革命的背景下,物联网、区块链、云计算、大数据、人工智能等信息技术与金融业务深度融合,不断推动金融机构的变革与创新,并带来新业态、新模式,同时也带来新的风险。基于此,提出本研究的**命题1**:

H1:金融科技的快速发展提高了商业银行的风险承担,即金融科技发展与银行风险承担呈显著正相关关系。

其次,从具体影响机制与作用渠道来看,金融科技的快速发展对银行管理成本、业务结构与多元化程度等多方面造成潜在影响,进而加剧银行风险承担。因此,提出本研究有待检验的**命题2**:

H2-1:金融科技发展提高了商业银行的管理成本,进而加剧其风险承担。

H2-2:金融科技发展提高了商业银行的业务多元化程度,进而加剧其风险承担。

此外,金融科技在推动资金实力和资产规模迥异的商业银行战略转型和差异化发展方面,不同类型银行可能存在不同的发展路径(谢治春等,2018)。本研究从资产规模、所处经济区位、业务创新能力等角度区分银行的差异化特征,进一步识别金融科技对不同类型银行风险承担影响的异质性。

第一,从资产规模上看。相比于全国性大型商业银行,区域性小型银行的管理层级简单、经营机制灵活、信息传递及时,能够避免"尾大不掉"现象,理论上,能够迅速响应金融科技的冲击。但由于其固有的劣势,目前,小型银行大多尚处于金融科技布局初期。具体表现在:一是小型银行起步较晚,业务渠道受限,线上产品同质化程度高;二是品牌影响力较弱和社会信用声誉较低也是小型商业银行的一大弱势。这导致其社会认可度较低,线上业务推广严重受阻;三是小型银行普遍缺乏"金融+科技"类高端复合型人才,掌握核心技术过程相对缓慢,技术更新速度落后于大型商业银行;四是开展新型数字化业务需要原始海量数据支持,然而小型银行客户基数较小,业务体系单薄,数据收集与数据沉淀能力相对欠缺;五是小型地方性银行面临更高的金融科技准入门槛,而且业务单一,以零售业务为主。基于成本压力,小型银行在短期内更愿依赖于传统获客展业、运营模式、企业软信发放关系型贷款,金融科技渗透率和信息化程度相对较低。

而大型商业银行实力雄厚,率先布局金融科技,在资金、技术、人才等方面的前期投入更大。为保持竞争优势,其信用下沉更快,并且凭借原有规模和影响力更容易产生"大而不倒"的心理,金融高科技在其经营管理过程中的渗透程度更大。郭品和沈悦(2019)的研究也表明,面对互联网金融的冲击,相对于大型商业银行,小型银行的平均付息成本上涨更多,客户存款流失更快。因此,本研究推断,金融科技发展对资金实力雄厚的大中型银行风险承担行为的影响更大。

第二,从所处经济区位来看。中国东部地区在市场化水平、人才流动、专业机构、金融产业链等方面相对领先,中国现有互联网公司与科技企业也大多集中于东部地区。面对新兴技术的冲击,位于东部地区的银行更容易进行技术革新与业务模式转型,拓宽金融服务范围,从促进服务质量与效率的提升。相关研究表明,中国金融科技的发展存在空间集聚特征(孟娜娜等,2020),东部地区金融科技发展程度相对较高(郭峰等,2017),东部地区银行更加积极应对金融科技而布局更早更快,而中西部银行具有路径依赖,金融创新进程相对较慢(盛天翔,2020),从而受金融科技带来的风险挑战相对东部地区银行较小。

第三,从银行业务模式与技术创新能力来看。创新能力强的商业银行面对金融科技的冲击更容易融合新兴技术,补足传统金融服务的短板,降低金融服务门槛,实现业务模式转型创新(Beck et al.,2016;黄益平和黄卓,2018)。

基于此,提出本研究的**命题 3**:金融科技发展对不同类型商业银行风险承担的影响程度存在异质性。本研究同时考虑了银行资产规模、所处经济区位、创新能力强弱等方面的差异因素,因此将以上命题扩展为:

H3a:金融科技发展对大、中型银行风险承担的影响要大于小型银行。

H3b:金融科技发展对东部地区银行风险承担的影响要比中、西部地区银行更明显。

H3c:互联网金融发展对创新能力较弱银行的影响更为显著。

第二节 金融科技对商业银行系统性风险影响的理论分析

一、理论基础

系统性风险通常表现为一家机构的倒闭引起系统内其他机构的倒闭,

进而对实体经济产生影响的风险(Hart and Zingales,2009);单个事件通过影响一连串的机构和市场,引起多米诺骨牌效应损失扩散的可能性(Kaufman and Scott,2003)。金融科技作为一种以提升金融服务效率为出发点的技术应用创新,其金融风险属性与类型并没有发生实质性转变,但它的运作模式、交易方式等却与传统商业银行完全不同。金融科技不仅让传统金融风险的风险形态、权重和分布发生了新变化,而且加快了风险的传播速度、传播广度和传播深度,因此其风险表现形式也更为复杂和隐蔽,进而大幅提高风险的识别难度与系统性风险爆发概率。首先,金融科技增强了机构之间的关联性。金融科技使得数据和业务得以在多个机构进行联通和传递,逐步消融金融机构间的界限,使得整个金融系统间的联系更为密切,增加了风险通过金融科技进行传染的可能性。其次,金融科技增大了市场层面的关联性。在金融科技时代,数据集中成为必然趋势,它催生了金融体系中跨行业、跨部门与跨市场的经营模式,使得信息资源拥有者具有为客户提供全方位服务的天然优势,导致了客户的高度集中,增加了市场层面的关联性。再则,金融科技具有强大的网络效应,尤其是平台型的信息公司,一旦遭遇失败或者发生网络安全事件,则涉众多、影响大,从而对金融活动甚至整个市场环境造成难以估量的损失,由此触发系统性的风险。最后,金融科技催生了新的传染源。金融科技使得金融交易策略自动化程度更高,算法交易与社交交易更加复杂,这可能会带来新型和无法预知的金融风险传染源。

1. 资产负债表传导渠道

通常,整个金融系统间的风险传染是通过资产负债表渠道来发挥作用的。金融科技引发系统性风险的资产负债表传导渠道主要包括直接和间接两种路径。直接渠道上,金融科技公司通过货币市场、同业市场及债券市场等与商业银行等金融机构建立起双边债权债务关系,由此带来风险通过资产负债表渠道而相互传染(见图3-2)。例如,当中国经济进入下行周期,金融科技中的一些信托产品风险暴露,一旦某家金融科技公司的资产状况出现恶化甚至发生违约,则持有该金融科技公司产品的商业银行资产负债表中的资产就会相应减少,特别是当其资产减少至无法按时偿付当期负债时,这家商业银行机构就可能发生信用违约或流动性风险,如果这种违约通过金融科技波及多家商业银行机构时,就会引发系统性风险。

另外,共同的存贷款人将银行体系与金融科技公司在资产负债表上间接联系起来,并通过羊群效应和形成规模挤占风险传染渠道。

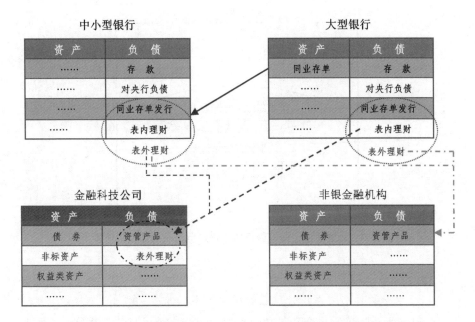

图 3-2　金融科技公司与银行体系资产负债表的直接渠道传染

首先,金融科技拓宽了借款人的融资渠道,这将增大各类资金流入高风险经营领域的概率,降低借款人的还款能力,一旦借款人陷入经营困境,往往无力偿还银行贷款,进而推高借款人经营风险,由此造成银行信用损失增加。而借款人还可能将通过金融科技获取的资金用于归还银行贷款,导致银行体系无法正确识别借款人真正的还款能力,进而可能让银行错误地提高劣质借款人的授信额度,最终推高银行体系的信用风险。

其次,金融科技通常提供高于同期银行存款的利率,从而挤占存款人本打算投向资本市场或存入银行的资金,且金融科技所占用资金期限较短,因此这种规模挤出效应较为明显。如支付宝和财付通曾经大量挤占商业银行体系的存款资源,这有可能造成部分银行发生流动性短缺,进而加大银行的流动性风险。

最后,金融科技涉及的主体不仅包含各类金融科技公司,同时也包含银行、证券、保险、信托、担保、基金等传统金融机构,一旦这些机构的金融科技产品出现问题,负面信息将影响市场参与主体的情绪和预期,进而对其他金融科技产品也丧失信心,由此引发羊群效应,进而诱发系统性风险。间接渠道传染如图 3-3 所示。

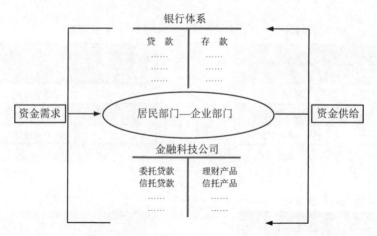

图 3-3   金融科技公司与银行体系资产负债表的间接渠道传染

2. 金融科技引发系统性风险的网络模型

银行业金融机构与金融科技公司之间相互交织,业务频繁往来,通常会存在相互交叉持有资产负债情况,由此构成复杂的双边债权债务网络。一旦金融科技公司受到外部冲击,风险(危机)将以金融科技公司为中心节点迅速向银行业等金融机构蔓延传播,进而形成系统性风险。

(1) 金融科技公司违约

首先,假设来自外部的一个冲击,使金融科技遭受较大损失,进而导致该金融科技公司资不抵债。那么金融科技公司违约表示为:

$$E^*_{FinTech} = A^*_{FinTech} - L^*_{FinTech} < 0 \qquad (3-1)$$

其中,$E^*_{FinTech}$ 为受到外部冲击后的金融科技公司股东权益,$L^*_{FinTech}$ 为受到外部冲击后的金融科技公司总负债,$A^*_{FinTech}$ 为受到外部冲击后的金融科技公司总资产,式(3-1)称为金融科技公司违约条件。

(2) 商业银行违约

金融科技公司违约往往会造成银行机构资产的损失。中国大量金融科技产品通常受到银行类金融机构的隐性担保,由于商业银行扮演最终债务人角色,尽管这种债务关系并不体现在商业银行的资产负债表上,但风险并没有实质剥离,金融科技公司的损失最终将导致银行机构的损失。因此,当该部分损失大于其债权和金融机构股东权益(E_i, $i=1, 2, \cdots, N$)时,该商业银行将出现资不抵债而被迫出现违约。

假设中国共有 N 家商业银行。每家商业银行包括银行体系外资产即外部资产（External Assets，EA）和银行体系内资产即同业资产（Interbank Assets，IA）；包括银行体系外债务即外部负债（External Liability，EL）和银行体系内债务即同业负债（Interbank Liability，IL）以及股东权益（Equity，E）。各银行之间的债权债务联系将构成一个相互交织的银行间网络。这种债务双边结构用矩阵表示为：

$$L = \begin{bmatrix} 0 & l_{12} & \cdots & l_{1N} \\ l_{21} & 0 & \cdots & l_{2N} \\ \cdots & \cdots & \cdots & \cdots \\ l_{N1} & l_{N2} & \cdots & 0 \end{bmatrix} \tag{3-2}$$

其中 L 即为债务矩阵，l_{ij} 表示商业银行 i 借贷给商业银行 j 的债务数额。另外，有 $IA_i = \sum_{j=1}^{N} l_{ij}$，为商业银行 i 的同业资产；有 $IL_j = \sum_{i=1}^{N} l_{ij}$，为银行 j 的同业负债。当商业银行 i 由于金融科技公司违约而出现的损失大于其股东权益（E_i）时，商业银行 i 就将被迫出现违约，本研究将其称为初次违约。初次违约可表示为：

$$E_i^* = IA_i^* + EA_i - IL_i - EL_i < 0 \tag{3-3}$$

其中，E_i^* 为受金融科技公司违约影响下的商业银行 i 的股东权益，IA_i^* 为受金融科技公司违约影响下的商业银行 i 的同业资产，EA_i 为受金融科技公司违约影响下商业银行 i 的外部资产，IL_i 为受金融科技公司违约影响下的商业银行 i 的同业负债，EL_i 为受金融科技公司违约影响下的商业银行 i 的外部负债，式（3-3）为商业银行 i 的初次违约条件。

由于商业银行间及商业银行与金融科技公司之间存在业务往来和交叉持有产品，金融科技公司和商业银行 i 发生违约，会进一步造成它的债权商业银行 j 的同业资产 IA_j 遭受损失。当商业银行 j 遭受的损失大于其股东权益 E_j 时，商业银行 j 也将违约，我们称之为传染违约。传染违约可表示为：

$$E_j^* = IA_j^* + EA_j - IL_j - EL_j < 0 \tag{3-4}$$

其中，E_j^* 为发生违约后商业银行 j 的股东权益，IA_j^* 为受金融科技公司和商业银行 i 违约影响后商业银行 j 可收回的同业资产，EA_j 为商业银行 j 的外部资产，IL_j 为商业银行 j 的同业负债，EL_j 为商业银行 j 的外部负债，式（3-4）为商业银行的传染违约条件。

（3）违约清算

当整个金融网络中既存在初次违约也存在传染违约时，确定彼此间的清算支付额度就变得十分困难。参照艾森伯格和诺伊（Eisenberg and Noe，2001）、隋聪等（2016）的做法，设定银行机构违约时将按一定债务比例加以偿还，那么债务矩阵中的每笔 l_{ij} 除以其总的 IL_j，则可以得到一个偿还比例矩阵 U，其构成元素为：

$$u_{ij} = \begin{cases} \dfrac{l_{ij}}{IL_j}, & IL_j > 0 \\ 0, & IL_j = 0 \end{cases} \tag{3-5}$$

在金融科技公司和商业银行违约情况下，商业银行 i 能够收回的总同业资产 IA_i^* 取决于其他商业银行可以偿还的 IL^*，即：

$$IA_i^* = \sum_{i=1}^{N} u_{ij} IL_j^* \tag{3-6}$$

那么，计算可收回的 IA^* 就转换为计算可偿还的 IL^*。商业银行 i 的偿还支付则可表示为：

$$IL_j^* = \min[IL_j, \ \max(IA_j^* + E_j^*, \ 0)] \tag{3-7}$$

其中，IA_j^* 为银行 j 可收回的同业资产，IL_j 为银行 j 实际的总同业负债，IL_j^* 为银行 j 可偿还其他银行的负债，$IA_j^* + E_j^*$ 为银行 j 可用于支付债务的缓冲资金。式（3-7）表明银行 j 对债务的清偿主要取决于其当时的支付能力。如果 $IL_j^* < IL_j$，则银行 j 将被迫违约。

总之，金融科技公司的违约，将导致其债权银行遭受损失，进而引发银行体系局部风险。随着银行机构违约数量的持续上升，将进一步对市场主体的心理产生实质性影响，而市场恐慌心理会诱发交易商的"抛售"行为和储户的"挤兑"行为，由此推高整个市场风险，并随着风险的不断积累与放大，最终爆发真正的系统性风险。

二、影响机制

综合现有研究和金融科技发展现实来看，金融科技使得金融机构的风险来源更加复杂与多样化，导致金融风险泛化，加重了风险的传染与放大效应。既有信用风险（姜增明等，2019）、流动性风险（张林，2018）、操作风险（钟慧安，2018）等传统金融风险，又有底层信息技术等非金融因素引致的新风险（Lee and Shin，2018），还可能引发系统性金融风险（朱太辉和陈璐,2016;李敏,2019)。根据贝努瓦等(Benoit et al.,2017)的框架性研究,金融机构的风险承担以及机构间的风险传染与放大机制是系统性风险的三种主要经济机制来源。

1. 金融科技的风险承担机制

风险承担机制的四种相关表现形式为投资相关风险资产(Tirole,2012)、流动性风险(Brunnermeier and Oehmke,2013)、尾部风险(Freixas and Rochet,2013)以及杠杆周期与泡沫(Boissay et al.,2016)。

该机制主要解释金融机构为何会承担较大的风险敞口,加重其交易对手受到传染的可能性,以及为何会面临类似的风险敞口,从而加强放大机制。金融科技增强了金融市场中单个机构的风险敞口与共同风险敞口。

第一,金融科技加大了单个机构的风险敞口。金融科技导致传统金融风险更加严峻,同时也诱发了新的金融风险(杨涛,2017)。首先,在传统金融风险方面,金融科技降低了准入门槛,信用违约事件发生概率大幅提升;金融科技加速了金融市场产品交付与服务反馈的效率,流动性需求更为旺盛,这提高了企业面临的流动性风险;金融科技产品的技术性与复杂性较高,大部分从业人员可能对金融科技产品了解深度不足,员工操作容易出现失误,内部控制也不成熟,这加剧了企业面临的操作风险;金融科技行业是近几年的新兴领域,行业处于发展初期,其面临的法律合规风险和声誉风险较为突出。

第二,金融科技加大了金融市场的共同风险敞口。首先,如果金融机构投资于同样或者相似的资产,则面临类似的风险敞口(姚鸿等,2019)。以"智能投顾"为例,通过计算机程序计算而得到的投资建议通常是雷同的,这会导致市场上出现大量类似的投资行为,带来共同的风险敞口,一旦计算机算法出现错误或者投资建议不适当,还会产生大范围的非理性投资决策,大量的投资者会选择将资金投入盈利前景较差的项目,加剧共同失败的可能性。目前,大数据、云计算、人工智能、区块链、物联网等金融科技重点技术普遍尚未发展成熟,运用这些技术的企业都面临着算法缺陷与技术失控等共同风险。

2. 金融科技的风险传染机制

传染机制则表现为一家金融机构的损失会蔓延到相关的其他机构。资产负债表与网络关联(Freixas et al.,2000)、支付与清算系统(Biais et al.,2014)以及信息传染(Acharya and Thakor,2016)是主要的双边传染渠道。

由于传染效应的存在,即使不存在系统性冲击,两家相关联机构间的收益也是正相关的。也就是说当机构 i 遭受损失时,即使这种损失只是源于其个体特质冲击,i 的关联机构 j 也会因风险传染而遭受损失,机构 j 的损失传染到 i 的可能性由相关性来衡量,整个金融系统间的传染效应则是通过整个系统的关联矩阵来发挥作用。金融科技增强了企业之间、市场之间的关联性,给金融市场带来了更大的网络效应,催生了新的传染源,加剧了金融市场的信息传染。

金融科技所引发的风险传染效应具体表现在四个方面。第一,金融科技增强了机构之间的关联。金融科技使得数据和业务得以在多个机构进行联通和传递,逐步消融了金融机构间的界限,使得整个金融系统间联系更为密切,增加了风险通过金融科技进行传染的可能性。第二,金融科技增强了市场层面的关联。在金融科技时代,数据集中成为必然的趋势,它催生了金融体系中跨行业跨市场的经营模式,使得信息资源拥有者具有为客户提供全方位服务的天然优势,导致了客户的高度集中,增加了市场层面的关联性。第三,金融科技具有很大的网络效应,尤其是平台型的信息公司,一旦遭遇失败或者发生网络安全事件,则会导致系统性风险。第四,金融科技催生了新的传染源。金融科技使得金融交易策略自动化程度更高、算法交易与社交交易更加复杂,这可能会带来新型和无法预知的金融风险传染源。

3. 金融科技的风险放大机制

放大机制主要解释为何较小的冲击能够引发大范围的波动,最常见的放大机制是由资产贱卖导致的流动性不足而驱使的危机(Shleifer and Vishny,2011)。格林伍德等(Greenwood et al.,2015)建立了一个数理模型来具体分析银行资产贱卖的风险溢出效应,并说明这种效应将在整个银行业累积并放大。

这一来源机制的逻辑是,整个金融系统的系统风险敞口越大时,系统性冲击产生的影响就越大。当遭受系统冲击的机构为降低机构损失而进行大规模的"资产贱卖"时,这会加大系统中其他机构参与者的损失,引发风险的自放大效应。金融科技的发展恰恰导致了金融消费行为的趋同、算法的趋同以及金融科技公司经营模式的趋同,这会引发金融市场的"羊群效应",进一步增强市场共振,放大金融风险。

金融科技对放大机制的影响主要由"资产贱卖"与"羊群效应"所导致。第一,"资产贱卖"。金融科技极大地提升了金融市场效率,提高了信息传导速度与产品交付频率,金融产品与服务随时兑付要求明显提高,金融市场流动性需求加大。以资产管理行业为例,旺盛的流动性需求使得企业很可能面临流动性不足,而企业在面临资金大规模赎回压力时,很可能会进行资产的"大甩卖",从而放大市场中的流动性冲击。第二,"羊群效应"。一方面,金融科技在降低金融行业服务提供商准入门槛的同时,也降低了金融服务的获得门槛,增加了金融产品与服务的可获得性与普惠性,在金融消费行为示范效应作用下,可能引发金融市场的"羊群效应"。另一方面,金融科技公司的经营模式趋同,同样会在企业端产生"羊群效应",进而加大金融市场共振与波动性。

由此可见,金融科技增强了系统性风险承担效应、传染效应与放大效应。首先,金融科技加大了机构面临的信用风险、流动性风险、操作风险、法律与合规风险、管理风险等个体特质风险,使得机构可能会承担更高的风险水平,增强了机构的脆弱性。而风险承担效应的增强又提高了交易对手被传染的可能性,导致风险在系统中的传染更加快速、广泛。其次,金融科技的技术风险提高了金融市场遭受系统性冲击的可能性,众多金融机构同时遭受损失的可能性上升。最后,放大机制的增强也可能进一步加剧系统性风险。

此外,商业银行系统性风险贡献值还受到银行经营策略、资产规模等个体特征以及宏观经济环境、市场结构、货币政策等外部因素的影响(Ariss,2010;Jimenez et al.,2013;郭品和沈悦,2015)。综上,金融科技对商业银行系统性风险的影响机理如图 3-4 所示。

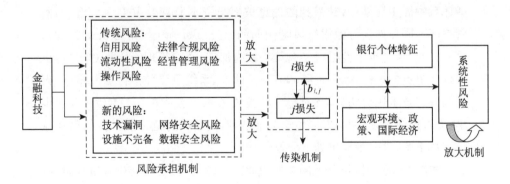

图 3-4　金融科技对商业银行系统性风险的影响机理

三、研究命题

综合以上理论框架分析,新兴技术与金融业务的深度融合,深刻改变了金融生态,促使金融边界不断模糊,衍生出一系列的新业态、新模式,同时也带来了新的风险,加剧了银行价格竞争及银行之间的风险传染,从而加重了银行机构的系统性风险。因此,本研究提出如下研究命题:

命题 4:金融科技的快速发展加重了银行机构的系统性风险。

从影响渠道与作用机制看,风险承担、传染效应、放大机制等是系统性风险的主要来源机制。因此,提出本研究的**命题 5**:金融科技提高了银行机构的风险承担,增强了机构间的风险传染效应,并在放大机制的作用下,进而加剧银行业系统性风险。鉴于本研究主要考虑了银行的风险承担机制与机构间传染效应,因此将以上命题扩展为:

H5-1:金融科技发展提高了商业银行的风险承担倾向,进而加剧系统性风险。

H5-1:金融科技发展增强了机构间的传染效应,进而加剧系统性风险。

此外,根据高国华和潘英丽(2012)的研究,大型国有银行是系统性风险的重要诱导来源。但陈忠阳和刘志洋(2013)的研究结论却与此相反,认为股份制银行的系统性风险贡献度要高于国有大型商业银行。

具体到金融科技,它给不同类型银行系统性风险带来的影响是否存在异质性,仍然有待进一步探讨。理论上,一方面,系统重要性银行在整个金融体系中居主导地位,其受到的信息披露与资本监管要求更为严格,而监管强度不同显然会导致银行风险倾向的差异(Beltratti and Stulz,2012)。另一方面,系统重要性银行经营策略较为保守,风险管理经验相对丰富,决策行为也更加审慎(高智贤等,2015)。此外,系统重要性银行资金雄厚,人才储备与技术优势明显,其对金融科技相关重点技术的研发能力强,起步早,投入规模大,应用与发展也更为成熟,有助于其防范金融科技的潜在风险。基于此,进一步提出如下假设:

命题 6:金融科技对不同类型商业银行的影响具有异质性,相对而言,系统重要性银行表现更为稳健与审慎,即金融科技对其系统性风险的作用程度相对较低。

第三节　金融科技对商业银行盈利能力影响的理论分析

一、理论基础

　　金融与科技的融合发展给商业银行经营管理带来巨大影响,商业银行纷纷布局金融科技,依托新兴技术改进金融业务处理流程,谋求产品与服务创新,简化业务流程、提高业务效率和客户体验,增强客户黏性。通过运用数字处理技术和社交网络技术,充分挖掘线上客户资源,运用数字签名、远程视频和生物识别等技术,可提升银行的网联化和智能化,建设"智能银行""数字银行"和"智慧银行"。中国建设银行行长刘桂平就指出:"商业银行运用区块链、云计算、人工智能互联网、大数据等现代技术发展普惠金融已经成为不可逆转的趋势。"

　　以区块链为例,其具有的分布式记账、点对点交易、不可篡改、去中心化等特点,可大大减少跨境支付及清算所需费用,提高业务效率和速度及安全性。根据麦肯锡的研究报告,基于区块链的 B2B 跨境支付结算使得每次交易成本降低了 42.3%,即由 26 美元降低至 15 美元。同时,区块链系统向监管机构提供历史监管数据记录具有不可篡改性,有助于降低监管成本。基于区块链的数字货币还能降低纸币流通、发行环节的成本。其次,商业银行采用人工智能与大数据等技术,丰富风险管理手段,有助于信用下沉和反欺诈,降低风险控制与运营成本。再次,通过直销银行、场景化金融,可提高理财业务水平和丰富财富管理手段,进而节约资金成本、提升客户黏性。最后,商业银行通过运用新型技术,可提高支付结算便捷度、智能化财富管理水平,不断丰富中间业务种类,扩大非利息收入来源,进而提升盈利水平。

　　但是随着商业银行对金融科技的深度运用,金融科技带来的边际收益会逐渐下降,且增加商业银行杠杆率,强化商业银行过度冒险行为,随着风险的不断积累,商业银行风险管理成本上升,从而盈利能力趋于下降。

二、数理模型与研究命题

　　本研究将金融科技引入银行存贷款收益模型(Kishan and Opiela, 2000),通过数理推导,以阐释金融科技对商业银行盈利能力的影响机理。该模型的基本假设如下:

　　假设 1:商业银行资金来自两部分,一部分来自吸收的存款(D),另一部分来自商业银行筹集的资本金(E),然后通过资金运用(L)实现利润最大化。若公众不持有现金,在存款准备金制度下,商业银行需要留存法定存款准备金和超额存款准备金,剩余资金用于贷款,即商业银行资产负债关系为 $R+L=D+E$,R 为存款准备金,D 为存款,商业银行存款准备金率为 m,$R=mD$,实际用于发放贷款的比例为 $1-m$,$0<m<1$。

假设2:假设贷款来源于存款的比例为 α,来源于资本金的比例为 $1-\alpha$,则 $\alpha L=(1-m)D$,$E=(1-\alpha)L$。

假设3:假设存款市场其他因素不变,商业银行存款利率越高,吸收存款规模越大,故商业银行存款规模与其存款利率存在正相关关系,则 $D=D_0+\mu\times r_D$,D_0 是当 $r_D=0$ 时的银行存款规模大小,表示自发性存款需求,且 $D_0>0$;μ 为银行贷款规模对贷款利率的反应系数,$\mu>0$。

假设4:假设资本市场其他因素不变,商业银行发行的股票收益率越高,投资者越愿意持有其股票以获得更高收益率,商业银行可筹集到的资本金规模越大,则 $E=E_0+\gamma\times r_E$,E_0 是当 $r_E=0$ 时的银行自有资本规模大小,且 $E_0>0$,γ 为银行资本规模对资本回报率的反应系数,$\gamma>0$。

假设5:假设贷款市场的其他因素不变,商业银行贷款利率越高,贷款需求越小,贷款规模下降,故商业银行贷款规模与其贷款利率存在负相关关系,且随着利率市场化改革深化,央行已于2013年7月宣布正式放开金融机构贷款利率下限,则 $L=L_0-\lambda\times r_L$,L_0 是当 $r_L=0$ 时的银行贷款规模大小,表示信贷市场上自发性借款需求,且 $L_0>0$,λ 为银行贷款规模对贷款利率的敏感系数,$\lambda>0$。

假设6:金融科技创新了金融产品和服务,吸引更多的客户消费金融产品,银行存贷款规模扩大,从而存贷款的管理服务成本和风控成本总量增加,将存贷款管理总成本设为 $C=\dfrac{a^2D+b^2L}{2}$,其中 a、b 为存款与贷款的边际管理成本,分别有 $a>0$、$b>0$。

假设7:金融科技的蓬勃发展,商业银行运用更加有效的风险管理技术手段,提升经营效率,从而每一单位资产负债的管理服务成本和风控成本下降,即:存款、贷款的边际管理成本 a、b 下降,假设金融科技的发展与商业银行资产负债边际管理成本之间存在单调递减的函数关系 $a=\phi(FT)$,$b=\gamma(FT)$,FT 为金融科技水平,则 $\dfrac{\partial\phi}{\partial FT}<0$,$\dfrac{\partial\gamma}{\partial FT}<0$。

依据上述假设,可建立商业银行盈利模型为:

$$\max\pi=r_L\times L-r_D\times D-r_E\times E-C \tag{3-8}$$

$$s.t. \begin{cases} R+L=D+E,\ R=mD,\ 0<m<1 \\ \alpha L=(1-m)D,\ E=(1-\alpha)L \\ D=D_0+\mu\times r_D,\ D_0>0,\ \mu>0 \\ E=E_0+\gamma\times r_E,\ E_0>0,\ \gamma>0 \\ L=L_0-\lambda\times r_L,\ L_0>0,\ \lambda>0 \\ C=\dfrac{a^2D+b^2L}{2},\ a>0,\ b>0 \end{cases} \tag{3-9}$$

其中，$a=\phi(FT)$，$b=\eta(FT)$，$\dfrac{\partial\phi}{\partial FT}<0$，$\dfrac{\partial\gamma}{\partial FT}<0$

第一，将约束条件(3-9)代入方程(3-8)得：

$$\pi=\frac{L_0-L^2}{\lambda}-\frac{D_2-D^0}{\mu}-\frac{[(1-\alpha)L]^2-E_0(1-\alpha)L}{\gamma}-\frac{a^2D+b^2L}{2} \tag{3-10}$$

将(3-10)式对 L 求偏导数，并令 $\dfrac{\partial\pi}{\partial L}=0$ 得到最优贷款规模 L^*。

$$有\ L^*=\frac{\lambda(1-\alpha)E_0+\gamma L_0+2\lambda(1-m)D}{2\lambda+2\gamma+\lambda\gamma b} \tag{3-11}$$

商业银行存贷比表示贷款总额与存款总额的比，从银行盈利性的角度考虑，存款越多意味着支付给存款人的利息越多，贷款越多，则银行回收的利息越多，盈利能力就越强。用存贷比 (L/D) 衡量商业银行盈利水平。

$$L/D=\frac{\lambda(1-\alpha)E_0+\gamma L_0+2\lambda(1-m)D}{D(2\lambda+2\gamma+\lambda\gamma b)} \tag{3-12}$$

将(3-12)式对 b 求偏导数得(3-6)式，且 $1-m>0$，$1-\alpha>0$

$$\frac{\partial(L/D)}{\partial b}=-\frac{\lambda\gamma[\lambda(1-\alpha)E_0+\gamma L_0+2\lambda(1-m)D]}{D(2\lambda+2\gamma+\lambda\gamma b)^2}<0 \tag{3-13}$$

又 $\dfrac{\partial b}{\partial(FT)}=\dfrac{\partial\gamma}{\partial(FT)}<0$

$$\begin{aligned} \frac{\partial(L/D)}{\partial(FT)}&=\frac{\partial(L/D)}{\partial b}\times\frac{\partial b}{\partial(FT)} \\ &=-\frac{\lambda\gamma[\lambda(1-\alpha)E_0+\gamma L_0+2\lambda(1-m)D]}{D(2\lambda+2\gamma+\lambda\gamma b)^2}\times\frac{\partial b}{\partial(FT)}>0 \end{aligned} \tag{3-14}$$

由(3-14)式可知：商业银行运用金融科技提高经营管理效率，降低管理成本,并不断扩大业务规模,满足客户的金融需求,提高市场占有率,最终改善盈利状况。

第二,商业银行的风险可用风险资产与资本比(L/E)来衡量,表示一单位资本金所能支持的风险资产的大小,即为资金杠杆水平,也是资本充足率的倒数,因为资本充足率越高,商业银行自有资本越多,表明商业银行面临的风险越小。从而风险资产资本比(L/E)越高,商业银行面临风险损失可能性越大,商业银行投资回报降低。若用 ROI 表示商业银行投资回报,则有 $ROI = \dfrac{r_L \times L - r_D \times D}{E}$。

结合(3-9)式中的约束条件可得:

$$ROI = \frac{L_0(L/E) - (L/E)^2 E}{\lambda} - \frac{[(D - D_0)/\mu] \times D}{E} \qquad (3-15)$$

将(3-15)式中 ROI 对(L/E)求偏导数得: $\dfrac{\partial ROI}{\partial (L/E)} < 0$。

又因为

$$\frac{\partial (L/E)}{\partial (FT)} = \frac{\partial (L/E)}{\partial b} \times \frac{\partial b}{\partial (FT)}$$
$$= -\frac{\lambda \gamma [\lambda(1-\alpha)E_0 + \gamma L_0 + 2\lambda(1-m)D]}{E(2\lambda + 2\gamma + \lambda \gamma b)^2} \times \frac{\partial b}{\partial (FT)} > 0 \qquad (3-16)$$

则有

$$\frac{\partial ROI}{\partial (FT)} = \frac{\partial ROI}{\partial (L/E)} \times \frac{\partial (L/E)}{\partial (FT)} < 0 \qquad (3-17)$$

式(3-17)表明,随着金融科技的发展、金融创新的深化,商业银行杠杆率不断提高,使商业银行逐渐脱离监管(Dam,2009),过高的资金杠杆助推商业银行风险累积,最终带来盈利能力的下降。

此外,结合金融科技的发展现实历程判断,在早期阶段,金融科技通过网上银行、智能银行、网络借贷、智能投顾等新兴技术与业务模式改善和优化其产品,满足个性化市场需求,增强商业银行的服务能力,带来新的盈利增长点,提高资源配置效率,并降低管理成本,从而对商业银行绩效的正面作用大于负面影响。

但高收益伴随着高风险,随着金融创新的深化发展,在后期阶段,金融科技带来的边际收益会趋于下降。且随着相关技术的广泛应用,会逐渐提高商业银行资金杠杆率,强化银行的冒险行为,当金融风险不断累积超过临界值后,将抬高商业银行资金成本,增加风险管理成本,最终导致银行盈利下降。故金融科技对于商业银行绩效具有先升后降的非线性作用,后文的实证模型中将引入金融科技的平方项(FT^2)进行分析。

基于此,提出本课题的**命题7**:金融科技与商业银行盈利能力之间存在先升后降(倒"U"形)的非线性关系。即在早期阶段,金融科技的发展通过提升商业银行运营效率,降低运营管理成本,优化服务,扩大业务规模促进商业银行盈利能力。但在后期,边际收益趋于下降,又通过增加商业银行资金杠杆率强化冒险行为,助力风险累积,抬高风险管理成本,导致银行盈利能力趋于下降。

第三,金融科技对不同规模银行盈利能力影响的异质性。

由上述分析过程可知,式(3-14)与式(3-17)中都包含了银行规模变量 L_0,为探究金融科技对不同类型商业银行盈利能力的影响是否具有异质性,将式(3-14)与式(3-17)分别对 L_0 求偏导得:

$$\left[\frac{\partial(L/D)}{\partial(FT)}\right]\Big/\partial L_0 = \left[\frac{\partial(L/D)}{\partial b}\times\frac{\partial b}{\partial(FT)}\right]\Big/\partial L_0$$

$$= \left[-\frac{\lambda\gamma^2}{D\,(2\lambda+2\gamma+\lambda\gamma b)^2}\right]\times\frac{\partial b}{\partial(FT)} > 0$$

$$(3\text{-}18)$$

$$\left[\frac{\partial ROI}{\partial(FT)}\right]\Big/\partial L_0 = \left[\frac{\partial ROI}{\partial(L/E)}\times\frac{\partial(L/E)}{\partial(FT)}\right]\Big/\partial L_0$$

$$= -\left[\frac{\partial ROI}{\partial(L/E)}\times\frac{\lambda\gamma^2}{D\,(2\lambda+2\gamma+\lambda\gamma b)^2}\right. \qquad (3\text{-}19)$$

$$\left.\times\frac{\partial b}{\partial(FT)}+\frac{\partial(L/E)}{\lambda\,\partial(FT)}\right] < 0$$

式(3-18)和式(3-19)说明,银行资产规模越大,其盈利水平对金融科技的敏感度越强,即金融科技发展对大型银行盈利的影响要大于小型银行。现有研究也表明:与以城商行、农商行为主的地方性小型银行相比,大中型银行资金雄厚,股权治理结构完善,经营模式更加灵活,能够为客户提供多元化、差异化的金融产品与服务,更容易且更迫切运用金融科技开展多元化的资产配置改善经营绩效(林永佳等,2018)。大型银行资产规模、技术力量和人才资源较小型银行更具优势,有更强大的数据挖掘与分析能力、风险控制能力和先进管理经验(李久林,2019)。如中国建设银行率先建立中国第一家无人银行营业部,资金实力雄厚的中国工商银行、招商银行、平安集团等系统重要性银行机构也较早成立金融科技子公司,在金融科技领域布局上走在行业前列。同时,大中型商业银行客户质量更优、范围更广,拥有更加完善的营销网络,便于在已有渠道网络上搭建线上化、数字化营销与管理体系,分摊固定成本费用,实现规模经济效益,总体上在增强获客能力,提高产品与服务质量,在树立市场品牌形象方面优于小型银行。

基于此,提出本研究的**命题 8**:金融科技对不同类型商业银行盈利能力的影响具有异质性,相比区域性的小型银行,金融科技发展对大中型商业银行盈利能力的积极影响更为明显。

第四节　金融科技对商业银行全要素生产率增长影响的理论分析

一、作用机理

技术进步是全要素生产率增长的重要来源(Hideyuki, 2015),金融科技的发展极大推动了技术进步。但目前金融科技如何作用于商业银行全要素生产率增长,以及商业银行全要素生产率增长受到哪些因素的影响仍处于模糊的经验判断层面。近几年,金融科技的广泛运用的确给我国银行金融生态带来了深刻的变革性影响。新兴技术的示范引发了商业银行的争相效仿和学习,在与商业银行形成竞争格局的同时(Lee and Shin,2018;王娜和王在全,2017),也促进了金融科技与商业银行的融合创新发展(吴朝平,2018),改造了银行传统的服务和产品模式,开辟了触达、营销和服务客户的新途径(刘晶和温彬,2018),增强了长尾效应(郭为民,2017)。由此可见,金融科技助力商业银行全要素生产率提升主要通过以下几种路径。

第一是技术溢出效应。根据技术溢出理论,一项新技术的出现,会促使竞争企业争相复制和学习,进而完成技术的内部转化,最终给社会带来外部经济。类似地,金融科技的崛起同样会带来技术溢出效应,主要在于,金融科技公司的技术思维超前,商业银行能够通过搜集新技术的基础知识或者与自身研发相近的技术,对其产品和服务进行复制和效仿,变革原有经营理念、服务方式与运营模式,进而实现技术改良,适应金融科技发展趋势,全面提升整个银行业的效率。

第二是竞争效应。当前,我国金融科技业态发展的重点主要体现在 P2P 网贷、移动支付、互联网理财、大数据征信、智能投顾和区块链等领域,其最大的优势是凭借细分的市场定位,提高了金融服务质量和效率(刘晶和温彬,2018)。但这从银行业务、金融客户、银行信用职能和金融竞争格局等方面给传统商业银行带来了竞争压力(王娜和王在全,2017)。例如,移动支付发展迅猛,挤压了商业银行支付结算业务空间(张德茂和蒋亮,2018)。王娜和王在全(2017)指出金融科技对商业银行的资产业务、负债业务、中间业务三大业务都造成了影响,导致银行贷款业务受挫、存款业务规模下降、中间业务受到挤压。金融科技还改变了传统商业银行的资产端和负债端结构,资产负债两端都遭受了挤压,银行传统的盈利模式受到较大的冲击(邱晗等,2018)。由此可见,金融科技给传统商业银行带来了严峻的竞争威胁,那么这将迫使商业银行改变其投入产出组合,注重技术升级,进而提升要素投入产出比率。

第三是融合效应。在金融科技的猛烈冲击下,金融科技战略成为商业银行创新发展的必然选择(陆岷峰和虞鹏飞,2017),传统商业银行纷纷加大金融科技的投入力度,不断引进高端人才、技术、设备,从业务流程、客户服务、营销能力等方面入手,积极与金融科技相融合,提升对外输出能力和经营效果(修永春和庞歌桐,2019)。金融科技公司与商业银行的战略合作迅速铺开,跨界创新成为行业普遍现象,线上线下不断相互渗透(吴朝平,2018),金融科技在支付结算、智能投顾、客户身份认证、借贷平台等方面发挥着重大影响(曹宇青,2017),推动了不同资金实力和资产规模商业银行的差异化发展和战略转型(谢治春等,2018),有助于解决金融服务长尾化、碎片化与信息不对称(杨敏,2018),降低银行运营成本、提升风险管理能力和资源配置效率(朱太辉和陈璐,2016)。未来合作和赋能所带来的价值将大于竞争,这是金融科技创新者达成的新共识。银行业要抓住金融科技带来的新机遇,联动线上线下资源,充分应用新兴技术,提升银行业资源配置效率(巴曙松等,2018)。由此可见,传统商业银行与金融科技的融合效应有助于商业银行全要素生产率的提升。

第四是长尾效应。郭为民(2017)指出,金融科技可通过推动银行传统业务互联网化,实现批量获客、实施精准营销,快速占领长尾蓝海、扩大收入来源。由于传统物理网点的限制,传统商业银行服务模式更偏向于"二八定律",主要资源集中于 20% 的高端客户。但是,金融科技似乎颠覆了"二八定律"的限制,现有金融科技中的网络支付、借贷、投资理财等主要应用场景业态,其主要服务客户群体为低收入的长尾人群(宁小军,2017)。

以蚂蚁金服旗下的明星金融产品为例,无论是支付宝、余额宝还是蚂蚁花呗、借呗、芝麻信用都是围绕80%的长尾客户提供金融服务。据相关数据显示,截至2016年10月底,开通蚂蚁花呗用户超1亿人次,其中4 500万为90后。2017年9月,余额宝用户总量为3.68亿,其中来自农村地区的低收入者达上亿人。而根据长尾理论,位于正态曲线两端的尾部非流行市场,其总市场规模能够超越正态曲线头部的流行市场。金融科技助力商业银行充分开采了长尾市场这一价值洼地,改善了对具备创新能力却无法获得融资的企业甄别能力,进一步强化了金融资源对富含技术创新项目的有效配置,促进了商业银行全要素生产率增长(唐松等,2019)。

二、研究命题

基于以上金融科技对商业银行全要素生产率作用机理的分析,提出如下有待检验的命题:

命题9: 金融科技通过技术溢出、竞争、融合与长尾效应促进商业银行的发展,从而有助于其全要素生产率增长。

命题10: 商业银行全要素生产率增长的源泉主要是来源于金融高科技带来的技术进步。

其次,从中国银行业现实格局来看,全国性大型商业银行与地方性小型商业银行在规模、市场、资源等方面实力相差悬殊,在面临金融科技的冲击时表现可能存在差异。在剖析金融科技与商业银行全要素生产率增长的作用机制时,将银行异质性纳入考量范畴是有必要的。就大型商业银行而言,第一,大型商业银行虽存在着管理层级繁杂、员工结构复杂、信息传递滞后等弊端(Mulherin and Boone,2000),但能凭借其资源、资产、平台、投入等优势迅速占领科技人才高地,进而更高效地学习、研发新技术,迅速将金融科技重点技术内化,提高经营效率。

第二,随着金融科技的蓬勃发展,余额宝、财付通等"类银行"产品的出现很大程度上弱化了银行的信用中介职能,给商业银行支付结算业务带来显著冲击。而大型银行的支付结算业务和利润比重在银行业中位列前茅,迫使其更加注重技术升级,限制传统业务的下滑并寻求传统业务的转型发展,稳固市场竞争优势。

第三,大型商业银行凭借庞大的资产规模与政府隐性支持,更有实力自行研发新技术,也更加容易与国内技术领先的科技公司达成战略合作共识,形成强强联合局面,加快推动银行与金融科技的深度融合创新发展。截至2020年8月末,中国建设银行、中国工商银行、中国银行、中国农业银行、交通银行等5家大型商业银行都先后设立了银行系金融科技子公司。同时,五大国有银行分别与BATJS(阿里、京东、百度、腾讯、苏宁)相继结盟。相较之下,区域性的小型银行研发能力薄弱,合作方也只能局限于实力较弱的小型科技公司,这将进一步拉大大型和小型商业银行的科技实力差距。

第四,大型商业银行的传统服务对象主要是大型国有企业,客户源相对集中于高端客户,但金融科技的典型特征在于能够实现批量获客、快速占领长尾蓝海,金融科技的出现为大型银行拓展客户源提供了契机,使其能够为以往被忽略的正态曲线两端的尾部非流行市场(即低收入的长尾客户群体)提供金融服务,进而提升银行服务效率,扩大收入来源。

相比于全国性大型商业银行,地方性小型商业银行管理层级简单、经营机制灵活、信息传递及时,能够避免"尾大不掉"现象(陆岷峰,2017),理论上,能够迅速响应金融科技的冲击(Saxenian and Hsu,2001)。但在金融科技发展过程中存在固有劣势,目前,小型银行大多尚处于金融科技布局初期(何飞,2019)。具体表现在:第一,小型银行严重缺乏"科技+金融"类高端复合型人才,掌握核心技术过程缓慢,技术更新速度相对落后于大型商业银行。第二,小型银行起步较晚,业务渠道受限,线上产品同质化程度高(李卓,2019),此外,品牌影响力较弱和社会信用声誉较低也是小型商业银行的一大弱势,这导致其社会认可度较低,线上业务推广严重受阻(吴方超,2017)。第三,在小型商业银行寻求与金融科技的融合发展时,也受到了一定的限制。首先,发展金融科技需要原始海量数据支持,然而小型商业银行客户基数较小,业务体系单薄,数据收集与数据沉淀能力相对欠缺;其次,小型商业银行技术研发投入意识不强,缺乏充足的科研投入;再次,基于成本-效益考虑,小型商业银行只能与相对落后的科技公司达成合作,与领先的科技公司黏合度不足(陆岷峰,2017)。第四,中小商业银行地域性极强,在长尾客户量、客户集中度上具有优势,因而金融科技的长尾效应反倒在小型银行方面体现不明显。总之,科技与金融的深度融合大大降低了金融业壁垒,加速了金融脱媒,以个人、中小企业为主要定位的小型银行将遭受更大的冲击(张吉光,2018)。

基于此,提出本研究的**命题11**:金融科技对商业银行全要素生产率增长的影响程度因银行类型异质性而有所不同,金融科技对全国性大型商业银行全要素生产率的促进作用要强于地区性小型银行。

再次,从银行所处经济区位来看。虽然中国金融科技整体发展水平位居世界前列,但从内部来看,不同经济区位之间金融科技发展程度却存在着较大的差异,其中东部地区金融科技发展水平最高,中部次之,西部最低(张勋等,2019)。东部地区在技术条件、人才储备、客户基础、金融科技产业链等方面相对领先,中、西部地区在金融科技发展深度方面与东部地区差距明显(郭峰等,2020)。根据胡润研究院发布的《2020 胡润中国 10 强金融科技企业》,国内排名前十的金融科技企业全部位于东部地区。面对金融科技的冲击,位于东部地区的商业银行更容易进行相关产品、技术与业务模式的革新,拓宽金融服务范围,从而促进技术进步与金融服务效率的提升。

基于此,提出本研究的**命题 12**:金融科技对不同经济区位商业银行全要素生产率增长的影响存在差异,相对而言,金融科技对东部地区商业银行全要素生产率的促进作用更为明显。

第五节　本 章 小 结

本章从风险承担、系统性风险、盈利能力、经济效率以及全要素生产率增长等多个层面,就金融科技对商业银行影响的理论机制与作用机理进行了分析,并在此基础上提出本研究的主要研究命题,从而为后续实证研究奠定良好的理论框架基础。

关于金融科技发展与银行风险承担的理论分析表明,金融科技的广泛应用在提高效率,降低交易成本,给金融体系带来深度变革的同时也带来了新的风险,尤其是增加了银行的研发、业务创新及资金成本等管理成本,进而提高银行风险承担。此外,由于存贷款业务、中间业务市场竞争的加剧,银行在市场竞争和利润驱动下,银行也会主动提升业务多元化程度,从而抬高风险。

金融机构的风险承担以及机构间的风险传染与放大机制是系统性风险的三种主要来源机制。从影响机制来看,金融科技增强了商业银行的风险承担,并在风险传染与放大机制的作用下,进一步加剧了银行业系统性风险。首先,金融科技加大了银行机构面临的信用风险、流动性风险、操作风险、法律合规风险等个体特质风险,使得机构可能承担更高的风险水平。其次,金融科技的技术风险提高了机构同时遭受冲击的可能性,风险传染效应增大。最后,放大机制的增强也可能进一步加剧系统性风险。

通过引入银行存贷款收益模型进行数理推导,关于金融科技对商业银行盈利能力的影响机理分析表明,金融科技与商业银行盈利能力之间存在先升后降(倒"U"形)的非线性关系。即在早期阶段,金融科技的发展通过提升商业银行运营效率,降低运营管理成本,优化服务,扩大业务规模促进商业银行盈利,但在后期,边际收益趋于下降,又通过增加商业银行资金杠杆率强化冒险行为,助力风险累积,抬高风险管理成本,最终导致银行盈利能力趋于下降。从全要素生产率增长角度看,金融科技通过技术溢出、竞争、融合与长尾效应促进商业银行的发展,由此带来的技术进步有助于商业银行全要素生产率增长。

从银行性质、规模、类型差异角度看,系统重要性银行在整个金融体系中占主导地位,其受到的资本监管与信息披露要求更为严格,同时系统重要性银行经营策略保守,决策行为更加审慎。此外,系统重要性银行资金雄厚,人才储备与技术优势明显,其对金融科技相关重点技术的研发能力强,起步早,投入规模大,应用与发展也更为成熟,易于通过自主研发或外延并购、跨界合作等方式,充分利用金融科技带来的有利方面,同时也有助于其防范金融科技的潜在风险。因而,金融科技对具有系统重要性的大型商业银行的风险承担与系统性风险的促进作用相对较小。

相比于全国性大型商业银行,区域性小型银行的管理层级简单、经营机制灵活、信息传递及时,但在金融科技人才基础、技术储备、研发能力,以及客户基数、应用渠道等方面存在固有劣势。目前,小型银行大多尚处于金融科技布局初期,因而小型银行在盈利能力、经济效率、风险承担等方面将遭受金融科技更大的负面冲击。

以上有关金融科技对银行业潜在影响多维度的理论分析,从不同侧面针对金融科技与商业银行风险承担、系统性风险以及综合绩效之间的关联机制进行了丰富而深入的解读,加深了对金融科技给商业银行带来的机遇与挑战的细致理解,同时也为本研究后续的实证研究提供了坚实的理论框架基础。

第四章 金融科技指数、商业银行风险承担与系统性风险的测算

第一节 金融科技指数的测算

一、金融科技指数的测算方法

金融稳定委员会(FSB)发布的报告《FinTech:分析框架和景象描述》指出,金融科技是指技术带来的金融创新,它能创造新的模式、业务、流程与产品,从而对金融市场提供的服务和模式造成重大影响,既包括前端产业也包含后台技术(Carney,2017)。本研究从金融功能观理论出发,采用文本挖掘技术,以及主成分和因子分析对金融科技发展指数(*Fintech*)进行测度。该方法的优势在于:一是能够较全面地覆盖金融科技的各种模式,二是能够保证各业态数据性质的统一与稳定。具体步骤如下。

第一步,文本信息的预处理。金融稳定委员会(FSB)和巴塞尔委员会(BCBS)将金融科技活动分为支付结算、存贷款与资本筹集、投资管理、市场设施等[①]。据此,本研究将金融科技的四个功能层面进一步分解为20个词汇,建立金融科技的原始词库,具体如表4-1所示。

第二步,文本挖掘。借助百度搜索引擎,获得2008—2018年以上原始词库中各关键词的词频。由于资讯发布数量很大程度上表示民众对相关信息的关注度,因此上述表格中关键词涉及的资讯数量越多,金融科技发展状况越好。通过高级搜索统计出2009—2019年原始词库中每个关键词的年度资讯数目以及当年发布的资讯总数,将两者之比作为每个关键词的词频,作为量化金融科技指数的数据基础。

---

① 资料来源:金融稳定委员会(FSB),https://kns.cnki.net/kns/brief/result.aspx?dbprefix=CJFQ。

表 4-1　原始词库描述

金融功能	支付结算	投资管理	存贷款与资本筹集	市场设施
功能细分	1. 移动钱包	6. 智能投顾	10. 借贷型众筹	16. 客户身份数字认证
	2. 数字货币	7. 财富管理	11. 线上贷款平台	17. 多维数据归集处理
	3. 点对点汇款	8. 线上证券交易	12. 电子商务贷款	18. 分布式记账
	4. 跨境支付	9. 线上货币交易	13. 信用评分	19. 大数据
	5. 虚拟价值交换网络		14. 贷款清收	20. 云计算
			15. 投资型众筹	

资料来源：本研究整理

第三步,主成分分析与因子分析,将以上标号的 20 个关键词定义为 S_1、S_2、S_3、S_4、S_5、S_6、S_7、S_8、S_9、S_{10}、S_{11}、S_{12}、S_{13}、S_{14}、S_{15}、S_{16}、S_{17}、S_{18}、S_{19}、S_{20},本研究借助 SPSS 统计软件,对这 20 个关键词变量进行 KMO 检验,KMO 的值接近于 1,说明这 20 个变量之间存在公共因子;再进行因子分析,得到变量的相关系数矩阵有两大特征根:17.258、1.746,前两个成分的方差贡献的累积达到 95.02%(>85%),所以主成分 1、2 可以反映金融科技的大部分信息。

第四步,合成金融科技指数。

二、金融科技指数的测算结果

基于以上步骤,首先通过 SPSS17.0 软件计算出两个公因子的载荷矩阵,然后用 Varimax 法进行因子旋转,以因子得分为权重将公因子线性表示原始变量如下:

$$F_1 = 0.879 \times S_1 + 0.424 \times S_2 + 0.486 \times S_3 + 0.757 \times S_4 + 0.941 \times S_5 +$$
$$0.334 \times S_6 + 0.969 \times S_7$$
$$+ 0.770 \times S_8 + 0.604 \times S_9 + 0.670 \times S_{10} + 0.875 \times S_{11} +$$
$$0.853 \times S_{12} + 0.764 \times S_{13} + 0.841 \times S_{14}$$
$$+ 0.744 \times S_{15} + 0.894 \times S_{16} + 0.123 \times S_{17} + 0.638 \times S_{18} +$$
$$0.869 \times S_{19} + 0.503 \times S_{20} \tag{4-1}$$

$$F_2 = 0.357 \times S_1 + 0.902 \times S_2 + 0.848 \times S_3 + 0.650 \times S_4 + 0.254 \times S_5 +$$
$$0.934 \times S_6 + 0.205 \times S_7$$
$$+ 0.635 \times S_8 + 0.786 \times S_9 + 0.675 \times S_{10} + 0.428 \times S_{11} +$$
$$0.445 \times S_{12} + 0.577 \times S_{13} + 0.536 \times S_{14}$$

$$+0.659 \times S_{15} + 0.436 \times S_{16} + 0.892 \times S_{17} + 0.730 \times S_{18} +$$
$$0.462 \times S_{19} + 0.790 \times S_{20} \qquad (4\text{-}2)$$

最后,以主成分因子的特征值占特征值总和的比重为公因子的权重合成金融科技指数($Fintech$1),该指数越大,则意味着金融科技发展程度越高。由图 4-1 变化趋势可以看出,中国的金融科技大致呈不断增长趋势,2011 年之前,金融科技这一词极少,但一些互联网技术已经应用到金融业务场景,2011 年之后互联网金融兴起,金融与科技的结合愈加紧密,金融指数不断增长。

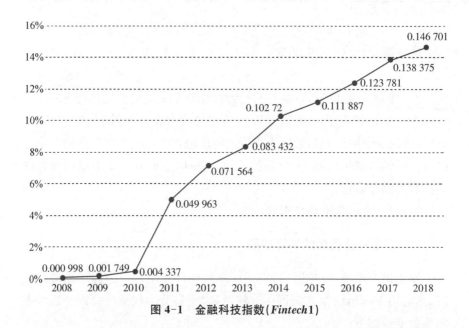

图 4-1　金融科技指数($Fintech$1)

另外,由于金融科技的发展时间尚短,有关的量化测度方法尚存争议,为了便于对比,同时保证研究结论的稳健可靠,本研究选取北京大学数字金融研究中心发布的数字普惠金融总指数作为金融科技发展程度的代理变量。该指数体系最早反映到 2011 年,是以蚂蚁金服底层海量用户交易数据为基础进行编制,从数字普惠金融的覆盖广度、使用深度和数字支持程度 3 个维度,采用账户覆盖率、支付业务、货币基金业务、信贷业务、信用化等 12 个方面的 33 个具体指标构建指数测度体系,较为贴切地刻画了中国金融科技发展水平。图 4-2 显示了 2011—2019 年数字普惠金融总指数(省平均)的演变情况。显然,由于测度方法的不同导致数据大小存在差异,且北大数字普惠金融总指数于2011年才发布,在此之前无数据,除此之外,两种方法下的金融科技指数走势是大致接近的。

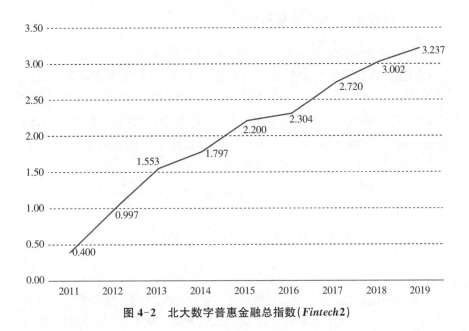

图4-2　北大数字普惠金融总指数(*Fintech*2)

第二节　商业银行风险承担指数的测算

对于商业银行风险承担指数的测算,常用的有:破产风险法,即Z评分指数(Laeven and Levine,2009;张健华和王鹏,2012;Shim,2019);资本充足法,主要指标有不良贷款率(王兵和朱宁,2011;Chan-Lau,2010)、资本充足率(顾海峰和张亚楠,2018;顾海峰和杨立翔,2018)、贷款损失准备率(姚树洁等,2011;汪可,2018)、加权风险资产比例(喻微锋和周黛,2018)、权益对负债比率、Z值(汪可等,2017)、预期违约概率(牛晓健和裘翔,2013)、股市波动率和股价波动率(谌新民和刘善敏,2003)等;模型法,其中最典型的是威廉·夏普建立的指数市场模型,该方法的特点是同时考虑了银行多方面情况,从多个维度综合测度银行风险。

由于Z-score指数仅代表破产风险而非风险承担,加之中国政府对商业银行存在隐性担保,银行破产风险较低,因此,本研究结合国内外学者的常见做法,主要采用资本充足率法和指数市场模型对银行风险承担水平进行衡量。其中资本充足率法可以从银行年报直接获取有关指标,指数市场模型需要基于上市银行的日收益率、国债市场日收益率等有关数据进行估计得到。

一、双指数市场模型计量原理

早在 20 世纪 50 年代,随着金融市场的发展,如何衡量和管理金融风险的问题就成为学者和业界关注的重点。1952 年,美国学者哈里·马克威茨(Harry Markowitz)提出了均值-方差模型,这一方法得到了广泛应用,但是这方法也存在各种缺点,如计算过程复杂,计算成本较高。为此,威廉·夏普(William F. Sharpe)在 1963 年提出了单指数模型,在很大程度上简化了计算过程,节约了计算成本。

学术界对单指数模型的应用研究已经非常丰富,但双指数模型的延伸应用在国内相对较少。基于此,本研究参考陈等(Chen et al., 2006),建立双指数市场模型测度银行风险承担指标,模型具体形式如下:

$$R_{j,t} = \alpha + \beta_{mj} R_{m,t} + \beta_{Ij} I_t + \mu_{jt} \tag{4-3}$$

其中,$R_{j,t}$ 为 j 银行在 t 时期的日收益率,$R_{m,t}$ 为市场的相应日收益率,I 是 3 月期国债日收益率,μ_{jt} 为随机误差项。这个方程的回归系数有两个风险度量指标 β_{mj} 和 β_{Ij},分别代表银行的系统风险($SYSrisk$)和利率风险($Irisk$)。通过计算标准差产生了两个额外的风险度量指标总风险($Trisk$)和个体特质风险($Urisk$),分别为银行股票收益率 $R_{j,t}$ 和残差 μ_{jt} 的标准差。这 4 个风险指标的方向具有一致性,其值越大,意味着银行的风险承担水平越高。

需要注意的是,这里的系统风险(Systematic Risk)与本研究所考虑的系统性风险(Systemic Risk)的含义有本质不同。系统风险是指由共同因素引起的,对市场中所有参与者都有影响,并且无法通过资产多样化组合加以分散的风险,因此也称市场风险。而系统性风险是金融风险,主要是指不利的经济冲击导致金融系统大规模遭受损失的可能性。个体特质风险是指个别机构因资金短缺、经营不善、声誉受损等自身因素而造成的风险。

二、数据说明与描述性统计

对于双指数市场模型的计算,本研究共收集了截至 2018 年 12 月 28 日中国 A 股沪深两市所有 28 家上市银行的相关数据。采用双指数市场模型,需要有三个变量的原始数据,一个是各银行的收益率数据,我们采用各上市银行股价的涨跌幅（日数据）；另一个是银行系统收益率数据，我们采用银行指数 882115.WI 的涨跌幅（日数据）；还有一个是利率指数数据，我们采用中债国债 3 月期国债收益率（日数据）。以上数据的选取范围均为 2008 年 1 月 2 日至 2018 年 12 月 28 日。

各变量的描述性统计见表 4-2。对于 2008 年之前上市的银行，其时间跨度为 2008 年 1 月 2 日—2018 年 12 月 28 日，对于 2008 年以后上市的，其时间跨度为上市日至 2018 年 12 月 28 日，最大观测数为 2 677 天，数据量较少的是郑州银行和长沙银行，分别只有 310 个和 306 个观测数。所有数据均来自 wind 数据库。

表 4-2　双指数市场模型相关变量的描述性统计

银行	均值	最大值	最小值	标准差	P 值	偏度	峰度	观测数
3 月期国债	2.58	5.11	0.80	0.80	0.00	−0.31	2.83	2 677
银行指数	0.02	10.02	−9.97	1.84	0.00	0.13	8.44	2 677
平安银行	0.03	10.04	−10.02	2.45	0.00	0.27	6.60	2 677
浦发银行	0.03	10.04	−10.03	2.29	0.00	0.25	7.55	2 677
民生银行	0.03	10.10	−10.00	2.09	0.00	0.31	7.78	2 677
招商银行	0.03	10.03	−10.01	2.20	0.00	0.23	6.99	2 677
华夏银行	0.03	10.07	−10.05	2.32	0.00	0.09	6.87	2 677
中国银行	0.01	10.16	−10.04	1.64	0.00	0.57	11.79	2 677
工商银行	0.02	10.05	−10.00	1.62	0.00	0.09	10.57	2 677
兴业银行	0.03	10.05	−10.02	2.35	0.00	0.18	6.91	2 677
中信银行	0.02	10.09	−10.03	2.27	0.00	0.36	7.29	2 677
交通银行	0.00	10.10	−10.06	2.00	0.00	0.17	9.41	2 677
宁波银行	0.04	10.07	−10.02	2.40	0.00	0.13	6.22	2 677
南京银行	0.04	10.07	−10.01	2.25	0.00	0.16	7.10	2 677
北京银行	0.02	10.05	−10.01	2.14	0.00	0.24	7.66	2 677
建设银行	0.02	10.04	−10.09	1.81	0.00	0.23	9.27	2 677
农业银行	0.04	10.12	−9.90	1.37	0.00	0.39	14.01	2 302
光大银行	0.04	10.14	−9.92	1.78	0.00	0.72	10.39	2 278
江苏银行	0.00	9.98	−5.83	1.48	0.00	1.69	14.17	832
贵阳银行	0.04	10.04	−7.33	1.81	0.00	1.32	11.07	822

（续表）

银行	均值	最大值	最小值	标准差	P 值	偏度	峰度	观测数
江阴银行	0.02	10.07	−10.01	2.82	0.00	0.72	7.66	809
无锡银行	0.03	10.04	−10.00	2.70	0.00	0.82	7.77	796
常熟银行	0.09	10.06	−9.97	2.57	0.00	0.91	7.18	791
杭州银行	0.00	10.01	−7.62	1.67	0.00	1.41	12.52	777
上海银行	0.00	10.00	−9.99	1.42	0.00	0.16	11.72	763
苏农银行	0.00	10.04	−10.01	2.65	0.00	0.73	7.54	754
张家港行	0.05	10.05	−10.02	3.21	0.00	0.58	6.27	715
成都银行	0.02	10.06	−9.65	2.36	0.00	0.60	9.47	465
郑州银行	−0.08	10.04	−9.96	2.28	0.00	0.84	10.26	310
长沙银行	−0.04	10.04	−9.67	2.21	0.00	0.38	9.00	306

资料来源：本研究整理

三、双指数市场模型计量结果

1. 双指数市场模型计量结果

参考朱琪等（2019）的做法，基于式（4-3）的双指数市场模型，利用每个观测年份的面板数据分别进行回归，计算获得 28 家样本银行的总风险（$Trisk$）、系统风险（$SYSrisk$）、利率风险（$Irisk$）与特质风险（$Urisk$）结果序列，每个序列共 201 个观测数。4 个风险计算的描述性统计如表 4-3 所示。总风险（$Trisk$）、个体特质风险（$Urisk$）、利率风险（$Irisk$）、系统（市场）风险（$SYSrisk$）的具体结果，分别报告于表 4-4、表 4-5、表 4-6 和表 4-7。

表 4-3　总风险、系统风险、利率风险与特质风险的描述性统计

变量	均值	最大值	最小值	标准差	P 值	偏度	峰度	观测数
$Trisk$	2.046	5.723	0.728	0.924	0.000	0.946	3.664	201
$SYSrisk$	1.010	1.756	−0.619	0.302	0.000	−0.972	7.363	201
$Irisk$	−0.078	2.300	−10.138	0.894	0.000	−7.588	83.246	201
$Urisk$	1.147	5.025	0.321	0.757	0.000	2.463	10.050	201

资料来源：本研究整理

表 4-4 双指数市场模型总风险（$Trisk$）

银行	类型	2008	2009	2010	2011	2012	2013	2014	2015	2016	2017	2018	平均
平安	2	4.148	2.971	2.072	1.658	1.454	3.106	2.074	2.840	1.212	1.634	2.130	2.300
浦发	2	4.480	2.852	1.928	1.513	1.358	2.482	1.854	2.652	1.270	1.096	1.371	2.078
民生	2	3.629	2.493	1.568	1.493	1.392	2.545	2.129	2.663	1.245	0.894	1.222	1.934
招商	2	4.008	2.694	1.825	1.466	1.393	2.106	1.670	2.668	1.237	1.603	1.921	2.054
华夏	2	4.371	2.711	2.214	1.915	1.560	2.101	2.065	2.860	1.394	0.995	1.345	2.139
中国	1	2.628	1.935	1.234	0.836	0.728	1.032	1.760	2.881	1.081	0.866	1.246	1.475
工商	1	2.832	1.755	1.520	1.026	0.826	1.004	1.499	2.450	0.872	1.047	1.617	1.495
兴业	2	4.247	2.924	2.347	1.813	1.453	2.628	1.978	2.918	1.008	0.869	1.324	2.137
中信	2	3.414	2.491	2.211	1.476	1.269	2.151	2.766	3.328	1.625	1.156	1.651	2.140
交通	1	3.452	2.486	1.733	1.098	1.094	1.609	1.989	3.145	1.229	0.847	1.150	1.803
宁波	3	3.533	2.712	2.264	1.619	1.543	1.735	2.045	3.332	1.682	1.304	1.666	2.130
南京	3	3.727	2.647	2.410	1.698	1.801	2.135	2.028	3.425	1.854	1.587	1.964	2.298
北京	3	3.727	2.608	2.174	1.482	1.420	1.988	1.913	3.057	1.242	0.914	1.122	1.968
建设	1	3.015	2.086	1.348	1.016	0.905	1.296	1.826	2.772	1.073	1.066	1.903	1.664
农业	1			1.294	0.996	0.807	1.359	1.684	2.444	0.866	0.900	1.516	1.318
光大	2			2.777	1.285	1.064	1.733	2.043	3.216	1.301	0.837	1.403	1.740
江苏	3									2.754	1.186	1.196	1.712
贵阳	3									3.124	1.457	1.627	2.069
江阴	4									4.027	3.608	2.343	3.326
无锡	4									4.344	3.312	2.174	3.277
常熟	4									4.374	2.691	2.100	3.055
杭州	3									3.239	1.720	1.431	2.130
上海	3									2.865	1.353	1.423	1.880
苏农	4									5.723	3.026	2.369	3.706
张家	4										4.201	3.066	3.634
成都	3											3.042	3.042
郑州	3											3.280	3.280
长沙	3											2.915	2.915
平均		3.658	2.526	1.932	1.399	1.254	1.938	1.958	2.916	2.110	1.607	1.840	2.300

注：表中第 2 列银行类型 1、2、3、4 分别代表大型国有商业银行、股份制银行、城市商业银行和农村
    商业银行
资料来源：本研究整理

表 4-5　双指数市场模型个体特质风险(*Urisk*)

银行	类型	2008	2009	2010	2011	2012	2013	2014	2015	2016	2017	2018	平均
平安	2	1.414	1.590	1.309	0.974	0.838	1.524	0.764	1.160	0.649	1.228	1.039	1.135
浦发	2	1.342	1.078	0.899	0.613	0.571	1.000	0.645	1.323	1.001	0.634	0.820	0.902
民生	2	1.185	1.107	0.685	0.872	0.703	1.057	0.913	1.158	0.685	0.541	0.568	0.861
招商	2	1.088	0.961	0.829	0.686	0.582	1.057	0.644	1.202	0.554	0.879	0.857	0.849
华夏	2	1.749	1.248	1.427	1.057	0.763	0.863	0.785	1.008	0.559	0.580	0.602	0.967
中国	1	1.255	0.994	0.657	0.412	0.431	0.600	0.932	1.465	0.490	0.574	0.556	0.761
工商	1	1.294	0.806	0.734	0.489	0.321	0.694	0.744	1.139	0.458	0.761	0.730	0.743
兴业	2	1.415	1.233	1.224	0.885	0.648	0.928	0.665	1.102	0.354	0.404	0.577	0.858
中信	2	1.374	1.559	1.098	0.870	0.619	1.158	1.887	2.002	0.960	0.752	0.981	1.205
交通	1	1.242	1.176	0.798	0.495	0.501	0.714	0.875	1.321	0.482	0.539	0.533	0.789
宁波	3	1.567	1.402	1.089	0.857	0.798	0.734	1.141	2.066	1.017	0.862	1.058	1.145
南京	3	1.789	1.470	1.324	0.955	1.091	0.968	0.944	1.925	1.167	1.152	1.171	1.269
北京	3	1.715	1.334	1.070	0.743	0.739	0.812	0.933	1.645	0.774	0.659	0.623	1.004
建设	1	1.137	0.989	0.784	0.589	0.517	0.892	0.988	0.989	0.593	0.711	0.819	0.819
农业	1			0.799	0.565	0.493	0.780	0.850	0.988	0.427	0.687	0.650	0.693
光大	2			1.983	0.663	0.512	0.769	1.041	1.326	0.550	0.480	0.664	0.888
江苏	3									2.464	1.046	0.731	1.414
贵阳	3									2.934	1.214	1.079	1.742
江阴	4									3.931	3.567	1.859	3.119
无锡	4									4.190	3.249	1.695	3.045
常熟	4									4.177	2.613	1.675	2.822
杭州	3									3.156	1.570	0.983	1.903
上海	3									2.836	1.170	0.938	1.648
苏农	4									5.025	2.945	1.805	3.258
张家	4										4.082	2.615	3.349
成都	3											2.532	2.532
郑州	3											2.048	2.048
长沙	3											1.765	1.765
平均		1.398	1.210	1.044	0.733	0.633	0.910	0.922	1.364	1.643	1.316	1.142	

注：同表 4-4

资料来源：本研究整理

表 4-6　双指数市场模型利率风险（*Irisk*）

银行	类型	2008	2009	2010	2011	2012	2013	2014	2015	2016	2017	2018
平安	2	−0.044	0.285	0.010	0.041	−0.125	−0.210	−0.123	0.372	0.082	0.171	−0.334
浦发	2	−0.111	−0.428	−0.072	−0.061	0.135	0.047	0.139	0.062	0.766	0.057	−0.185
民生	2	0.057	0.222	0.007	−0.065	0.015	−0.258	−0.008	−0.130	0.014	0.148	−0.052
招商	2	0.042	0.360	0.033	−0.137	0.059	0.105	−0.002	−0.178	−0.206	0.066	0.026
华夏	2	0.145	0.553	−0.062	−0.089	−0.042	0.126	−0.038	0.120	−0.167	0.017	0.004
中国	1	0.087	0.155	−0.010	0.001	−0.000	−0.021	−0.112	0.019	0.121	−0.134	0.070
工商	1	0.143	0.165	−0.022	0.007	−0.006	−0.031	−0.116	−0.003	0.079	−0.108	0.060
兴业	2	−0.184	−0.117	0.139	0.047	0.081	−0.066	−0.084	0.229	−0.154	0.000	−0.021
中信	2	0.129	0.918	0.137	0.126	−0.040	0.995	0.287	−0.231	−0.122	0.022	0.268
交通	1	−0.041	−0.144	0.057	−0.041	−0.046	−0.011	0.139	−0.266	0.270	−0.084	0.043
宁波	3	−0.150	0.839	0.220	0.030	−0.366	0.061	0.199	0.123	0.107	0.019	0.243
南京	3	0.050	0.176	0.001	0.066	−0.178	0.022	0.290	−0.022	0.056	−0.102	0.274
北京	3	−0.238	0.712	0.100	0.216	0.116	0.039	0.019	0.208	−0.042	0.026	−0.027
建设	1	0.074	0.184	0.054	0.111	0.042	−0.037	−0.144	−0.173	0.170	0.043	0.072
农业	1		0.152	−0.072	−0.053	0.051	−0.032	−0.019	0.103	−0.055	0.105	
光大	2			0.313	0.116	−0.143	−0.015	−0.058	0.025	0.172	−0.036	−0.014
江苏	3									−0.126	−0.167	0.021
贵阳	3									−0.938	−0.254	0.313
江阴	4									−2.762	−0.926	−0.024
无锡	4									−2.803	−0.735	0.093
常熟	4									−3.527	−0.586	−0.032
杭州	3									−1.596	−0.317	0.080
上海	3									−1.240	−0.242	0.127
苏农	4									−10.138	−0.659	0.030
张家	4										−2.121	−0.265
成都	3											0.871
郑州	3											2.262
长沙	3											2.300
平均		−0.003	0.277	0.066	0.019	−0.034	0.050	0.022	0.009	−0.912	−0.238	0.225

注：同表 4-4
资料来源：本研究整理

表 4-7 双指数市场模型系统(市场)风险($SYSrisk$)计算结果

银行	类型	2008	2009	2010	2011	2012	2013	2014	2015	2016	2017	2018
平安	2	1.109	1.148	1.139	1.319	1.332	1.476	1.121	1.021	1.005	1.287	1.403
浦发	2	1.215	1.199	1.210	1.359	1.371	1.246	1.015	0.909	0.766	1.069	0.829
民生	2	0.976	1.021	1.000	1.190	1.343	1.259	1.121	0.950	1.019	0.848	0.820
招商	2	1.098	1.151	1.153	1.271	1.413	1.000	0.898	0.943	1.076	1.601	1.304
华夏	2	1.140	1.102	1.201	1.569	1.523	1.052	1.113	1.058	1.246	0.967	0.912
中国	1	0.657	0.759	0.741	0.715	0.656	0.460	0.869	0.982	0.947	0.772	0.846
工商	1	0.717	0.713	0.944	0.886	0.850	0.396	0.757	0.858	0.729	0.857	1.094
兴业	2	1.137	1.208	1.419	1.555	1.451	1.346	1.085	1.067	0.920	0.920	0.904
中信	2	0.890	0.893	1.360	1.172	1.240	0.995	1.181	1.053	1.280	1.048	1.005
交通	1	0.916	0.997	1.091	0.963	1.089	0.790	1.043	1.130	1.114	0.781	0.773
宁波	3	0.928	1.011	1.425	1.380	1.611	1.045	1.049	1.120	1.414	1.304	1.196
南京	3	0.901	1.060	1.408	1.350	1.482	0.862	0.992	1.035	1.314	1.169	0.975
北京	3	0.938	1.028	1.341	1.259	1.350	0.996	0.974	1.018	0.950	0.756	0.708
建设	1	0.795	0.839	0.777	0.814	0.829	0.514	0.893	1.025	0.881	0.949	1.304
农业	1		0.757	0.805	0.716	0.611	0.847	0.885	0.741	0.694	1.039	
光大	2			1.397	1.082	1.048	0.851	1.024	1.160	1.159	0.819	0.937
江苏	3									1.635	0.664	0.718
贵阳	3									1.494	0.954	0.921
江阴	4									−0.042	0.461	1.082
无锡	4									0.609	0.681	1.033
常熟	4									0.279	0.710	0.960
杭州	3									0.389	0.827	0.789
上海	3									−0.015	0.802	0.812
苏农	4									−0.619	0.765	1.164
张家	4										0.624	1.208
成都	3											1.284
郑州	3											1.756
长沙	3											1.647
平均		0.958	1.009	1.148	1.168	1.207	0.931	0.999	1.014	0.845	0.893	1.051

注:同表 4-4
资料来源:本研究整理

由表 4-4 可知,各样本银行的总风险平均值位于[1.318,3.706]这一区间,说明研究期间内各商业银行的总体风险承担水平差异不是很大。其中,总体风险小的是中国农业银行和中国银行,其在 2008—2018 年间的平均总风险分别为 1.318 和 1.475;总体风险最大的是两家农村商业银行即苏农银行和张家港行,其在 2018 年的总风险分别为 3.634 和 3.706。

容易发现,相对而言,大型国有商业银行的总体风险较低,排名前 5 位(由低到高)的银行中有 4 家为大型国有商业银行,排名第 1、第 2、第 3、第 4 位的分别是中国农业银行、中国银行、中国工商银行、中国建设银行。其次是股份制银行,除平安银行排名为第 20 位以外,其余的光大银行、民生银行、招商银行、浦发银行、兴业银行、华夏银行和中信银行等 7 家股份制银行排名均属靠前,排名分列第 6、第 9、第 11、第 13、第 16、第 17、第 18 位。总体承担倾向最大的是城市商业银行和农村商业银行。排名最后的 8 位全部是城商行和农商行,其中农商行有 5 家,城商行有 3 家。大型国有银行以外的其他类型银行中,总体风险最低的是江苏银行,其在 2016—2018 年间的总风险平均值为 1.721,在全部 29 家银行中处于第 5 位。

个体特质风险的情况也与此类似,表 4-5 显示,特质风险最低的是大型国有银行,中国农业银行、中国工商银行、中国银行、交通银行和中国建设银行分列第 1、第 2、第 3、第 4、第 5 位。其次是股份制银行,其中的招商银行、兴业银行、民生银行、光大银行、浦发银行、华夏银行等 6 家股份制银行的特质风险排名仅次于大型国有银行,分列第 6、第 7、第 8、第 9、第 10、第 11 位,其余的 3 家股份制银行排名也较为靠前。而城商行和农商行的个体特质风险仍然是最低的。

2. 总风险与特质风险变化趋势

为了更直观地显示中国银行业风险承担水平的动态演变过程,我们绘制了 2008—2018 年间国有控股大型商业银行、股份制银行、城市商业银行等三种不同类型商业银行的年均总风险和特质风险的变动轨迹曲线,分别如图 4-3 和图 4-4 所示。

横向比较来看,国有大型商业银行的总风险与个体特质风险均处于最低水平,股份制银行次之,而城市商业银行的风险则相对较高。

从纵向变化趋势来看,图 4-3 显示,中国银行业的总体风险承担水平具有明显的阶段性特征。在早期,三种类型商业银行的总风险水平均处于比较高的水平,特别是在全球金融危机集中爆发的 2008 年达到高点。随后开始逐渐下降,但在 2015 年,可能是受"股灾"的影响,又出现了异常波

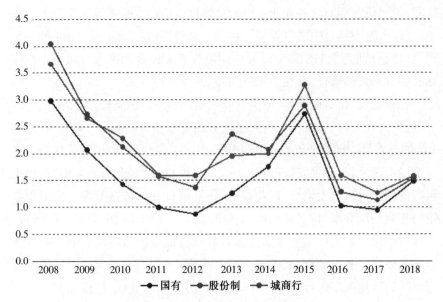

图 4-3　不同类型银行总风险变化趋势

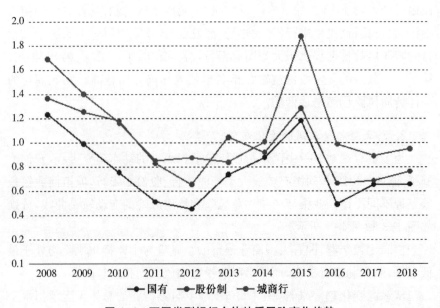

图 4-4　不同类型银行个体特质风险变化趋势

动。在研究后期的 2017—2018 年,各类商业银行的总体风险承担水平走势相对平稳。图 4-4 显示的个体特质风险与总风险的演变过程基本类似。

图 4-5 给出了全部 28 家样本银行的相关性散点图,显然,总风险($Trisk$)与个体特质风险($Urisk$)呈现出明显的线性关系。这进一步说明,商业银行的总体风险承担水平与个体特质风险的变化趋势是高度一致的。

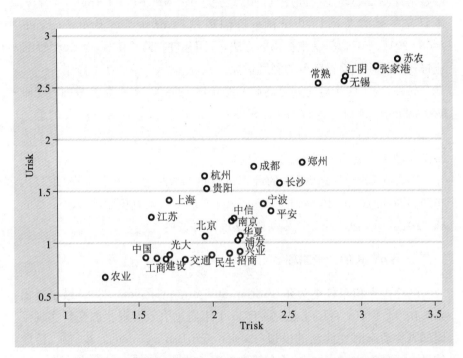

图 4-5　总风险($Trisk$)与个体特质风险($Urisk$)的相关性散点图

第三节　商业银行系统性风险的测度:CoVaR 方法

系统性风险的有效测度是近十年来的研究热点(Benoit et al.,2017),但由于其蕴含意义广泛,概念界定尚未达成广泛一致,因而各研究对系统性风险的度量也就不尽相同。学者们基于不同的情境提出了多种测量系统性风险的方法,主要有基于期权定价公式的权益 CCA 方法(Gray et al.,2007)、基于主成分分析和 Granger 因果检验的网络分析方法(Billio et al.,2012)以及基于金融市场传染的市场化尾部依赖方法(Acharya et al.,2017)。其中以市场化尾部依赖方法衍生成果最为丰富,主要有阿德里安和布鲁纳迈尔(Adrian and Brunnermeier，2008，2011，2016)在"在险价值"VaR 基础上提出的"条件在险价值"(CoVaR, Conditional Value-at-Risk)，用于衡量单个金融机构对整个金融系统的风险溢出效应；系统期望损失(SES)和边际期望损失(MES)(Acharya et al.，2017)，用于衡量包含门阈值以下数据的所有平均损失；以及通过双变量 GARCH 模型和非参数核估计测量的动态时间序列 MES 方法(Brownlees and Engle，2011)。本研究主要参考阿德里安和布鲁纳迈尔(Adrian and Brunnermeier, 2008，2011，2016)等文献提出的方法，采用条件在险价值(CoVaR)作为商业银行系统性风险贡献值的测度指标。

另外，为了便于对比并提高研究结论的稳健性，本研究参考阿查里亚等(Acharya et al.，2017)的研究，同时采用基于边际期望损失的静态MES，以及运用 DCC-GARCH 模型与非参数核估计方法测算得到的动态 MES 作为银行系统性风险的代理变量。

静态 MES 与动态 MES 的计算过程可参见宋清华和姜玉东(2015)、布朗利斯和恩格尔(Brownlees and Engle，2016)、阿查里亚等(Acharya et al.，2017)等文献。由于篇幅所限，这里不再赘述。

一、CoVaR 的计量原理

阿德里安和布鲁纳迈尔(Adrian and Brunnermeier，2008)最早提出条件在险价值(CoVaR)方法，并于 2011 年通过引入宏观状态变量实现了尾部风险动态时变波动的模拟(Adrian and Brunnermeier，2011)。传统的风险度量 VaR 方法测度了在特定的概率水平下，单个机构在未来一定的时间段内有可能面临的最大损失。然而这个方法的缺陷在于，当危机发生时不同机构之间会存在系统性风险溢出效应，这会使得使用 VaR 衡量的机构的风险暴露值被低估。CoVaR 是指当某个机构在某种特定状态下时，整个金融系统或者系统中的其他机构的风险价值。CoVaR 模型通过度量机构收益率在尾部间的协方差从而测度金融机构的风险外溢效应，有效克服了传统 VaR 方法仅关注独立机构自身风险的局限性。

条件在险价值(CoVaR)是由在险价值(VaR)方法进一步衍生而来的，在险价值通常只能预测正常市场条件下单家银行的潜在损失，而条件在险价值则通过测量单家银行分别处于经济下行状态和正常状态时整个银行系统的在险价值的变化，来度量单家银行对整个银行系统的系统性风险的贡献程度，即捕捉风险的溢出效应。

Value-at-Risk (VaR) 衡量银行在预先设定的置信水平上的最大期望

损失，VaR_q^i 则表示银行 i 的资产损失为 R^i 时的概率为 $q\%$，即在 $q\%$ 分位数水平下，银行 i 的潜在资产损失为 R^i。

$$Probability\ R^i \leqslant (VaR_q^i)=q \tag{4-4}$$

类似地，$CoVaR_q^{system|i}$ 表示当银行 i 的经济处于下行状态时(也即银行 i 发生极端尾部事件 $R^i=VaR_q^i$)，整个银行系统的在险价值。$CoVaR_q^{system|i}$ 可定义如下概率分布的 $q\%$ 分位数：

$$Probability(R^{system} \leqslant CoVaR_q^{system|i} \mid R^i=VaR_q^i)=q \tag{4-5}$$

同样地，$CoVaR_q^{system|i,median}$ 表示银行 i 经济处于正常状态时(也即银行 i 的收益率位于中位数水平)，整个银行系统的条件在险价值。其定义如下：

$$Probability(R^{system} \leqslant CoVaR_q^{system|i,median} \mid R^i=median^i)=q \tag{4-6}$$

银行 i 对整个银行系统的系统性风险的贡献可定义为当银行 i 的经济分别处于下行与正常状态时，整个银行系统条件在险价值($CoVaR$)的变化，表示为 $\Delta CoVaR_q^i$。

$$\Delta CoVaR_q^i = CoVaR_q^{system|i} - CoVaR_q^{system|i,median} \tag{4-7}$$

那么，为了估计单个银行的系统性风险贡献 $\Delta CoVaR_q^i$，我们需要得出整个银行系统在银行 i 处于两种不同状态下的条件在险价值水平 $CoVaR_q^{system|i}$ 和 $CoVaR_q^{system|i,median}$。对于银行 i 处于经济下行时的条件在险价值 $CoVaR_q^{system|i}$，我们利用周数据来进行 1 和 5 分位数水平下的分位数回归[1]，估计系数 α^i，β^i，$\alpha^{system|i}$，$\beta^{system|i}$，$\gamma^{system|i}$：

$$R_t^i = \alpha^i + \beta^i Z_{t-1} + \varepsilon^i \tag{4-8}$$

$$R_t^{system} = \alpha^{system|i} + \beta^{system|i} Z_{t-1} + \gamma^{system|i} R_t^i + \varepsilon^{system|i} \tag{4-9}$$

对于银行 i 处于正常状态时的条件在险价值 $CoVaR_q^{system|i,median}$，进行 50 分位数水平下(中位数水平)的分位数回归，估计系数 $\alpha^{i|median}$，$\beta^{i|median}$。

---

① 分位数回归技术最早由 Koenker 和 Bassett 于 1978 年提出，这两位学者将中位数回归拓展为一般的分位数回归。较之于传统的 OLS 估计与均值回归估计，分位数回归能够更好地描述金融数据序列所存在的较为普遍的"尖峰厚尾"特征，能对数据进行更为全面的分析，且在拟合异常数据时稳健型更强。

$$R_t^i = \alpha^{i \mid median} + \beta^{i \mid median} Z_{t-1} + \varepsilon^{i \mid median} \tag{4-10}$$

上式中，R_t^i 表示银行 i 在第 t 期收益情况；R_t^{system} 表示整个银行系统在第 t 期时所有 N 个银行的收益情况。Z_{t-1} 为状态变量，也被称作滞后变量，即上一周的宏观和金融状态变量。包含如下 7 个指标：①市场收益率；②市场收益波动性；③流动性风险；④利率风险；⑤期限结构；⑥信用风险；⑦房地产业与金融业利差。

然后，我们运用以上系数 α^i，β^i，$\alpha^{i \mid median}$，$\beta^{i \mid median}$ 计算银行 i 的在险价值 $VaR_{q,t}^i$ 和 $R_t^{i,\,median}$。

$$VaR_{q,t}^i = R_t^i = \alpha^i + \beta^i Z_{t-1} \tag{4-11}$$

$$R_t^{i \mid median} = R_t^i = \alpha^{i \mid median} + \beta^{i \mid median} Z_{t-1} \tag{4-12}$$

而后运用 $\alpha^{system \mid i}$，$\beta^{system \mid i}$，$\gamma^{system \mid i}$ 分别计算整个银行系统的条件在险价值 $CoVaR_{q,t}^{system \mid i}$。

$$CoVaR_{q,t}^{system \mid i} = \alpha^{system \mid i} + \beta^{system \mid i} Z_{t-1} + \gamma^{system \mid i} VaR_{q,t}^i \tag{4-13}$$

$$CoVaR_q^{system \mid i,\,median} = \alpha^{system \mid i} + \beta^{system \mid i} Z_{t-1} + \gamma^{system \mid i} R_t^{i,median} \tag{4-14}$$

因此，我们得到银行 i 的动态系统性风险：

$$\begin{aligned}\Delta CoVaR_q^i &= CoVaR_q^{system \mid i} - CoVaR_q^{system \mid i,\,median} \\ &= \gamma^{system \mid i}(VaR_{q,t}^i - R_t^{i,\,median})\end{aligned} \tag{4-15}$$

最终测算得到的 $\Delta CoVaR$ 一般为负数，其数值越小，意味着银行机构对系统性风险的贡献值越大。

二、数据来源与描述性统计

1. 数据来源

在条件在险价值方法（CoVaR）的具体运算中，需要获取的原始数据共有两类，一类是各家上市银行的总市值，另一类是宏观经济状态数据，包括沪深 300 指数收益率、3 月期上海银行间同业拆放利率（SHIBOR）、3 月期中债国债到期收益率、10 年期中债国债到期收益率、10 年期 AAA 级中债企业债收益率、300 地产指数收益率、沪深 300 金融指数收益率等 7 个指标。本研究使用的所有原始数据均为周数据。需要说明的是，3 月期中债国债到期收益率、10 年期中债国债到期收益率、10 年期 AAA 级中债企业债收益率和 3 月期上海银行间同业拆放利率（SHIBOR）这 4 个指标为日频数据,我们取每周最后一个工作日的值。

本研究收集了截至 2019 年 12 月 31 日中国全部 36 家上市银行的相关数据,但鉴于 $\Delta CoVaR$ 的计算通常有时间跨度需求,若时间太短会导致表现最坏的 5‰ 天数较少,影响结果的稳健性。因此,剔除 2018 年下半年上市的郑州银行和长沙银行,剔除 2019 年才上市的紫金银行、青岛银行、西安银行、青农商行、苏州银行、渝农商行、浙商银行和中国邮政储蓄银行,同时删除当年时间跨度少于 6 个月的观测值。因此,条件在险价值方法(CoVaR)覆盖的计算结果区间为 2008 年 1 月 4 日至 2018 年 12 月 28 日。

最终本研究共获取 26 家上市商业银行共 191 个观测点的相关数据,具体包括中国工商银行、中国农业银行、中国建设银行、中国银行、交通银行等 5 家大型国有商业银行,平安银行、中国民生银行、招商银行、华夏银行、上海浦东发展银行、中国光大银行、兴业银行、中信银行等 8 家全国股份制商业银行,北京银行、上海银行、江苏银行、南京银行、杭州银行、宁波银行、成都银行、贵阳银行等 8 家城市商业银行,以及苏农银行、无锡农村商业银行、张家港农商银行、常熟农商银行、江阴农商银行等 5 家农村商业银行。

2. CoVaR 相关变量的选取与定义

(1) 单家银行和银行系统收益率变量

上市银行 i 在第 t 周的收益情况 R_t^i 可利用其总市值增长率来衡量,具体可由上市银行 i 第 t 周的总市值与第 $t-1$ 周的总市值相比较得出。所有 N 家银行在第 t 期时的收益情况 R_t^{system} 可利用整个银行系统的总市值增长率来计算。根据整理出的 26 家上市银行的总市值周增长率,按相应权重进行加权。其中,每家上市银行的权重为上一期总市值占同期银行体系总市值的比重。

对于 R_t^i 和 R_t^{system} (TM_t^i 表示银行 i 在第 t 期时的总市值),有:

$$R_t^i = \left(\frac{TM_t^i}{TM_{t-1}^i} - 1 \right) \times 100 \tag{4-16}$$

$$R_t^{system} = \sum_{i=1}^{N} \frac{TM_{t-1}^i \times R_t^i}{\sum_{j=1}^{N} TM_{t-1}^i} \times 100 \tag{4-17}$$

(2) 宏观经济状态变量

M_{t-1} 为上一周的宏观经济和金融状态变量。借鉴既有文献的做法,M_{t-1} 具体包含如下 7 个指标:①市场收益率,选取沪深 300 指数收益率指数;②市场收益波动性,通过计算沪深 300 指数收益率的标准差得到;③信用风险,通过计算 10 年期 AAA 级企业债收益率与 10 年期国债收益率的差值得到;④利率风险,通过计算 3 月期国债收益率与上一期的差值得到;⑤流动性风险,通过计算 3 月期上海银行间同业拆放利率(SHIBOR)与 3 月期国债收益率的差值得到;⑥房地产业与金融业利差,选取房地产业与金融业收益率的差值;⑦期限结构,通过计算 10 年期与 3 月期国债到期收益率的差值得到。以上状态变量的引入有利于剔除时间序列因素的干扰,可更好地描述 R_t^i 和 R_t^{system} 的尾部风险动态时变性,提高条件在险价值(CoVaR)计算结果的质量。

本研究相关变量的选取及其定义如表 4-8 所示:

表 4-8　相关变量及其定义

变量名称	变量定义
上市银行收益率（R_t^i）	R_t^i 表示每家上市银行 i 在第 t 期时的总市值的周增长率。共包含 33 家银行的总市值周增长率
银行系统收益率（R_t^{system}）	R_t^{system} 表示整个银行系统在第 t 期时所有 N 家银行的总市值的周增长率
市场收益率（$HS300$）	沪深 300 指数周涨跌幅
市场收益波动性（$VHS300$）	沪深 300 指数涨跌幅滚动 5 年计算标准差
流动性风险（$LIQrisk$）	3 月期上海银行间同业拆放利率(SHIBOR)与 3 月期国债收益率的差异
利率风险（$Rrisk$）	3 月期国债收益率当期相比于上期的差异
期限结构（$Qixian$）	10 年期与 3 月期国债到期收益率的差异
信用风险（$Crisk$）	10 年期 AAA 级企业债收益率与 10 年期国债收益率的差异
房地产与金融业利差（$Estate$）	房地产业与金融业收益率的差异
上市银行总市值（TM_t^i）	TM_t^i 表示每家上市银行 i 在第 t 期时的总市值,该数据直接从 Wind 数据库导出。据此数据计算每家上市银行 i 的总市值的周增长率

资料来源:本研究整理

（3）相关变量的描述性统计

每家上市银行与整个银行系统的周增长率的描述性统计如表 4-9 所示。2008 年 1 月 4 日以前上市的银行其变量时间跨度为 2008 年 1 月 4 日至 2018 年 12 月 28 日,2006 年 10 月 27 日以后上市的银行其变量时间跨度为上市日期至 2018 年 12 月 28 日,共计 26 家上市银行。整个银行系统的变量时间跨度为 2008 年 1 月 4 日至 2018 年 12 月 28 日,最大观测数据量共计 563 周。

表 4-9 上市银行和银行系统总市值增长率的描述性统计

银行	上市日期	均值	中位数	最大值	最小值	标准差	偏度	峰度	观测数
平安银行	1991-04-03	0.27	−0.09	40.64	−19.79	5.83	1.05	8.74	563
浦发银行	1999-11-10	0.18	−0.08	42.68	−21.25	5.42	1.04	11.83	563
民生银行	2000-12-19	0.13	−0.11	24.01	−20.50	4.55	0.50	7.52	563
招商银行	2002-04-09	0.13	−0.10	17.10	−21.45	4.84	0.13	4.90	563
华夏银行	2003-09-12	0.16	0.09	32.29	−18.11	5.15	0.61	7.42	563
中国银行	2006-07-05	−0.02	0.00	23.99	−15.03	3.56	0.63	8.62	563
工商银行	2006-10-27	0.00	0.00	17.02	−13.46	3.50	0.44	6.57	563
兴业银行	2007-02-05	0.17	−0.29	21.88	−19.39	5.25	0.19	5.22	563
中信银行	2007-04-27	0.05	−0.22	33.52	−17.48	4.93	1.00	9.40	563
交通银行	2007-05-15	0.00	−0.24	20.54	−18.73	4.57	0.62	6.69	563
宁波银行	2007-07-19	0.20	0.00	24.24	−17.89	5.06	0.57	5.68	563
南京银行	2007-07-19	0.18	0.00	19.12	−16.44	4.60	0.42	5.13	563
北京银行	2007-09-19	0.08	0.00	22.02	−13.82	4.38	0.48	5.22	563
建设银行	2007-09-25	0.01	−0.20	21.28	−13.11	4.00	0.63	6.57	563
农业银行	2010-07-15	0.13	0.00	16.14	−10.33	2.98	0.79	7.15	486
光大银行	2010-08-18	0.19	−0.24	30.20	−14.63	4.26	1.95	14.60	481
江苏银行	2016-08-02	−0.27	−0.44	12.66	−8.46	2.94	0.90	6.52	175
贵阳银行	2016-08-16	−0.08	−0.32	20.27	−9.65	3.79	1.06	8.02	173
江阴银行	2016-09-02	0.23	−1.00	61.23	−24.25	8.84	3.49	23.46	171

（续表）

银行	上市日期	均值	中位数	最大值	最小值	标准差	偏度	峰度	观测数
无锡银行	2016-09-23	0.23	−0.30	61.02	−34.54	8.36	2.68	22.92	168
常熟银行	2016-09-30	0.58	−0.24	61.20	−14.11	7.22	3.90	33.44	167
杭州银行	2016-10-27	−0.12	−0.34	18.17	−8.78	3.51	1.15	7.77	164
上海银行	2016-11-16	−0.14	−0.14	8.66	−12.22	3.07	−0.63	4.71	161
苏农银行	2016-11-29	−0.11	−0.48	35.14	−16.16	5.73	1.52	11.94	159
张家港行	2017-01-24	0.26	−0.73	61.12	−24.44	9.46	2.43	15.94	151
成都银行	2018-01-31	−0.30	0.00	11.64	−10.37	4.48	0.02	3.18	99
银行系统	/	0.05	−0.11	15.78	−12.91	3.57	0.44	5.70	563

资料来源：本研究整理

　　7 个宏观经济状态变量的描述性统计报告于表 4-10。

表 4-10　7 个状态变量的描述性统计（单位：%）

变量	均值	中位数	最大值	最小值	标准差	偏度	峰度	观测数
市场收益率	−0.032	16.213	−15.007	3.729	−0.143	−0.032	5.351	563
市场收益波动性	−0.032	0.092	16.213	−15.007	3.729	−0.143	5.351	563
流动性风险	1.220	1.126	3.112	0.106	0.604	0.866	3.356	563
利率风险	−0.001	−0.002	2.015	−1.044	0.159	3.186	53.047	563
期限结构	1.004	0.852	2.502	−1.512	0.616	0.662	3.346	563
信用风险	1.374	1.404	2.312	0.635	0.286	−0.232	2.871	563
房地产与金融业利差	0.101	−0.026	14.311	−12.231	2.931	0.170	5.090	563

资料来源：本研究整理

　　由表 4-10 可知，各状态变量偏度值均不为 0，且峰度值均大于 3，说明这 7 个状态变量呈现明显的"尖峰厚尾"特征。因而采用分位数回归技术能够较好地刻画变量间的关系。

三、各银行的系统性风险贡献值(ΔCoVaR)计量结果与分析

1. 系统性风险贡献值(ΔCoVaR)计量结果

采用 $CoVaR$ 计算银行的系统性风险溢出值($\Delta CoVaR$)时,我们首先分别进行1和5分位数水平下的分位数回归[①],并基于式(4-11)计算得到银行的在险价值(VaR);然后,基于式(4-13)和式(4-14)计算各银行以及整个银行系统的条件在险价值($CoVaR$);最后,基于式(4-15)得到两个系统性风险指标 $\Delta CoVaR^i_{1\%,t}$ 和 $\Delta CoVaR^i_{5\%,t}$。为了进一步进行分析比较,我们根据各上市银行样本期间内系统性风险序列的均值 $\overline{\Delta CoVaR^i_t}$ 以及系统性风险序列的波动性 $\sigma(\Delta CoVaR^i_t)$ 大小进行排序。$\overline{\Delta CoVaR^i_t}$ 的绝对值越大,意味着该银行系统性风险溢出越大,也即对系统性风险的贡献值越大,排名越靠前;$\sigma(\Delta CoVaR^i_t)$ 越大,意味着风险的波动性越大,排名也越靠前。排序结果报告于表4-11与表4-12。由于篇幅所限,这里仅报告整个研究期间内 $\Delta CoVaR$ 及其波动性的平均值。

表 4-11　各银行系统性风险及其波动性排序(1%分位数水平)

银行	银行类型	$\gamma^{system\|i}_{1\%}$	$\overline{VaR^i_{1\%,t}}$	$R^{i,median}_{50\%,t}$	$\overline{\Delta CoVaR^i_{1\%,t}}$	$\sigma(\Delta CoVaR^i_{1\%,t})$	均值(波动)排名
建设银行	1	0.85	−9.56	−0.26	−7.91	2.05	1(4)
中国银行	1	0.80	−9.32	−0.03	−7.40	2.71	2(1)
工商银行	1	0.80	−8.76	−0.06	−6.94	2.66	3(2)
农业银行	1	0.84	−7.07	−0.01	−5.95	1.94	4(6)
浦发银行	2	0.42	−13.61	−0.24	−5.60	1.82	5(8)
招商银行	2	0.48	−11.75	−0.14	−5.54	1.76	6(9)
南京银行	3	0.57	−9.62	−0.09	−5.42	1.65	7(13)
北京银行	3	0.53	−10.01	−0.09	−5.26	1.48	8(14)
兴业银行	2	0.40	−12.74	−0.06	−5.10	1.69	9(12)
交通银行	1	0.48	−10.37	−0.33	−4.77	1.95	10(5)
民生银行	2	0.39	−11.68	−0.06	−4.48	1.88	11(7)

---

① 各银行以及银行系统的分位数回归具体结果见附录1、附录2。

（续表）

银行	银行类型	$\gamma_{1\%}^{system\mid i}$	$\overline{VaR_{1\%,t}^{i}}$	$R_{50\%,t}^{i,\,median}$	$\overline{\Delta CoVaR_{1\%,t}^{i}}$	$\sigma(\Delta CoVaR_{1\%,\,t}^{i})$	均值（波动）排名
上海银行	3	0.61	−6.93	0.03	−4.21	1.75	12(10)
贵阳银行	3	0.59	−7.40	−0.24	−4.21	2.20	13(3)
光大银行	2	0.52	−8.03	−0.25	−4.07	1.13	14(18)
中信银行	2	0.38	−10.97	−0.23	−4.06	1.17	15(17)
宁波银行	3	0.32	−11.05	0.02	−3.59	1.06	16(19)
江苏银行	3	0.59	−6.36	−0.41	−3.51	1.71	17(11)
华夏银行	2	0.28	−12.07	0.21	−3.41	1.38	18(15)
平安银行	2	0.22	−15.16	−0.12	−3.34	0.98	19(21)
苏农银行	4	0.27	−11.35	−0.43	−2.92	1.33	20(16)
常熟银行	4	0.28	−10.20	−0.11	−2.79	0.94	21(22)
杭州银行	3	0.44	−6.16	−0.20	−2.62	1.01	22(20)
成都银行	3	0.28	−6.95	0.88	−2.21	0.92	23(23)
张家港行	4	0.11	−15.58	−1.07	−1.58	0.89	24(24)
无锡银行	4	0.05	−17.33	−0.40	−0.86	0.44	25(25)
江阴银行	4	0.00	−13.46	−1.19	0.02	0.01	26(26)

注：表中第 2 列银行类型 1、2、3、4 分别代表 5 家大型国有商业银行、8 家股份制商业银行、8 家城市商业银行和 5 家农村商业银行。最末一列均值（波动）排名 $a(b)$，a 为 $\overline{\Delta CoVaR_{1\%,\,t}^{i}}$ 的排名，b 为 $\sigma(\Delta CoVaR_{1\%,\,t}^{i})$ 的排名

资料来源：本研究整理

　　从表 4-11 中可知，在 1‰分位数水平下得出的各上市银行系统性风险均值排名情况大致如下：中国建设银行、中国银行、中国工商银行、中国农业银行、交通银行等 5 家国有大型商业银行的系统性风险风险排名分别为第 1、第 2、第 3、第 4、第 10 位；上海浦东发展银行、招商银行、兴业银行、中国民生银行、中国光大银行、中信银行、华夏银行、平安银行等 8 家全国股份制商业银行的系统性风险排名依次为第 5、第 6、第 9、第 11、第 14、第 15、第 18、第 19 位；南京银行、北京银行、上海银行、贵阳银行、宁波银行、江苏银行、杭州银行、成都银行等 8 家城市商业银行的系统性风险依次为第 7、第 8、第 12、第 13、第 16、第 17、第 22、第 23 位；苏州农村商业银行、常熟

农商银行、张家港农商银行、无锡农商银行、江阴农商银行等 5 家农村商业银行的系统性风险分别为第 20、第 21、第 24、第 25、第 26 位。

结合表 4-11 中第 2 列银行类型与最末一列均值（波动）排名可以看出，系统性风险排名前 5 的前 4 家上市银行均属于国有大型商业银行，且 5 家国有大型商业银行（银行类型为 1）的排名均比较靠前，位于前 1/4 段；8 家股份制商业银行（银行类型为 2）位置比较居中，基本位于前 1/2 段；城市商业银行与农村商业银行（银行类型为 3 和 4）位置比较靠后，均位于后 1/2 段。综合来看，国有大型商业银行系统性风险贡献值最高，其次是全国股份制商业银行，最后是城市商业银行和农村商业银行。

此外，经统计发现，各上市银行的系统性风险 $\overline{\Delta CoVaR_t^i}$ 和系统性风险波动 $\sigma(\Delta CoVaR_t^i)$ 排名的线性相关系数为 0.93，这充分说明系统性风险的大小与其波动性之间呈现显著的同向变动趋势，即系统性风险越大的上市银行其风险波动性越强。这意味着，对于系统性风险较大的上市银行，主要为国有大型商业银行和全国股份制商业银行，监管者更应保持警惕，提高监管强度与频率。

表 4-12　各银行系统性风险及波动性排序（5%分位数水平）

银行	银行类型	$\gamma_{1\%}^{system|i}$	$\overline{VaR_{1\%,t}^i}$	$\overline{R_{50\%,t}^{i,median}}$	$\overline{\Delta CoVaR_{1\%,t}^i}$	$\sigma(\Delta CoVaR_{1\%,t}^i)$	均值（波动）排名
建设银行	1	0.83	−6.05	−0.26	−4.81	0.89	1(12)
农业银行	1	0.95	−4.64	−0.01	−4.40	1.39	2(1)
工商银行	1	0.82	−5.14	−0.06	−4.19	0.78	3(18)
南京银行	3	0.57	−6.96	−0.09	−3.89	1.19	4(3)
北京银行	3	0.58	−6.76	−0.09	−3.87	1.07	5(7)
中信银行	2	0.54	−7.24	−0.23	−3.82	0.82	6(17)
中国银行	1	0.77	−4.80	−0.03	−3.68	0.94	7(13)
招商银行	2	0.55	−6.82	−0.14	−3.65	1.19	8(4)
兴业银行	2	0.48	−7.46	−0.06	−3.52	1.06	9(8)
交通银行	1	0.59	−6.25	−0.33	−3.50	1.10	10(6)
上海银行	3	0.68	−4.84	0.03	−3.30	1.13	11(5)

（续表）

银行	银行类型	$\gamma_{1\%}^{system\|i}$	$\overline{VaR_{1\%,\ t}^{i}}$	$\overline{R_{50\%,\ t}^{i,\ median}}$	$\overline{\Delta CoVaR_{1\%,\ t}^{i}}$	$\overline{\sigma(\Delta CoVaR_{1\%,\ t}^{i})}$	均值（波动）排名
宁波银行	3	0.45	−7.18	0.02	−3.28	0.74	12(19)
民生银行	2	0.54	−6.07	−0.06	−3.22	0.91	13(11)
杭州银行	3	0.61	−5.06	−0.20	−2.94	1.22	14(2)
浦发银行	2	0.42	−7.28	−0.24	−2.94	0.87	15(13)
华夏银行	2	0.40	−7.14	0.21	−2.90	0.87	16(14)
平安银行	2	0.34	−7.69	−0.12	−2.58	0.55	17(21)
江苏银行	3	0.58	−4.77	−0.41	−2.53	0.83	18(15)
光大银行	2	0.51	−5.18	−0.25	−2.51	0.73	19(20)
贵阳银行	3	0.46	−5.37	−0.24	−2.38	0.82	20(16)
成都银行	3	0.29	−6.95	0.88	−2.28	0.95	21(9)
常熟银行	4	0.17	−8.06	−0.11	−1.37	0.23	22(25)
苏农银行	4	0.16	−8.43	−0.43	−1.29	0.41	23(22)
张家港行	4	0.08	−9.92	−1.07	−0.68	0.33	24(23)
无锡银行	4	0.07	−9.20	−0.40	−0.59	0.24	25(24)
江阴银行	4	0.02	−8.21	−1.19	−0.11	0.06	26(26)

注：表中第 2 列银行类型 1、2、3、4 分别代表 5 家大型国有商业银行、8 家股份制商业银行、8 家城市商业银行和 5 家农村商业银行。最末一列均值（波动）排名 $a(b)$，a 为 $\overline{\Delta CoVaR_{5\%,\ t}^{i}}$ 的排名，b 为 $\overline{\sigma(\Delta CoVaR_{5\%,\ t}^{i})}$ 的排名

资料来源：本研究整理

　　从表 4-12 可知，在 5％分位数水平下得出的各上市银行系统性风险均值排名情况大致如下：中国建设银行、中国工商银行、中国农业银行、中国银行、交通银行等 5 家国有大型商业银行的系统性风险排名分别为第 1、第 2、第 3、第 7、第 10 位；中信银行、招商银行、兴业银行、中国民生银行、上海浦东发展银行、华夏银行、平安银行、中国光大银行等 8 家全国性股份制商业银行的系统性风险排名依次为第 6、第 8、第 9、第 13、第 15、第 16、第 17、第 19 位；南京银行、北京银行、上海银行、宁波银行、杭州银行、江苏银行、贵阳银行、成都银行等 8 家城市商业银行的系统性风险依次为第 4、第

5、第 11、第 12、第 14、第 18、第 20、第 21 位；常熟农商银行、苏州农村商业银行、张家港农商银行、无锡农商银行、江阴农商银行等 5 家农村商业银行的系统性风险分别为第 22、第 23、第 24、第 25、第 26 位。

同样，结合表 4-12 中第 2 列银行类型与最末一列均值（波动）排名可以看出，系统性风险排名前 5 的前 3 家上市银行均属于国有大型商业银行，且 5 家国有大型商业银行（银行类型为 1）的排名较靠前，均位于前 10 名；8 家股份制商业银行（银行类型为 2）位置较居中，基本位于前 19 名；虽然南京银行、北京银行的系统性风险排名有所上升，但总的来看，城市商业银行与农村商业银行（银行类型为 3 和 4）位置仍然比较靠后。与 1% 分位数水平下的排名情况类似，国有大型商业银行系统性风险贡献值最高，其次是全国股份制商业银行，最后是城市商业银行和农村商业银行。

此外，经统计发现，各上市银行的系统性风险 $\overline{\Delta CoVaR_i^j}$ 和系统性风险波动 $\sigma(\Delta CoVaR_i^j)$ 排名的线性相关系数为 0.82，较 1% 分位数水平下的相关系数有所下降，但两者的正向相关性仍然非常显著。这进一步验证了系统性风险的大小与其波动性之间的显著同向变动，即系统性风险越大的上市银行其风险波动性越强。

2. 不同类型银行系统性风险贡献值（$-\Delta CoVaR$）的比较分析

为了更直观地显示中国银行业风险承担水平的动态演变过程并对不同类型商业银行系统性风险的差异化特征进行对比分析，我们分别绘制了在 1 和 5 两个分位数水平下，2008—2018 年间国有控股大型商业银行、股份制银行、城市商业银行等三种不同类型商业银行系统性风险贡献值（$-\Delta CoVaR$）的变动轨迹曲线，如图 4-6 和图 4-7 所示。由于 $\Delta CoVaR$ 的计算依赖于股价涨跌幅数据，而中国商业银行大多上市较晚，导致多数样本银行最终获得的 $\Delta CoVaR$ 观测数较少，例如青岛银行、青农商行、苏州银行、西安银行和紫金银行均只获得一个观测值，不利于进行分析比较。因此，这里的银行分类趋势图仅仅是基于上市时间较早、数据较全的中国银行、中国工商银行、交通银行、中国建设银行、中国农业银行等 5 家大型国有商业银行，还有平安银行、上海浦东发展银行、中国民生银行、招商银行、华夏银行、兴业银行、中信银行、中国光大银行等 8 家股份制银行，以及南京银行、宁波银行、北京银行等 3 家城市商业银行，总共 16 家银行在 2008—2018 年的计算结果。

横向比较来看，大型国有控股商业银行的 $-\Delta CoVaR$ 处于较高水平，这说明大型国有商业银行的系统性风险溢出效应与贡献值相对较大。而

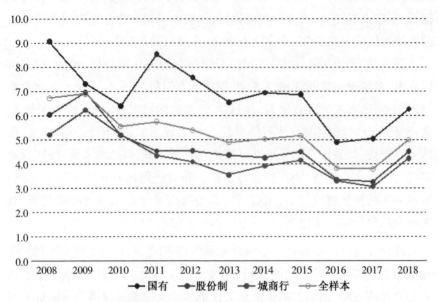

图 4-6　不同类型银行－$\Delta CoVaR$ 变化趋势(基于 1% 分位数回归)

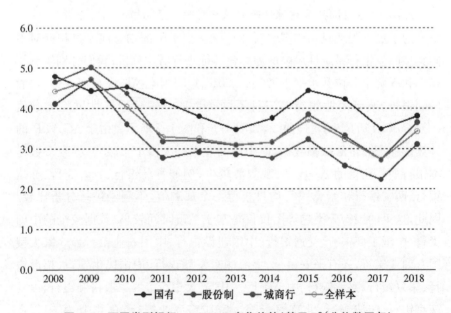

图 4-7　不同类型银行－$\Delta CoVaR$ 变化趋势(基于 5% 分位数回归)

股份制银行和城市商业银行的系统性风险贡献值较低，且差异较小，特别是基于5%分位数回归的计算结果，这两类银行的$-\Delta CoVaR$在绝大多数年份都非常接近。

从纵向变化趋势来看，图4-6和图4-7显示，无论是1%分位数回归还是基于5%分位数回归的计算结果，中国三种类型商业银行的系统性风险贡献值（$-\Delta CoVaR$）的变化趋势在整个研究期间内基本保持一致。具体来看，除了在2008—2009年，也即全球性金融危机期间，以及2015年"股灾"期间，各类型商业银行的系统性风险贡献值存在异常上升以外，在其他年份大多保持平稳。这反映出，中国银行业的系统性风险总体上是处于较为稳健可控状态的。

图4-8给出了分别基于1%和5%分位数回归计算得到的全部26家样本银行的系统性风险贡献值（$\Delta CoVaR$）平均值的相关性散点图，显然，基于1%分位数回归和5%分位数回归得到的两组结果具有明显的线性关系。这进一步说明两种方法得到的结果是一致的。

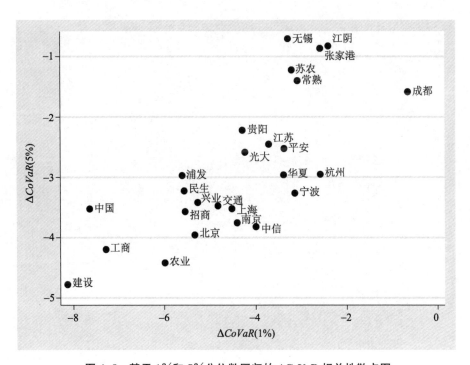

图4-8　基于1%和5%分位数回归的$\Delta CoVaR$相关性散点图

第四节　本 章 小 结

　　本章首先采用文本挖掘技术、主成分分析以及因子分析等方法计算得到金融科技发展指数,并利用双指数市场模型计算中国 28 家上市银行的风险承担水平,然后采用条件在险价值(CoVaR)、静态 MES 以及 DCC-GARCH 模型与非参数核估计方法对样本银行的系统性风险贡献值进行测度。采用多种方法对中国商业银行风险承担和系统性风险情况进行测度,并获得一致性结果,有助于我们更深入地理解中国商业银行的风险水平及其演变规律,同时也为后续系统的实证研究提供了坚实的基础。

第五章 金融科技对商业银行风险承担影响的实证分析

第一节 研 究 设 计

一、变量选取

1. 被解释变量:银行风险承担($Risk$)

关于商业银行风险承担的衡量,常用的有:加权风险资产比例(喻微锋和周黛,2018)、不良贷款率(王兵和朱宁,2011)、资本充足率(顾海峰和张亚楠,2018;顾海峰和杨立翔,2018)、拨备覆盖率(Delis and Kouretas,2011;方意,2015)、贷款损失准备率(姚树洁等,2011;汪可,2018)、资本资产比率(姚树洁等,2011;郭品和沈悦,2015)、权益对负债比率、Z 值(汪可等,2017)、预期违约概率(牛晓健和裘翔,2013)、股市波动率和股价波动率(刘忠璐,2016),等等。但鉴于加权风险资产比例和资本充足率缺失数据较多;预期违约概率和股市波动率计算需要股票交易数据,而中国大部分银行并未上市;Z 值仅代表破产风险而非风险承担,加之中国政府对商业银行存在隐性担保,银行破产风险较小;同时为适应本研究理论模型的设定,拟选取不良贷款率($Nplra$)和拨备覆盖率($Pvcra$)作为银行风险承担的代理变量。其中,不良贷款率是银行在并未主动增加风险资产的情况下,由于宏观经济不利因素,借款方违约概率增大,银行历史上发放的未到期贷款逐渐演变成不良和逾期,使得不良贷款占比逐渐增加,从而导致银行被动性质的风险承担程度提升。而拨备覆盖率是从风险覆盖的角度表现银行不良资产程度,即银行贷款可能发生的呆、坏账准备金的使用比率,是计提贷款损失准备对不良贷款的比率,比率越高说明抵御风险的能力越强。

2. 解释变量：金融科技发展指数（*Fintech*）

本研究采用前述借助文本挖掘技术和因子分析测度得到的金融科技发展指数（*Fintech*1）作为核心解释变量。同时，为了便于对比，我们还选取北京大学数字金融研究中心提供的数字普惠金融总指数（邱晗等，2018），作为衡量中国金融科技发展程度的代理变量（*Fintech*2）。该指数基于蚂蚁金服底层海量用户数据，从 3 个维度、33 个具体指标较为贴切地刻画了中国金融科技发展水平。由于蚂蚁金服是中国金融科技行业龙头，旗下产品支付宝和货币市场基金余额宝在国内市场渗透率高，故该指数具有较高的权威性。

此外，在模型稳健性检验过程中，本研究还选择了三个数字普惠金融分指数作为替换变量，包括覆盖广度指数（*Fintech*3）、数字支付业务指数（*Fintech*4）和数字支持服务程度指数（*Fintech*5），以确保回归结论的稳健性。

3. 控制变量

基于对既有文献的分析，本研究从银行微观特征与宏观经济环境两方面选取回归模型控制变量。银行微观层面考虑的因素主要有：市场占有率（吴桐桐和王仁曾，2021）、净资产收益率（*ROE*）（权飞过和王晓芳，2016）、贷款比重（应展宇和张夏晗，2020）、成立年限（郭瑾等，2017）。此外，理论上，宏观经济发展水平、货币政策等外部环境因素也能影响金融机构风险水平，故同时选取人均国内生产总值、货币供给量 *M*2 作为控制变量（Ariss，2010；Jimenez et al.，2013；Hou et al.，2014；郭品和沈悦，2019）。

4. 中介变量

与理论分析一致，在中介变量的选取上考虑管理成本、业务多元化两方面的因素。其中，对于管理成本，选取业务及管理费（*BOF*）作为代理变量。对于业务多元化，选取基于赫芬达尔指数计算的收入多元化程度指数（*HHI*）作为代理变量。

上述各变量的具体定义如表 5-1 所示。

表 5-1　模型相关变量选择及定义

	变量名称	变量符号	变量定义
被解释变量	不良贷款率	*Nplra*	银行年末不良贷款率（%）
	拨备覆盖率	*Pvcra*	银行年末拨备覆盖率（%）/100

(续表)

	变量名称	变量符号	变量定义
核心解释变量	金融科技指数1	$Fintech1$	采用文本挖掘法合成得到
	金融科技指数2	$Fintech2$	数字普惠金融总指数/100
	金融科技指数3	$Fintech3$	数字普惠金融覆盖广度指数/100
	金融科技指数4	$Fintech4$	数字支付业务指数/100
	金融科技指数5	$Fintech5$	数字支持服务程度指数/100
控制变量	市场占有率	$Share$	银行年末总资产/全行业总资产额(%)
	净资产收益率	ROE	净利润/股东权益
	贷款比重	$Loan$	银行贷款余额/总资产
	成立年限	Age	银行成立时间(年)
	宏观经济发展水平	GDP	年末人均实际国内生产总值(万元)
	货币政策	$M2$	货币供应量(M2)增速(环比)
中介变量	银行管理成本	BOF	业务及管理费(百万元)
	业务多元化程度	HHI	根据银行收入来源采用赫芬达尔指数计算

二、研究样本与数据来源

本研究共收集了中国78家商业银行的财务数据,其中包括中国工商银行、中国农业银行、中国建设银行、中国银行、交通银行和中国邮政储蓄银行等6家大型商业银行,兴业银行、广东发展银行、上海浦东发展银行、平安银行、中国民生银行、招商银行、中信银行、中国光大银行、华夏银行、渤海银行、浙商银行等11家股份制银行,北京银行、江苏银行、南京银行、广州银行、上海银行、苏州银行、杭州银行、温州银行、宁波银行、厦门银行、长沙银行、青岛银行、富滇银行、宁夏银行、桂林银行、盛京银行、郑州银行、汉口银行、成都银行、西安银行、河北银行、贵阳银行、柳州银行等41家规模相对较大的城市商业银行,以及上海农商、天津农商、北京农商、广州农商、武汉农商、杭州联合、大连农商、鄞州银行等20家数据较全的农村商业银行。数据期间为2011—2018年,数据主要来源于Bankscup、国泰安、CEIC、北京大学数字金融研究中心等。对于个别缺失的银行微观财务数据,手工摘录自各银行历年年报。所有计算过程通过Excel和Stata15统计软件完成。本研究样本涵盖了除外资银行以外的所有商业银行类型,其总资产与存贷款规模占全行业的85%以上,具有较好的代表性。

三、计量模型设计

1. 基准回归模型设定

基于上述数据和变量设置，最终，本研究建立如下以非平衡面板数据为基础的多元回归方程模型：

$$Risk_{i,t} = \alpha_0 + \alpha_1 \times Fintech_{i,t} + \sum_{j=1}^{7} \gamma_j Control_{j,t} + \mu_i + \varepsilon_{i,t} \quad (5\text{-}1)$$

其中，$Risk$ 为银行风险承担变量，$Fintech$ 为金融科技发展指数，下标 i 表示银行样本，t 代表年份，μ_i 为个体异质性，$\varepsilon_{i,t}$ 为随机扰动项。$Control$ 为市场占有率、总资产收益率、贷款比重、成立年限，包括宏观经济发展水平、货币政策等在内的一组控制变量。

由于被解释变量 $Risk$ 分别有不良贷款率（$Nplra$）和拨备覆盖率（$Pvcra$）两个指标，而解释变量（$Fintech$）分别有基于文本挖掘技术测度得到的金融科技发展指数（$Fintech1$）、数字普惠金融总指数（$Fintech2$）、覆盖广度指数（$Fintech3$）、数字支付业务指数（$Fintech4$）和数字支持服务程度指数（$Fintech5$）等 5 个指标，因此，上述基础模型实际涵盖了 10 个回归方程。

2. 估计方法选择

为了避免可能存在的多重共线性问题，回归分析之前首先对控制变量进行相关性检验。结果表明，变量之间的相关系数较小，这意味着变量不存在严重的多重共线性问题。在估计方法上，对于静态面板，常见的有混合回归（POOL）以及控制个体特征的固定效应（FE）和随机效应（RE）回归多种方法。鉴于忽略样本特点的混合效应回归并不可靠，本研究首先对模型进行 F 检验，以判断是选择混合回归模型还是个体固定效应模型，检验结果表明，无论是采用金融科技发展指数 $Fintech1$，还是数字普惠金融总指数 $Fintech2$，上述基准模型 F 检验的 P 值都为 0.000，故强烈拒绝原假设，即认为个体固定效应模型明显优于混合回归；其次，进行 LR 检验，以判断是选择个体随机效应模型还是混合回归；最后，进行 Hausman 检验，检验结果显示，原假设"个体效应与回归变量无关"对应的 P 值为 0.000，因此应使用个体固定效应模型而非个体随机效应模型。

3. 面板数据单位根（平稳性）检验

进一步，对于动态面板，为防止"虚假回归"问题，动态面板模型要求数据序列平稳,本研究采用 Fisher-ADF Test、Phillips-Perron Test、KPSS Test 三种检验方法进行围绕银行个体层面的变量 $Nplra$、$Pvcra$、$Share$、ROE、$Loan$ 进行面板单位根检验,这三种检验方法的原假设均为"H0:所有个体都是非平稳的"(表5-2)。其中 IPS 尤其适合非平衡面板数据的单位根检验,只要有一种方法拒绝原假设则说明变量数据系列平稳。

表 5-2　面板数据的平稳性检验

变量	Fisher-ADF Test		Phillips-Perron Test		KPSS Test	
	检验值	P 值	检验值	P 值	检验值	P 值
$Nplra$	−6.150 0	0.000 0	−15.648 0	0.000 0	51.935 0	0.000 0
$Pvcra$	−22.803 8	0.000 0	−22.797 2	0.000 0	19.964 2	0.000 0
$Share$	−7.563 0	0.000 0	−4.206 3	0.000 7	10.163 3	0.000 0
ROE	−7.858 5	0.000 0	−11.097 5	0.000 0	76.804 5	0.000 0
$Loan$	−10.380 6	0.000 0	−10.317 1	0.000 0	118.046 4	0.000 0

资料来源:本研究整理

表5-2 的检验结果显示,模型所考虑的 5 个微观变量均在全部三种检验方法下拒绝原假设,说明以上各个变量都不存在单位根,均为平稳序列,回归分析将不会出现虚假回归问题。

第二节　基础模型回归结果与分析

一、相关性分析

由于不同的控制变量之间可能会存在强相关关系,进而导致回归分析时出现多重共线性问题。因此,首先对各控制变量进行相关性分析。结果显示,金融科技发展指数($Fintech1$、$Fintech2$、$Fintech3$、$Fintech4$、$Fintech5$)与控制变量的相关性较弱,各控制变量之间也不存在强相关关系,因此计量模型变量的选取恰当,无需剔除多余变量。

二、描述性统计

本研究所涉及变量的描述性统计如表 5-3 所示,从中可看出,主要变量表现出明显的个体和时间维度差异,各变量均分布于合理范围,能够为基于面板数据的多元回归分析提供良好的样本基础。

表 5-3 相关变量的描述性统计

变量符号	均值	最小值	最大值	标准差	P 值	观测数
$Nplra$	1.358	1.300	4.690	0.020	0.000	628
$Pvcra$	−2.977	−2.408	−1.049	−63.212	0.000	604
$Fintech1$	1.037	1.119	1.467	0.500	0.000	631
$Fintech2$	1.874	2.200	3.002	0.400	0.000	631
$Fintech3$	1.666	1.805	2.819	0.343	0.000	631
$Fintech4$	1.609	1.874	2.609	0.465	0.000	631
$Fintech5$	2.640	3.190	3.996	0.463	0.001	631
$Share$	0.840	0.077	12.069	0.006	0.000	631
ROE	15.268	14.954	31.892	0.489	0.000	631
$Loan$	0.529	0.538	0.876	0.000	0.000	631
Age	22.391	22.000	108.000	8.000	0.000	631
GDP	7.509	7.000	9.600	6.700	0.000	631
$M2$	1.470	1.478	1.781	0.993	0.000	631
BOF	7.882	7.391	12.140	5.056	0.000	631
HHI	0.237	0.236	0.500	−0.810	0.000	631

注:以上所有变量取值期间为 2011—2018 年,其中银行资产总额、GDP 等涉及价格的变量以 2011 年为基期进行相应 CPI 调整

资料来源:本研究整理

三、基准模型回归结果

基于上述分析,首先选取金融科技发展指数 $Fintech1$、数字普惠金融总指数 $Fintech2$ 作为解释变量,银行不良贷款率 $Nplra$ 作为被解释变量,根据(5-1)检验**命题 1**。基于 Hausman 检验的固定效应(FE)具体估计结果报告于表 5-4。

表 5-4　基础模型回归结果

变量符号	模型 5-1（$Fintech1$）		模型 5-2（$Fintech2$）	
	(1)	(2)	(3)	(4)
$Fintech1$	1.107*** (3.56)	1.247*** (4.11)		
$Fintech2$			0.279** (2.36)	0.386*** (3.38)
GDP	−0.062 (−0.44)	−0.183 (−1.35)	0.046 (0.29)	−0.159 (−1.04)
$M2$	−0.083 (−0.35)	0.027 (0.12)	−0.153 (−0.55)	−0.161 (−0.61)
$Share$		0.177* (1.67)		0.160 (1.50)
ROE		−0.044*** (−7.42)		−0.046*** (−7.67)
$Loan$		0.670** (2.13)		0.578* (1.84)
Age		0.074 (1.27)		0.068 (1.16)
$\_cons$	0.643 (0.84)	−0.564 (−0.37)	0.834 (0.85)	0.390 (0.24)
R^2	0.344	0.411	0.335	0.405
R^2-a	0.247	0.318	0.237	0.312
F	95.373	53.994	91.852	52.707
N	628	628	628	628

注：回归系数（　）内为 T 值，***、**、* 分别表示在1％、5％、10％的水平上显著

资料来源：本研究整理

表 5-4 中的列（1）、（3）仅加入了宏观层面控制变量，列（2）、（4）加入所有控制变量，固定效应结果显示核心解释变量回归系数的符号方向与显著性水平保持一致，系数大小也变动不大，说明回归结果具有较好的稳定性。从具体变量来看，金融科技变量（$Fintech1$、$Fintech2$）系数在1％的水平上显著为正，表明金融科技的快速发展显著提高了中国商业银行的风险承担。这一结果与前文的理论预期完全一致，本研究的**命题 1**得到初步验证。

其他控制变量方面,净资产收益率 ROE 在 1% 的水平上显著为负,表明银行盈利能力和风险承担显著负相关,银行盈利水平的提升能够逐步覆盖银行风险敞口,减少银行风险暴露,最终降低银行风险承担水平。银行贷款占比也与风险承担之间至少在 10% 显著性水平上存在明显正相关关系,表明银行扩大贷款规模,风险资产规模也会相应扩大,从而未来受外部冲击影响,潜在产生不良贷款的范围扩大,从而提升风险承担水平。此外,宏观因素方面,GDP 和 $M2$ 的系数为负,原因可能是宏观经济的发展和以 $M2$ 增速为代表的货币政策水平的提升会增加对商业银行产品和服务的需求,提升商业银行盈利水平,从而收窄银行风险,但并非银行风险的直接影响因素,故不显著;微观因素方面,银行年末总资产占比度量的市场占有变量不显著,原因可能是存量资产占行业总资产表示潜在风险敞口对银行业的风险敞口相对程度,从而弱化绝对风险,故不显著;而理论上成立时间越长,累积资产敞口越大。以上结论的启示意义在于,金融科技发展一定程度上会加剧商业银行的风险承担倾向,有关机构在积极融合新兴技术实现业务转型创新发展的同时,也应高度关注其带来的风险溢出。

四、基准模型的稳健性检验

1. 内生性检验

本研究拟分析金融科技发展对银行风险承担的影响机制,然而,自身风险承受能力较强或经营基础雄厚的银行对金融科技的应用程度往往也更高,由此导致银行风险承担与金融科技发展之间可能存在互为反向因果关系的内生性问题。本研究通过以下两个手段解决内生性问题。

(1) 采用 SYS-GMM 估计

为了缓解模型可能存在的内生性,参考项后军和张清俊(2020)、田国强和李双建(2020)等文献的做法,采用布伦德尔和邦德(Blundell and Bond,1998)提出的系统广义矩(SYS-GMM)估计方法对(5-1)重新进行回归,结果报告于表 5-5。

表 5-5　内生性检验(SYS-GMM)

变量符号	模型 5-1($Fintech1$)		模型 5-2($Fintech2$)	
	(1)	(2)	(3)	(4)
$L.N_{plra}$	0.777*** (5.05)	0.650*** (5.40)	0.854*** (4.89)	0.658*** (4.45)

(续表)

	模型 5-1($Fintech\,1$)		模型 5-2($Fintech\,2$)	
$Fintech\,1$	1.336*** (2.95)	1.696*** (3.30)		
$Fintech\,2$			0.224 (1.25)	0.342* (1.75)
GDP	−0.414*** (−2.79)	−0.366** (−2.39)	−0.229 (−1.13)	−0.186 (−0.90)
M2	−0.057 (−0.37)	0.059 (0.40)	−0.185 (−1.05)	−0.110 (−0.62)
Share		−0.311 (−1.26)		−0.312 (−1.37)
ROE		0.011 (0.77)		0.004 (0.26)
Loan		0.744 (1.57)		0.439 (1.09)
Age		0.109*** (4.40)		0.100*** (9.06)
_cons	1.115* (1.94)	−2.302** (−2.50)	1.276 (1.59)	−1.347 (−1.39)
Chi2	244.168	161.553	170.393	279.878
AR(2)	−2.306 (0.02)	−2.020 (0.04)	−2.240 (0.03)	−2.056 (0.04)
Sargan	38.697 (0.00)	35.059 (0.00)	39.991 (0.00)	40.104 (0.00)
N	549	549	549	549

注：回归系数（　）内为 T 值，***、**、* 分别表示在 1%、5%、10% 的水平上显著

资料来源：本研究整理

　　由表 5-5 可见，模型 5-1、模型 5-2 采用系统广义矩估计的金融科技发展指数（$Fintech\,1$、$Fintech\,2$）回归系数同样均为正，且除了列（3）显著性水平略低以外，其余都至少在 10% 的水平上通过了显著性检验。AR（2）检验和 Sargan 检验也表明回归依据的 SYS-GMM 估计方法具有合理性。这意味着，在研究期间内，银行风险承担与金融科技金融发展至今存在显著正相关关系。以上结果与基准回归结果基本一致，本研究的**命题 1** 得到

进一步证实。

（2）采用工具变量（IV）两阶段最小二乘法（2SLS）估计

为了进一步降低模型内生性问题的影响，本研究借鉴谢绚丽等（2018）、梁榜和张建华（2019）、唐松等（2020）文献的思路，将互联网普及率（Internet）作为金融科技的工具变量，运用两阶段最小二乘方法（2SLS）对式（5-1）重新进行回归，结果报告于表5-6。

表5-6　工具变量2SLS估计结果

变量	模型5-1(Fintech1)		模型5-2(Fintech2)	
	(1)	(2)	(3)	(4)
Internet	0.098 [58.57]	0.098 [58.60]	0.255 [65.58]	0.254 [64.06]
Fintech1	1.135** (2.30)	1.343*** (2.96)		
Fintech2			0.438** (2.30)	0.519*** (2.96)
GDP	−0.072 (−0.34)	−0.209 (−1.09)	−0.149 (−0.61)	−0.304 (−1.37)
M2	−0.091 (−0.31)	0.007 (0.03)	−0.386 (−1.04)	−0.341 (−1.02)
Share		0.039*** (3.38)		0.040*** (3.38)
ROE		−0.043*** (−6.38)		−0.045*** (−6.64)
Loan		0.896*** (4.46)		0.882*** (4.38)
Age		−0.010*** (−4.76)		−0.010*** (−4.74)
_cons	0.671 (0.67)	1.374 (1.50)	1.843 (1.33)	2.802** (2.23)
R^2	0.224	0.343	0.218	0.339
R^2-a	0.221	0.336	0.214	0.331
Chi2	131.213	449.270	130.318	442.716

（续表）

变量	模型 5-1(*Fintech*1)		模型 5-2(*Fintech*2)	
	(1)	(2)	(3)	(4)
Kleibergen-Paap rk LM	376.949	370.638	284.382	281.227
Cragg-Donald Wald F	2974.158	2962.711	2342.010	2316.712
Hansen J	0.000	0.000	0.000	0.000
N	628	628	628	628

注：[ ]为 T 值；( )内为 Z 值；***、**、*分别表示在1%、5%、10%的水平上显著
资料来源：本研究整理

表5-6 的结果显示，两个模型中关键解释变量金融科技指数 *Fintech* 都至少在5%的水平上显著提升银行风险承担。且选择的工具变量通过了弱工具变量 Cragg-Donald Wald F 检验和识别不足 Kleibergen-Paap rk LM 检验。对于工具变量有效性，Hansen J 检验接受工具变量都是外生的原假设。意味着本研究的**命题 1**仍然成立。考虑了工具变量后的内生性处理后，上述回归结果依然稳健。

2. 其他稳健性检验

为尽可能保证实证研究结果的稳健性，本研究从以下两个方面对回归结果做进一步的稳健性检验。

（1）替换被解释变量

考虑到银行风险承担存在多种选择，不同指标各有侧重，为了避免被解释变量人为选择偏误对回归结果造成的干扰，我们采用拨备覆盖率（*Pvcra*）作为风险承担指标对(5-1)重新进行回归，结果报告于表 5-7。

表 5-7　替换风险承担测度指标估计结果

变量	模型 5-3(*Fintech*1)		模型 5-4(*Fintech*2)	
	(1)	(2)	(3)	(4)
*Fintech*1	8.596*** (3.52)	10.451*** (4.19)		
*Fintech*2			3.211*** (3.47)	3.688*** (3.92)

（续表）

变量	模型 5-3（Fintech 1）		模型 5-4（Fintech 2）	
	(1)	(2)	(3)	(4)
GDP	−1.771 (−1.61)	−2.026* (−1.83)	−2.212* (−1.80)	−2.369* (−1.90)
M2	0.772 (0.42)	0.858 (0.47)	−1.275 (−0.59)	−1.338 (−0.62)
Share		1.066 (1.25)		0.936 (1.10)
ROE		0.042 (0.87)		0.024 (0.49)
Loan		7.816*** (3.05)		7.269*** (2.85)
Age		0.049 (0.11)		0.010 (0.02)
_cons	−4.239 (−0.71)	−11.833 (−0.97)	3.861 (0.51)	−1.413 (−0.11)
R^2	0.079	0.097	0.078	0.094
$R^2 - a$	−0.062	−0.049	−0.063	−0.053
F	14.887	7.978	14.762	7.650
N	604	604	604	604

注：括号内为 t 值，***、**、* 分别表示在 1%、5%、10% 的水平上显著
资料来源：本研究整理

　　表 5-7 的回归结果显示，金融科技发展指数（Fintech）系数估计结果在两个模型下均为正，且在 1% 的水平上通过了显著性检验，说明金融科技发展与银行风险承担存在显著正相关关系。与前文基准回归结果相比，关键变量回归系数符号方向相同，显著性水平一致，本研究的**命题 1** 进一步得到支持。

　　（2）替换解释变量

　　由于金融科技发展起步较晚，有关的量化研究方法仍然存在争议，很可能因为前文选取的金融科技测度指标具有特殊性，从而使得回归结果出现偏差。为了保证指数测度结果的稳健、可靠，规避测度指标本身对上述基准回归结果产生的影响，我们进一步采用北京大学数字金融研究中心提

供的数字普惠金融分指数，包括覆盖广度指数（$Fintech3$）、数字支付业务指数（$Fintech4$）和数字支持服务程度指数（$Fintech5$）三个指标替换（5-1）中的关键解释变量金融科技指数（$Fintech$）重新进行回归，结果报告于表5-8。

表 5-8 替换金融科技测度指标估计结果

变量	模型 5-5（$Fintech3$）		模型 5-6（$Fintech4$）		模型 5-7（$Fintech5$）	
	(1)	(2)	(3)	(4)	(5)	(6)
$Fintech3$	0.399*** (2.90)	0.499*** (3.76)				
$Fintech4$			0.541*** (5.72)	0.478*** (5.05)		
$Fintech5$					0.142*** (3.91)	0.156*** (4.50)
GDP	−0.036 (−0.22)	−0.214 (−1.40)	−0.162 (−1.42)	−0.149 (−1.36)	0.073 (0.72)	−0.032 (−0.33)
M2	−0.119 (−0.47)	−0.065 (−0.27)	−0.183 (−0.80)	0.010 (0.05)	−0.382 (−1.41)	−0.303 (−1.17)
Share		0.163 (1.53)		0.200* (1.89)		0.164 (1.55)
ROE		−0.045*** (−7.65)		−0.038*** (−6.41)		−0.045*** (−7.62)
Loan		0.574* (1.84)		0.661** (2.13)		0.489 (1.59)
Age		0.068 (1.16)		0.078 (1.34)		0.064 (1.11)
_cons	1.046 (1.13)	0.413 (0.26)	1.563** (2.08)	−0.360 (−0.24)	1.181 (1.43)	0.398 (0.26)
R^2	0.339	0.408	0.367	0.420	0.347	0.414
R^2-a	0.241	0.315	0.273	0.329	0.250	0.322
F	93.247	53.341	105.301	56.018	96.683	54.772
N	628	628	628	628	628	628

注：括号内为 t 值，***、**、*分别表示在1%、5%、10%的水平上显著
资料来源：本研究整理

表5-8的回归结果表明,替换核心解释变量后,覆盖广度指数(*Fintech* 3)、数字支付业务指数(*Fintech* 4)和数字支持服务程度指数(*Fintech* 5)所测度的金融科技发展水平,同样在1%的显著性水平下对银行风险承担存在正向影响,其他变量系数符号也基本一致,本研究的**命题1**再次得到支持。

五、进一步的讨论

1. 影响机制检验

(1) 估计策略

正如前文所指出的,金融科技的快速发展很可能提高银行的管理成本与业务多元化程度,进而影响银行风险承担。为了进一步验证金融科技对银行风险承担的影响机制,本研究分别以银行管理成本(*BOF*)与业务多元化程度(*HHI*)作为中介因子(*Med-var*),借鉴普里彻和海耶斯(Preacher and Hayes,2008)、郭品和沈悦(2019)等研究的做法,在(5-1)的基础上构建如下依次递进方程组成的中介效应模型,对管理成本以及业务多元化程度在金融科技影响商业银行风险承担过程中的作用机制进行检验。

$$Med\text{-}var_{it} = \beta_0 + b \times Fintech_{i,t} + \sum_{j=1}^{7} \gamma_j Control_{j,t} + u_{i,t} + \varepsilon_{i,t}$$

$$(5\text{-}2)$$

$$Risk_{i,t} = \beta_0 + a \times Fintech_{i,t} + c \times Med\text{-}var_{i,t} + \sum_{j=1}^{7} \gamma_j Control_{j,t} + u_{i,t} + \varepsilon_{i,t} \quad (5\text{-}3)$$

(5-2)、(5-3)中的 Med-var 为中介变量,分别选取银行管理成本(*BOF*)与业务多元化程度(*HHI*)作为代理变量,其余变量与式(5-1)相同。

其中,a 为直接效应,$b \times c$ 为中介效应。中介效应是否存在的检验通常采用逐步回归法实现,首先回归方程(5-1),若 α_1 显著为正则进行下一步,否则停止检验;接着回归方程(5-2),若 b 显著为正,则意味着金融科技提高了银行管理成本,促进了业务多元化。第三步回归方程(5-3),若 b 和 c 都显著则说明中介因子发挥了显著的部分中介作用,若 b 和 c 中至少有一个不显著时,则需要针对系数 b 进一步做 Sobel 检验。

(2) 银行管理成本的中介效应

依照上述检验步骤与估计策略,首先选取银行管理成本(*BOF*)作为中介变量,依次对(5-2)、(5-3)进行回归,具体结果报告于表5-9。

表 5-9　银行管理成本(BOF)的中介作用

变量	中介因子(BOF)		中介效应	
	模型 5-1	模型 5-2	模型 5-1	模型 5-2
$Fintech\,1$	1.159*** (11.84)		0.863** (2.55)	
$Fintech\,2$		0.395*** (10.50)		0.235* (1.89)
BOF			0.326** (2.49)	0.378*** (2.95)
GDP	−0.022 (−0.49)	−0.043 (−0.84)	−0.174 (−1.29)	−0.141 (−0.93)
$M2$	0.263*** (3.54)	0.039 (0.44)	−0.059 (−0.26)	−0.175 (−0.66)
$Share$	0.257*** (7.41)	0.243*** (6.87)	0.093 (0.84)	0.068 (0.62)
ROE	0.003 (1.44)	0.001 (0.44)	−0.045*** (−7.59)	−0.046*** (−7.77)
$Loan$	0.140 (1.50)	0.091 (0.96)	0.624** (1.99)	0.552* (1.77)
Age	0.013 (0.68)	0.008 (0.43)	0.070 (1.20)	0.065 (1.12)
$\_cons$	5.778*** (11.78)	6.843*** (12.79)	−2.453 (−1.46)	−2.211 (−1.21)
R^2	0.811	0.802	0.418	0.414
R^2-a	0.781	0.771	0.325	0.321
F	333.361	315.366	48.478	47.858
N	631	631	628	628
检验结果			中介效应显著	中介效应显著

注:(　)为 t 值;[　]内为 Z 值,***、**、*分别表示在 1%、5%、10%的水平上显著
资料来源:本研究整理

　　表 5-9 的回归结果显示,在模型 5-1 和模型 5-2 下,中介因子 BOF 在 (5-2)、(5-3)中的估计系数 b 和 c 均至少在 5%的水平上显著,说明管理成本在金融科技影响商业银行风险承担的过程中发挥了显著的中介作用,即金融科技的发展通过提高管理成本进而促进了商业银行的风险承担。本研究的**命题 2-1**得到证实。

（3）业务多元化的中介效应

选取银行业务多元化指数（HHI）作为中介变量，对(5-2)、(5-3)重新进行回归，具体结果报告于表5-10。

表 5-10　业务多元化（HHI）的中介作用

变量	中介因子（HHI）		中介效应	
	模型 5-1	模型 5-2	模型 5-1	模型 5-2
$Fintech\,1$	0.039 (0.58)		1.243*** (4.10)	
$Fintech\,2$		0.003 (0.11)		0.386*** (3.38)
HHI			0.104 (0.55)	0.120 (0.63)
GDP	0.021 (0.69)	0.033 (0.97)	−0.185 (−1.37)	−0.163 (−1.07)
$M2$	0.018 (0.36)	0.026 (0.44)	0.025 (0.11)	−0.164 (−0.62)
$Share$	0.050** (2.06)	0.049** (2.03)	0.172 (1.61)	0.154 (1.44)
ROE	−0.004*** (−2.87)	−0.004*** (−2.88)	−0.044*** (−7.29)	−0.045*** (−7.53)
$Loan$	−0.079 (−1.22)	−0.084 (−1.31)	0.681** (2.16)	0.592* (1.88)
Age	0.018 (1.33)	0.017 (1.30)	0.072 (1.24)	0.066 (1.13)
$\_cons$	−0.271 (−0.80)	−0.295 (−0.81)	−0.538 (−0.36)	0.424 (0.26)
R^2	0.179	0.178	0.411	0.405
R^2-a	0.050	0.050	0.318	0.311
F	16.924	16.867	47.222	46.117
N	631	631	628	628
$Sobel\ Z$			0.007 [0.48]	0.004 [0.15]
检验结果			中介效应不显著	中介效应不显著

注：（ ）为 t 值；［ ］内为 Z 值，***、**、*分别表示在1%、5%、10%的水平上显著
资料来源：本研究整理

表 5-10 显示,中介因子 HHI 在(5-2)、(5-3)中的估计系数 b 和 c 均不显著,进一步的 Sobel Z 检验结果也表明,业务多元化在金融科技与银行风险承担之间不存在中介效应。其中的原因可能在于,金融科技的发展时间尚短,在商业银行中的渗透尚不深入,银行还未形成成熟的以金融科技为驱动核心的多元化业务,同时由于监管力度的不断加大和受制度约束,大多数商业银行在现阶段仍然是以存贷款业务为主,其业务多元化程度仍然处于较低的水平。这一结果不完全符合理论预期,但也契合目前中国金融科技与商业银行的发展实际。

2. 影响异质性检验

检验**命题 3** 时,本研究并没有引入代表商业银行类型的虚拟变量,而是采用分组回归的识别思路,分析金融科技对商业银行风险承担的异质性影响。具体回归分析时,借鉴沈悦和郭品(2015)等的思路,通过设计相应子样本,然后针对(5-1)重新进行回归。

(1) 考虑银行资产规模

根据中国人民银行与中国银保监会对中国商业银行类型的划分标准①,将中国工商银行、中国邮政储蓄银行、中国农业银行、中国建设银行、中国银行、交通银行定义为大型银行,招商银行、中国民生银行、中国光大银行、上海浦东发展银行、中信银行、兴业银行、华夏银行、北京银行、广东发展银行、上海银行、平安银行、江苏银行、浙商银行、渤海银行定义为中型银行,其余的城商行与农商行定义为小型银行。然后以(5-1)为基础针对大中型银行与小型银行两个子样本分别进行回归,结果报告于表 5-11。

表 5-11　金融科技对银行风险承担的影响异质性:业务规模

变量	大中型银行		小型银行	
	模型 5-1	模型 5-2	模型 5-1	模型 5-2
$Fintech1$	1.964*** (5.76)		1.079*** (2.78)	
$Fintech2$		0.468*** (3.49)		0.368** (2.52)
GDP	−0.307** (−2.09)	−0.123 (−0.70)	−0.144 (−0.82)	−0.162 (−0.83)

① 《中国人民银行、中国银行保险监督管理委员会关于建立银行业金融机构房地产贷款集中度管理制度的通知》(银发〔2020〕322 号),2020 年 12 月 31 日,http://www.cbirc.gov.cn/cn/view/pages/ItemDetail.html?docId=955098&itemId=928&generaltype=0。

（续表）

变量	大中型银行		小型银行	
	模型 5-1	模型 5-2	模型 5-1	模型 5-2
$M2$	0.013 (0.05)	−0.131 (−0.43)	0.027 (0.09)	−0.182 (−0.53)
$Share$	0.165*** (2.68)	0.124* (1.91)	0.945 (0.78)	0.882 (0.73)
ROE	−0.005 (−0.51)	−0.010 (−1.00)	−0.050*** (−7.06)	−0.052*** (−7.24)
$Loan$	0.921** (2.14)	0.504 (1.12)	0.760* (1.92)	0.703* (1.79)
Age	0.000 (0.00)	0.000 (0.00)	0.071 (1.09)	0.066 (1.02)
$\_cons$	−0.268 (−0.30)	0.629 (0.55)	−0.099 (−0.06)	0.871 (0.51)
R^2	0.703	0.660	0.374	0.372
R^2-a	0.647	0.597	0.273	0.270
F	52.797	43.366	34.278	33.965
N	160	160	468	468

注：（　）为 t 值；***、**、*分别表示在1％、5％、10％的水平上显著
资料来源：本研究整理

表5-11显示，区分银行资产规模后，金融科技对银行风险承担的影响程度存在明显差异。其中，大中型银行子样本，在两个模型中的金融科技变量估计系数分别为1.964、0.468。而小型银行子样本的估计系数分别为1.079、0.368，相比前者，下降幅度分别达到了45.06％和21.37％。从关键解释变量的显著性水平来看，大中型银行子样本在两个模型中都在1％的水平上显著，而小型银行子样本仅在模型5-1中具有1％水平的显著性。这说明，金融高科技发展对大中型银行风险承担的影响要明显大于小型银行，与预期相符，本研究的**命题3-1**得到证实。

（2）考虑银行所处经济区位

对经济区位的划分，一般是从所处地理位置考虑，将全国分为四大经济区域，其中东部地区包括北京、天津、广东、福建、浙江、上海、江苏、河北、山东、海南等10个省、直辖市，中部地区包括安徽、江西、山西、河南、湖南和湖北，西部地区包括四川、重庆、陕西、广西、贵州、内蒙古、云南、甘肃、宁

夏、西藏、青海和新疆,东北地区包括辽宁、吉林和黑龙江。本研究侧重于从经济发展程度进行分析,考虑到东北地区以及海南省的经济发展水平更接近中、西部地区,因此将辽宁、吉林、黑龙江和海南也归为中、西部地区,最后分别获取了413个东部地区和215个中、西部地区的观测值。依此建立相应子样本,然后以(5-1)为基础针对东部地区银行与中、西部地区银行分别进行回归,结果报告于表5-12。

表 5-12 金融科技对银行风险承担的影响异质性:经济区位

变量	东部地区银行		中、西部地区银行	
	模型 5-1	模型 5-2	模型 5-1	模型 5-2
$Fintech1$	2.158*** (6.71)		−0.346 (−0.61)	
$Fintech2$		0.681*** (5.63)		−0.217 (−1.00)
GDP	−0.495*** (−3.50)	−0.478*** (−2.98)	0.444* (1.71)	0.571* (1.96)
$M2$	0.158 (0.67)	−0.203 (−0.72)	−0.232 (−0.54)	−0.027 (−0.05)
$Share$	0.179* (1.95)	0.145 (1.56)	−0.618 (−0.31)	−0.617 (−0.31)
ROE	−0.039*** (−5.37)	−0.043*** (−5.89)	−0.035*** (−3.74)	−0.034*** (−3.59)
$Loan$	1.443*** (3.97)	1.194*** (3.28)	−0.232 (−0.43)	−0.269 (−0.50)
Age	0.110** (2.21)	0.099* (1.96)	0.000 (0.00)	0.000 (0.00)
$\_cons$	−1.784 (−1.24)	0.130 (0.08)	0.629 (0.44)	−0.256 (−0.14)
R^2	0.395	0.374	0.552	0.554
R^2-a	0.296	0.272	0.474	0.475
F	33.024	30.252	37.427	37.662
N	413	413	215	215

注:( )为 t 值;***、**、*分别表示在1%、5%、10%的水平上显著

资料来源:本研究整理

表 5-12 显示，金融科技对不同经济区位商业银行风险承担的影响存在明显差异。其中东部地区银行在模型 5-1、模型 5-2 下的金融科技指数变量估计系数均为正且在 1% 的水平上显著，而中、西部地区银行在两个模型下的估计结果都不显著，且符号方向也发生了逆转（由正变负）。这说明，金融科技发展对东部地区商业银行风险承担的影响要明显大于中、西部地区银行，本研究的**命题 3-2** 得到证实。

（3）考虑银行业务创新能力

创新能力强的银行，更容易变革金融服务模式，提高业务多元化程度。借鉴杨望等（2020）的做法，本研究以银行非利息收入占比（NIR）衡量银行业务创新能力。为了全面把握不同银行的业务多元化情况，本研究首先计算了整个研究期间内 78 家银行非利息收入占比的平均值，然后取其中位数。如果该银行非利息收入占比（平均值）高于所有样本的中位数，则归为创新能力强子样本，否则归为创新能力弱子样本。然后以（5-1）为基础，针对创新能力强子样本和创新能力弱子样本分别进行回归，结果报告于表5-13。

表 5-13　金融科技对银行风险承担的影响异质性：业务创新能力

变量	创新能力强		创新能力弱	
	模型 5-1	模型 5-2	模型 5-1	模型 5-2
$Fintech1$	2.158*** (6.71)		−0.346 (−0.61)	
$Fintech2$		0.681*** (5.63)		−0.217 (−1.00)
GDP	−0.495*** (−3.50)	−0.478*** (−2.98)	0.444* (1.71)	0.571* (1.96)
$M2$	0.158 (0.67)	−0.203 (−0.72)	−0.232 (−0.54)	−0.027 (−0.05)
$Share$	0.179* (1.95)	0.145 (1.56)	−0.618 (−0.31)	−0.617 (−0.31)
ROE	−0.039*** (−5.37)	−0.043*** (−5.89)	−0.035*** (−3.74)	−0.034*** (−3.59)
$Loan$	1.443*** (3.97)	1.194*** (3.28)	−0.232 (−0.43)	−0.269 (−0.50)

（续表）

变量	创新能力强		创新能力弱	
	模型 5-1	模型 5-2	模型 5-1	模型 5-2
Age	0.110**	0.099*	0.000	0.000
	(2.21)	(1.96)	(0.00)	(0.00)
$\_cons$	−1.784	0.130	0.629	−0.256
	(−1.24)	(0.08)	(0.44)	(−0.14)
R^2	0.395	0.374	0.552	0.554
R^2-a	0.296	0.272	0.474	0.475
F	33.024	30.252	37.427	37.662
N	413	413	215	215

注：（ ）为 t 值；***、**、*分别表示在1%、5%、10%的水平上显著
资料来源：本研究整理

表5-13显示，从显著性水平来看，创新能力强子样本金融科技指数变量的回归系数均为正且在1%的水平上显著，而创新能力弱子样本金融科技指数变量的估计系数在两个模型下均为负且并不显著。从关键解释变量 $Fintech1$、$Fintech2$ 回归系数的大小来看，创新能力强子样本的回归系数（绝对值）也要明显大于创新能力弱子样本。显然，金融科技发展对不同创新能力银行的风险承担存在明显差异。相对而言，金融科技发展对创新能力强的银行风险承担的影响比创新能力弱的银行要更为显著，本研究的**命题3-3**得到证实。

第三节　本 章 小 结

本研究基于2011—2018年中国78家商业银行的非平衡面板数据，首先从理论层面系统分析了金融科技发展对传统商业银行风险承担行为的作用机制，然后建立多元回归模型，采用多种估计方法对其具体影响效应进行实证分析，并对其中的作用机理与影响异质性问题进行了探讨。在实证研究过程中，尽可能排除了模型内生性的干扰，通过替换被解释变量与关键解释变量，确保实证结果的稳健性。

研究发现：（1）理论分析表明，金融科技的广泛应用在提高效率降低

交易成本,给金融体系带来深度变革的同时也带来了新的风险,尤其是增加了银行的研发、业务创新及资金成本等管理成本,进而提高银行风险承担。此外,由于存贷款业务、中间业务市场竞争的加剧,银行在市场竞争和利润驱动下,也会主动提升业务多元化程度,从而抬高风险。(2)实证分析表明,金融科技的快速发展显著提高了中国商业银行的风险承担水平。(3)管理成本在金融科技作用于银行风险承担的过程中存在明显的中介作用,即金融科技发展通过抬高银行管理成本进而加剧了银行风险承担,而业务多元化中介效应不显著。(4)金融科技发展对不同类型银行风险承担的影响存在异质性,与农商行、城商行等小型银行相比,大中型银行所受的影响更为明显。同时,金融科技对东部地区、创新能力强的银行风险承担的影响要比中、西部地区与创新能力弱的银行也更为显著。

以上结论说明,随着金融科技相关技术的逐渐成熟及其行业规模的日益膨胀,科技与金融业不断深度融合发展促使金融边界逐渐模糊。它在给商业银行带来新的发展机遇的同时也形成了挑战,迫使商业银行特别是地方性小型银行必须调整思维,加快技术创新,以应对金融体系的变革。有关机构在积极融合新兴技术实现业务转型创新发展的同时,也应高度关注其带来的风险溢出。

对此,本研究提出以下建议:第一,商业银行在运用金融科技进行金融创新,改善业务效率的同时,也要警惕其带来的负面冲击作用。要密切关注金融科技在银行提升风险行为倾向方面的持续作用,并配合运用传统金融机构风控手段,提升银行风控水平。例如先前的互联网金融 P2P 模式本身存在信用下探加剧逆向选择、资金池设置、期限错配及现金流短缺等问题,易引发资金链断裂,也要完善数字金融背景下金融交易模式、业务流程、资金管控、人员配备的风险管理,避免重蹈互联网金融的覆辙。第二,要警惕内生技术风险。商业银行要完善风控技术基础设施,在网络安全、数据共享、信息加密上重点布局,在数字金融新技术研发阶段,应对其安全性、可靠性进行专业的检验和认证,充分评估其潜在风险。在推广阶段,制定符合实际的容错机制和数据灾备机制,建立分层次的推广机制和应急预案。第三,在技术手段上。要充分运用新型数字技术在经营管理与风控过程中的积极作用,加强信息披露,研发人工智能、大数据、云计算、物联网等驱动的新型业务模式与风控手段。在提供线上金融服务和信用下沉的过程中,应于贷前、贷中、贷后建立全流程、智能化、全方位的风险预警和监控体系。第四,注重在金融科技方面的投入产出效果,控制成本,合理布局评估孵化,在风险可控、保证效益的前提下应用金融科技,切忌过度追逐市场热点而过度增加成本负担,从而加剧风险。第五,监管机构应完善金融监管体系框架,尽快出台符合政策导向、金融科技实际发展需要的业务与技术标准、行业准入、监管细则、法律法规,提供金融科技标准化制度保障。通过跨部门协作,运用监管科技构建国家级金融科技平台和统计检测体系,夯实信息、征信等基础设施建设;凝聚监管部门、科研及高校智库等行业研究力量进行前瞻性、体系化研究,为金融科技监管提供支撑。政策当局应当加快监管体制、机制改革,优化监管工具,为金融科技和传统商业银行的融合共生发展提供良性的制度环境。

第六章　金融科技对商业银行系统性风险影响的实证分析

第一节　研究设计

一、变量选取与数据来源

1. 被解释变量：银行系统性风险（SRISK）

对于样本银行系统性风险的测度，本研究同时考虑了条件在险价值（$\Delta CoVaR$）、边际期望损失（静态 MES、动态 MES）等不同情形。由于以上指标又分不同分位数进行了对比计算，因此共有 $\Delta CoVaR$（1％和 5％）静态 MES（5％和 10％）和动态 MES（2％和 5％）等 6 个系统性风险指标。

2. 解释变量：金融科技发展指数（Fintech）

与第 5 章的研究保持一致，仍然采用前述借助文本挖掘技术，以及主成分和因子分析测度得到的金融科技发展指数（Fintech 1）作为核心解释变量。同时，为了便于对比，在本章的稳健性检验中，我们采用北京大学数字金融研究中心提供的数字普惠金融总指数（Fintech 2）作为代理变量。

3. 控制变量

基于对既有文献的分析，本研究从微观、宏观、全球经济等三个方面选取模型控制变量。其中银行微观层面考虑的因素主要有：银行类型或所有权结构（陈忠阳和刘志洋，2013）、资产规模，用银行年末总资产的自然对数表示（郭品和沈悦，2019）；盈利性，一般取总资产收益率（ROA）或净资产收益率（ROE）（王晓芳和权飞过，2019）、杠杆率（总资产与股东权益比）、流动性水平，一般选取存贷比作为代理变量，也有文献选取流动资产与总资产之比反映银行的流动性状况（汪可，2018）。此外，银行收入多元化程度也是重要的影响因素（姚鸿等，2019）。近年来，由于商业银行纷纷加大对非利息收入项目的投资,非利息收入占比不断提高,收入来源的多元化可以分散银行风险,在较低的风险水平下获取较高的收益。金融科技的应用发展扩大了银行非利息收入来源,提高了收入多元化程度,因此将收入多元化指数(HHI)考虑在其中。

对于银行收入多元化指数的计算,本研究采用赫芬达尔指数(Herfindahl Index,简称 HHI)对银行收入多元化水平进行计算,具体公式如下:

$$HHI = 1 - I, \text{其中} I = \sum_{i=1}^{n} (P_i)^2 \tag{6-1}$$

其中 I 为银行收入来源集中度,P_i 为银行在第 i 项业务之营业收入占总营业收入的比率;n 为银行业务收入来源的数目,本研究考虑非利息收入和非利息收入两种收入来源。

国内宏观环境,通常考虑经济增长率(宋凌峰和邬诗婕,2017)或通货膨胀率(王晓芳和权飞过,2019);货币政策,选取 $M2$ 增长率(唐文进和苏帆,2017);以及金融发展水平,用股市市值占 GDP 比重(Perera et al.,2014)。此外,在全球化环境下,一国金融市场风险与全球经济存在较强的联动效应,国际利差、汇率、对外投资水平等也是不可忽略的重要因素。综合以上考虑,在常用指标的基础上,删除意义相同、存在完全共线性以及数据缺失的指标,本研究最终选择资产规模、总资产收益率、总资产与股东权益比、收入多元化指数、存贷比、GDP 增长率、货币供给增长率、股市市值占 GDP 比重、中国与美国的利率差额、人民币实际有效汇率指数、中国对外直接投资 FDI 与 GDP 比值、美元兑日元实际汇率共 12 个主要指标进行实证研究。

4. 中介变量

根据第 3 章的分析,风险承担与风险传染是商业银行系统性风险的主要来源机制。因此,将这两方面的因素作为中介变量,建立中介效应模型对风险承担与风险传染的系统性风险传导机制进行检验。在风险承担变量的选取上,采用第 3 章基于双指数市场模型计算得到的总风险($Trisk$)、利率风险($Irisk$)、系统(市场)风险($SYSrisk$)、个体特质风险($Urisk$)等风险承担指标。在风险传染指标的选取上,主要有未定权益法、传染性指标、传染指数等。本研究主要参考宫晓琳(2012)、方意(2016)、方意和郑子文(2016)等文献的基本思想,通过考虑银行机构与银行系统市场收益率的动态相关系数计算得到。

上述各变量定义及描述性统计情况如表 6-1、表 6-2 所示。

表 6-1　模型相关变量选择及定义

	变量名称	变量符号	变量定义
被解释变量	系统性风险	$\Delta CoVaR$	基于"条件在险价值"方法计算得到
		$SMES$	基于"边际期望损失"方法计算得到
		$DMES$	基于 DCC-GARCH 模型与非参数核估计方法计算得到
核心解释变量	金融科技指数	$Fintech1$	采用文本挖掘法合成得到
		$Fintech2$	数字普惠金融总指数/100
控制变量	经济增长率	GDP	国有股/总股本
	货币政策	$M2$	货币供应量(M2)增长率
	货币政策	$M1$	货币供应量(M1)增长率
	金融市场发展	$Stock$	上市公司总市值/GDP 总额
	国际利率差额	$CAID1$	中国与美国的年均利率差额(3 个月)
	国际利率差额	$CAID2$	中国与美国的年均利率差额(1 年期)
	人民币实际汇率	REA	人民币实际有效汇率指数(BIS 实际)
	对外直接投资	FDI	对外直接投资 FDI 与 GDP 比值
	美元兑日元比率	$AJRE$	美元对日元实际汇率(年均)
	资产规模	$Size$	年末银行资产总额的自然对数
	总资产收益率	ROA	净利润/资产总额
	杠杆率	LEV	总资产/股东权益
	流动性	LDR	存贷比＝存款总额/贷款总额
	收入多元化指数	HHI	采用赫芬达尔指数计算得到
控制变量	总风险	$Trisk$	采用双指数市场模型法计算得到
	系统(市场)风险	$SYSrisk$	采用双指数市场模型法计算得到
	利率风险	$Irisk$	采用双指数市场模型法计算得到
	个体特质风险	$Urisk$	采用双指数市场模型法计算得到
	风险传染	$Corr$	基于银行机构与银行系统之间的动态相关系数计算得到

注：为了避免估计系数过大的问题，在具体回归过程中，对金融科技指数、金融市场发展和银行业
　　开放度指标进行放大 10 倍处理

表 6-2 相关变量的描述性统计

变量符号	均值	中位数	最大值	最小值	标准差	观测数
$\Delta CoVaR1$	4.374	3.938	12.269	0.191	2.137	196
$\Delta CoVaR5$	4.374	3.938	12.269	0.191	2.137	196
$DMES2$	3.307	2.984	8.371	0.030	1.950	196
$CoVaR5$	3.045	3.043	7.794	-0.128	1.429	196
$SMES10$	4.504	4.748	7.505	1.285	1.283	196
$DMES5$	2.689	2.338	7.916	-1.607	1.514	196
$Trisk$	2.848	2.795	6.301	0.527	0.951	196
$Sysrisk$	2.036	1.813	5.723	0.728	0.922	196
$Irisk$	1.003	1.011	1.635	-0.619	0.295	196
$Urisk$	-0.101	0.014	0.995	-10.138	0.866	196
$Corr$	1.139	0.955	5.025	0.321	0.757	196
$Fintech1$	0.842	1.027	1.467	0.010	0.530	196
$Fintech2$	2.011	2.200	3.002	0.400	0.824	152①
GDP	7.941	7.310	10.639	6.600	1.374	196
$M2$	0.153	0.144	0.258	0.073	0.058	196
$M1$	0.128	0.097	0.388	0.011	0.101	196
$Stock$	0.959	0.901	1.325	0.537	0.269	196
$CAID1$	0.428	0.171	2.147	-0.300	0.846	196
$CAID2$	0.133	-0.129	1.847	-0.600	0.846	196
REA	115.555	121.090	130.210	97.260	10.106	196
FDI	0.011	0.011	0.018	0.007	0.003	196
$AJRE$	102.426	112.199	121.635	77.797	15.165	196
$Size$	14.767	14.833	17.137	11.448	1.412	196
ROA	1.048	1.053	1.757	0.149	0.229	196
LEV	15.925	15.545	31.400	8.259	3.393	196
LDR	1.393	1.366	2.371	0.909	0.208	196
HHI	0.309	0.308	0.500	0.088	0.101	196

注:以上所有变量取值期间均为 2008—2018 年,其中银行资产总额、GDP 等涉及价格的变量以
 2008 年为基期进行相应 CPI 调整
资料来源:本研究整理

———————

① 由于北京大学数字金融研究中心发布的数字普惠金融指数没有 2011 年之前的数据,因
此仅有 152 个观测数。

5. 研究样本与数据来源

本研究数据主要来源于 Wind 金融,由于系统性条件在险价值
($\Delta CoVaR$)和边际期望损失(MES)的计算需要用到市场收益率数据,因
此研究样本范围为中国沪深两市 36 家已上市银行。另外,MES 的计算通
常有时间跨度需求,若时间太短会导致表现最坏的 5% 天数较少,影响结
果的稳健性。因此,剔除 2019 年才上市的紫金银行、青岛银行、西安银行、
青农商行、苏州银行、渝农银行、浙商银行和中国邮政储蓄银行,同时删除
当年时间跨度少于 6 个月的观测值,即 2018 年下半年上市的郑州银行和
长沙银行。最后共获取 26 家银行共 196 个观测值的数据。其中包括中国
银行、中国建设银行、中国农业银行、中国工商银行、交通银行等 5 家国有
大型商业银行,平安银行、招商银行、上海浦东发展银行、华夏银行、中国光
大银行、中国民生银行、中信银行、兴业银行等 8 家股份制银行,北京银行、
江苏银行、上海银行、南京银行、杭州银行、宁波银行、成都银行、贵阳银行
等 8 家城市商业银行以及张家港农商银行、江阴农商银行、常熟农商银行、
无锡农商银行、苏州农村商业银行等 5 家农村商业银行。样本期间为 2008
年到 2018 年,除金融科技指数($Fintech$)、系统性风险变量($\Delta CoVaR$、
MES)、风险承担变量($Trisk$、$Urisk$)和风险传染指数($Corr$)是由本研究
计算得到以外,其余变量有关数据均来自 Wind 金融、国泰安、CEIC 等数
据库。所有计算过程通过 Excel、Eviews10 和 Stata15 等统计软件完成。
本研究样本涵盖了除外资银行以外的所有商业银行类型,其总资产与存贷
款规模占全行业 75% 以上,具有较好的代表性。

二、计量模型设计

1. 基础回归模型设定

基于上述分析与数据,本研究设计如下多元回归方程模型:

$$SRISK_{i,t} = \beta_0 + \beta_1 Fintech_{i,t} + \sum_{j=1}^{7} \gamma_j Control_{j,t} + u_{i,t} + \varepsilon_{i,t}$$

$$(6-2)$$

其中被解释变量 $SRISK$ 反映样本银行的系统性风险贡献值,$Fintech$
为关键解释变量金融科技发展指数;$Control$ 为模型所考虑的一组控制变
量;$u_{i,t}$ 为个体异质性,$\varepsilon_{i,t}$ 为随机扰动项。第 i 家银行在第 t 期的系统性
风险贡献值被表示为金融科技发展、GDP 增长率、货币政策、金融发展程
度、国际利差、实际汇率、FDI,以及随机误差等因素的函数。

由于解释变量分别有基于文本挖掘技术得到的金融科技发展指数（$Fintech1$）以及"金融科技"的百度指数（$Fintech6$），而被解释变量$SRISK$分别有$\Delta CoVaR$（1%和5%）、静态MES（5%和10%）和动态MES（2%和5%）。因此，上述基础模型实际包括了10个回归方程。

2. 估计方法选择

对于面板数据模型，常见的有混合回归（POOL）以及控制个体特征的随机效应（RE）和固定效应（FE）回归等多种方法。对此，首先进行F检验，以判断是选择混合回归还是个体固定效应模型；其次，进行LR检验，以判断是选择个体随机效应模型还是混合回归；最后，进行Hausman检验，表6-3检验结果显示，原假设"个体效应与回归变量无关"对应的P值为0.000，因此应使用个体固定效应模型而非个体随机效应模型。由于篇幅所限，这里仅针对采用$Fintech1$的基础模型进行检验（表6-3），其他面板检验结果与此类似，不再赘述。

表6-3　模型选择检验结果

检验方法	统计量	模型6-1		模型6-2		模型6-3	
		$\Delta CoVaR1$	$CoVaR5$	$SMES5$	$SMES10$	$DMES2$	$DMES5$
F检验	F统计量	10.74 (0.000)	24.41 (0.000)	85.66 (0.000)	82.27 (0.000)	30.55 (0.000)	31.26 (0.000)
LR检验	LR chi2	49.33 (0.000)	111.21 (0.000)	930.79 (0.000)	487.03 (0.000)	755.51 (0.000)	264.70 (0.000)
Hausman检验	chi2	40.35 (0.000)	14.85 (0.000)	46.92 (0.000)	49.22 (0.000)	53.17 (0.000)	36.47 (0.000)

注：（　）内为P值
资料来源：本研究整理

3. 面板数据单位根（平稳性）检验

构建的动态面板数据模型，含有被解释变量的个体效应，且整个银行业数据呈现出"大N小T"的短面板特征，可能导致回归结果的有偏和非一致。为防止"虚假回归"问题，要求数据平稳，故采用Fisher-ADF、Phillips-Perron Test、KPSS Test三种检验方法围绕银行个体层面的变量进行面板单位根检验，这三种检验方法的原假设均为"H0：所有个体都是非平稳的"（表6-4）。其中Fisher-ADF尤其适合非平衡面板数据的单位根检验，只要有一种方法拒绝原假设则说明变量平稳。

表 6-4　面板数据的平稳性检验

变量	Fisher-ADF Test		Phillips-Perron Test		KPSS Test	
	检验值	P 值	检验值	P 值	检验值	P 值
Size	−2.476 8	0.123 3	−2.928 2	0.043 8	134.117 2	0.000 0
ROA	−6.122 2	0.000 0	−6.241 5	0.000 0	66.036 8	0.000 0
LEV	−6.982 2	0.000 0	−6.934 1	0.000 0	47.505 3	0.000 0
LDR	−2.158 8	0.222 4	−4.849 4	0.000 1	101.544 8	0.000 0
HHI	−6.451 0	0.000 0	−6.428 5	0.000 0	47.222 8	0.000 0
$\Delta CoVaR1$	−6.989 6	0.000 0	−6.946 3	0.000 0	28.287 9	0.000 0
$\Delta CoVaR5$	−1.161 9	0.687 8	−7.126 7	0.000 0	29.447 1	0.000 0
*SMES*5	−3.335 2	0.015 1	−12.283 3	0.000 0	23.745 7	0.000 0
*SMES*10	−2.915 4	0.046 1	−12.397 5	0.000 0	24.870 7	0.000 0
*DMES*2	−2.627 7	0.089 8	−5.484 3	0.000 0	49.134 7	0.000 0
*DMES*5	−3.001 5	0.037 1	−5.251 4	0.000 0	41.904 7	0.000 0

资料来源：本研究整理

　　表 6-4 的检验结果显示，除了 *SIZE*、*LDR* 和 $\Delta CoVaR5$ 只在 Phillips-Perron 和 KPSS 两种方法下拒绝原假设以外，其他变量均在全部三种检验方法下拒绝原假设，说明以上各个变量都是平稳序列，回归分析将不会出现虚假回归。

第二节　基准回归结果

　　基于上述分析，首先选取基于 1% 分位数计算得到的条件在险价值 $\Delta CoVaR$，基于 5% 分位点计算得到的静态 *MES*，以及基于 2% 分位数回归获得的动态 *MES* 作为被解释变量，选取基于文本挖掘技术得到的金融科技发展指数（*Fintech*1）作为解释变量，根据式（6-2）检验**命题 4**，对金融科技与银行系统性风险之间的关系进行检验。基于 Hausman 检验的固定效应（FE）具体估计结果报告于表 6-5。

表 6-5 基础模型回归结果

变量	模型 6-1（ΔCoVaR1）		模型 6-2（SMES5）		模型 6-3（DMES2）	
	(1)	(2)	(3)	(4)	(5)	(6)
$Fintech1$	4.270*** (4.95)	3.962*** (3.09)	12.765*** (21.32)	10.121*** (12.19)	4.429*** (14.46)	4.167*** (9.31)
GDP	0.674*** (2.92)	0.659** (2.60)	0.660*** (4.12)	0.395** (2.41)	0.405*** (4.94)	0.374*** (4.22)
$M2$	−0.361 (−0.62)	−0.415 (−0.68)	−2.572*** (−6.35)	−3.040*** (−7.64)	−0.701*** (−3.38)	−0.745*** (−3.47)
$Stock$	−0.267 (−0.30)	−0.095 (−0.10)	2.813*** (4.58)	2.703*** (4.56)	1.463*** (4.65)	1.399*** (4.38)
REA	−10.705* (−1.85)	−11.311* (−1.92)	−69.870*** (−17.41)	−70.899*** (−18.58)	−18.784*** (−9.14)	−18.638*** (−9.06)
FDI	14.416*** (2.89)	15.805*** (3.02)	−14.373*** (−4.16)	−15.668*** (−4.62)	−2.975* (−1.68)	−3.676** (−2.01)
$CAID1$	−0.660** (−2.45)	−0.578* (−1.97)	−3.527*** (−18.88)	−3.708*** (−19.54)	−0.849*** (−8.88)	−0.931*** (−9.10)
$AJRE$	3.330 (1.29)	3.654 (1.38)	13.239*** (7.40)	14.084*** (8.23)	3.198*** (3.49)	3.160*** (3.43)
$Size$		0.313 (0.55)		1.263*** (3.45)		−0.006 (−0.03)
ROA		0.816 (1.00)		0.240 (0.46)		−0.186 (−0.66)
LEV		−0.003 (−0.07)		−0.023 (−0.83)		−0.002 (−0.13)
HHI		−0.907 (−0.50)		0.908 (0.77)		0.896 (1.40)
LDR		0.451 (0.26)		3.648*** (3.30)		0.844 (1.41)
$CONS$	−5.720 (−1.01)	−10.636 (−1.14)	53.556*** (13.58)	37.963*** (6.29)	7.899*** (3.91)	7.894** (2.43)
R^2（within）	0.466	0.471	0.881	0.897	0.790	0.799
R^2-adjusted	0.357	0.343	0.857	0.873	0.747	0.750

（续表）

变量	模型 6-1（$\Delta CoVaR1$）		模型 6-2（$SMES5$）		模型 6-3（$DMES2$）	
	(1)	(2)	(3)	(4)	(5)	(6)
F	17.668	10.765	150.470	105.669	76.153	47.862
N	196	196	196	196	196	196

注：（　）内为 t 值，***、**、* 分别表示在 1%、5%、15% 的水平上显著
资料来源：本研究整理

表 6-5 中的列(1)、(3)、(5)仅加入了宏观层面控制变量，列(2)、(4)、(6)加入所有控制变量，表 6-5 的固定效应结果显示核心解释变量回归系数的符号方向与显著性水平保持一致，系数大小也变动不大，说明回归结果具有较好的稳定性。从具体变量估计结果来看，关键解释变量金融科技指数（$Fintech1$）的回归系数在模型 6-1、模型 6-2 和模型 6-3 中均为正，且都在 1% 水平上通过了显著性检验，说明金融科技发展与中国银行业系统性风险存在显著的正相关关系。这意味着，在研究期间内，金融科技的快速发展整体上提高了中国商业银行的系统性风险，这一估计结果与理论预期相一致，本研究的**命题 4** 得到初步验证。

其他控制变量方面，较为一致性的结论有：经济增长率、金融发展水平等变量的估计系数为正且显著，说明高速的经济增长、发达的证券市场会提高银行系统性风险。原因可能在于，在高增长的宏观经济环境下，商业银行面临的往往是宽松的信贷政策，其面临的竞争和盈利压力也较小，银行业更多地实行粗放式发展，而以股市为代表的金融市场规模的不断膨胀扩大，会加剧金融机构间的风险传染与共振效应，从而提高商业银行的风险敞口。

此外，人民币实际汇率（REA）与国际利率差额（$CAID$）的回归系数均为负且显著，人民币贬值与国际利差的扩大会提高中国银行业的系统性风险水平，原因在于人民币贬值或中国相对利率的下降会使得人民币投资收益相对降低，引发资本流向国际市场，增加资本流动性短缺风险。美元兑日元汇率（$AJRE$）估计系数显著为正，则反映了国际金融市场与中国银行系统之间的联动效应。

第三节　基准结果的稳健性检验

一、采用系统 GMM 估计

自身风险承担或对系统性风险贡献较大的银行其对金融科技的应用程

度可能更高,由此导致金融科技发展与银行系统性风险溢出时间可能存在较为严重的反向因果影响。为了缓解模型可能存在的内生性,参考沈悦和郭品(2015)、申创和刘笑天(2017)等文献的做法,采用布伦德尔和邦德(Blundell and Bond,1998)提出的系统广义矩(Generalized Method of Moments,GMM)估计方法对式(6-2)重新进行回归。结果报告于表 6-6。

表 6-6　系统 GMM 估计结果

变量	模型 6-1 ($\Delta CoVaR1$)		模型 6-2($SMES5$)		模型 6-3($DMES2$)	
	(1)	(2)	(3)	(4)	(5)	(6)
$L.\Delta CoVaR1$	0.492*** (3.50)	0.371 (1.58)				
$L.SMES5$			0.045 (0.69)	0.061 (0.94)		
$L.DMES2$					0.467* (1.95)	0.446** (2.22)
$Fintech1$	4.498* (1.85)	4.393*** (3.24)	12.704*** (17.72)	13.363*** (13.26)	4.525*** (10.20)	4.603*** (8.08)
GDP	0.671** (2.41)	0.605*** (3.13)	0.577*** (3.04)	0.714*** (3.64)	0.384*** (4.86)	0.394*** (3.93)
$M2$	0.964 (0.44)	0.248 (0.49)	−3.130*** (−10.24)	−3.049*** (−10.58)	−0.521* (−1.95)	−0.540* (−1.72)
$Stock$	−0.739 (−0.35)	0.282 (0.37)	3.673*** (7.78)	3.493*** (6.12)	1.835*** (3.28)	1.598*** (3.23)
REA	−3.294 (−0.27)	−6.309 (−1.45)	−75.047*** (−18.53)	−76.185*** (−21.33)	−20.883*** (−7.61)	−21.587*** (−6.60)
FDI	22.232*** (2.65)	18.712*** (2.69)	−22.220*** (−8.31)	−22.201*** (−4.95)	2.531 (1.00)	1.434 (0.47)
$CAID1$	−0.512 (−0.94)	−0.964*** (−3.07)	−3.638*** (−26.20)	−3.549*** (−15.74)	−0.970*** (−6.04)	−0.955*** (−3.20)
$AJRE$	−1.487 (−0.29)	−0.153 (−0.10)	15.174*** (9.42)	15.490*** (11.92)	3.714*** (3.96)	3.842*** (3.81)
$Size$		−0.993*** (−2.66)		−0.009 (−0.04)		0.022 (0.09)

（续表）

变量	模型 6-1（ΔCoVaR1）		模型 6-2（SMES5）		模型 6-3（DMES2）	
	（1）	（2）	（3）	（4）	（5）	（6）
ROA		1.571* (1.73)		−0.010 (−0.01)		−0.393 (−0.59)
LEV		−0.018 (−0.35)		0.036 (0.70)		−0.010 (−0.33)
HHI		2.782 (0.49)		1.104 (0.44)		0.774 (0.30)
LDR		8.094* (1.92)		−2.639 (−0.56)		−1.609 (−0.33)
CONS	−9.957 (−0.61)	−0.075 (−0.01)	59.722*** (16.22)	60.233*** (20.43)	10.825*** (3.12)	12.749** (2.40)
Chi2	279.104	586.523	2743.156	1852.241	680.264	821.675
AR(2)	−3.019	−2.915	−2.786	−3.013	−2.622	−2.298
Sargan	19.623	9.560	13.4670	10.341	17.354	16.842
N	184	184	184	184	184	184

注：（ ）内为 T 值，***、**、* 分别表示在 1%、5%、15% 的水平上显著
资料来源：本研究整理

表 6-6 中的列（1）、（3）、（5）仅加入了宏观层面控制变量，列（2）、（4）、（6）加入所有控制变量。如表 6-6 所示，引入系统 GMM 估计方法，克服模型可能存在的内生性问题后，模型 6-1、模型 6-2、模型 6-3 中的金融科技发展指数（$Fintech1$）回归系数同样均为正，且在 1% 的水平上通过了显著性检验，得到和固定效应（FE）估计一致性的结论。AR（2）检验和 Sargan 检验也均表明回归依据的系统 GMM 估计具有合理性。这意味着，在研究期间内，商业银行系统性风险与金融科技发展之间存在显著的正相关关系，即金融科技的快速发展加剧了银行业系统性风险。以上结果与基准回归结果相一致，本研究的**命题 4** 得到进一步证实。

二、考虑系统性风险的动态效应

考虑到系统性风险的动态影响，在式（6-2）的基础上加入 $SRISK$ 的滞后一期项。

$$SRISK_{i,t} = \beta_0 + \beta_1 SRISK_{i,t-1} + \beta_2 FTI_{i,t} + \sum_{j=1}^{7} \gamma_j Control_{j,t} + u_{i,t} + \varepsilon_{i,t}$$

$$(6-3)$$

其中系统性风险的滞后一阶 $SRISK_{i,t-1}$ 表示对本期 $SRISK$ 的动态影响,其他变量含义与式(6-2)相同。采用基于 Hausman 检验的固定效应(FE)模型对式(6-3)进行回归,具体结果报告于表 6-7。

表 6-7 加入 SRISK 滞后一期项估计结果

变量	模型 6-1($\Delta CoVaR1$)		模型 6-2($SMES5$)		模型 6-3($DMES2$)	
	(1)	(2)	(3)	(4)	(5)	(6)
$\Delta CoVaR1$ (−1)	0.087 (1.09)	0.082 (1.00)				
$SMES5$ (−1)			0.026 (0.62)	−0.011 (−0.28)		
$DMES2$ (−1)					0.243*** (3.98)	0.242*** (3.87)
$Fintech1$	4.247*** (4.83)	4.190*** (3.17)	12.495*** (24.07)	10.291*** (14.20)	4.411*** (15.18)	4.213*** (9.81)
GDP	−0.633*** (−2.66)	−0.637** (−2.46)	−0.551*** (−3.91)	−0.359** (−2.53)	−0.388*** (−4.93)	−0.364*** (−4.31)
$M2$	0.314 (0.50)	0.321 (0.49)	2.898*** (8.06)	3.280*** (9.39)	0.557*** (2.74)	0.592*** (2.81)
$Stock$	0.137 (0.15)	−0.032 (−0.03)	−3.420*** (−6.06)	−3.199*** (−5.94)	−1.668*** (−5.32)	−1.585*** (−4.99)
REA	10.925* (1.82)	11.379* (1.87)	71.875*** (19.95)	71.958*** (21.23)	19.363*** (9.78)	19.123*** (9.63)
FDI	−16.354*** (−2.97)	−18.011*** (−3.12)	21.220*** (5.64)	24.125*** (6.64)	0.099 (0.05)	0.796 (0.40)
$CAID1$	0.740*** (2.65)	0.649** (2.13)	3.547*** (21.51)	3.679*** (22.15)	0.903*** (9.66)	0.979*** (9.77)
$AJRE$	−3.021 (−1.13)	−3.265 (−1.19)	−14.048*** (−8.93)	−14.534*** (−9.77)	−3.280*** (−3.74)	−3.215*** (−3.64)
$Size$		−0.174 (−0.29)		−1.038*** (−3.14)		0.020 (0.10)

(续表)

变量	模型 6-1（$\Delta CoVaR1$）		模型 6-2（$SMES5$）		模型 6-3（$DMES2$）	
	(1)	(2)	(3)	(4)	(5)	(6)
ROA		−0.780		−0.339		0.256
		(−0.93)		(−0.73)		(0.93)
LEV		0.006		0.009		−0.003
		(0.15)		(0.39)		(−0.20)
HHI		1.246		−1.842*		−0.766
		(0.61)		(−1.66)		(−1.16)
LDR		−0.381		−2.882***		−0.703
		(−0.21)		(−2.91)		(−1.20)
CONS	4.764	8.012	−57.142***	−42.919***	−8.997***	−9.127***
	(0.81)	(0.80)	(−16.23)	(−7.67)	(−4.57)	(−2.79)
R^2(within)	0.485	0.491	0.916	0.929	0.821	0.828
R^2-adjusted	0.372	0.357	0.897	0.910	0.782	0.783
F	15.696	9.981	181.548	134.892	76.482	49.864
N	184	184	184	184	184	184

注：（ ）内为 t 值，***、**、* 分别表示在 1%、5%、15% 的水平上显著
资料来源：本研究整理

表 6-7 的结果表明，考虑系统性风险的动态影响，在回归模型中加入 $SRISK$ 的滞后一期项以后，关键解释变量 $Fintech1$ 在三个模型下的所有回归结果均在 1% 的水平上显著，意味着本研究的**命题 4** 仍然成立。考虑系统性风险的动态效应后，前述基准结论并无实质性改变。综合来看，关于金融科技发展与商业银行系统性风险之间的确呈现出明显的正相关关系，前述估计结果是稳健可靠的。

三、其他稳健性检验

为尽可能保证实证研究结果的稳健性，本研究借鉴郭品和沈悦（2015）、邱晗等（2018）、郭晔等（2018）的做法，从以下三方面对上述基准回归结果进行进一步稳健性检验。

1. 替换关键解释变量

考虑到金融科技发展程度的量化方法仍然存在争议，很可能因为本研究选取的金融科技测度指标具有特殊性，从而使得回归结果出现偏差。为

了规避测度指标本身对上述基准回归结果产生的影响,选取北京大学数字
金融研究中心提供的数字普惠金融总指数($Fintech2$)作为解释变量,对基
准模型式(6-2)重新进行回归。表6-8的检验结果显示,替换金融科技测
度指标以后,模型关键解释变量($Fintech2$)在三个模型下的回归系数均为
正,且在1%的水平下通过了显著性检验。与上述基准回归结果相比,正
负方向相同,显著性一致,其他控制变量的回归系数也变化不大,本研究的
命题4再次得到支持。

表6-8 替换关键解释变量估计结果

变量	模型 6-1($\Delta CoVaR1$)		模型 6-2($SMES5$)		模型 6-3($DMES2$)	
	(1)	(2)	(3)	(4)	(5)	(6)
$Fintech2$	2.645*** (3.27)	3.145*** (3.89)	2.841*** (4.41)	2.410*** (3.84)	1.925*** (5.56)	1.735*** (4.91)
GDP	0.739** (2.02)	0.757** (2.11)	1.706*** (5.86)	1.619*** (5.81)	0.855*** (5.46)	0.837*** (5.34)
$M2$	−1.129 (−0.50)	−2.373 (−1.06)	−20.468*** (−11.30)	−19.691*** (−11.36)	−4.627*** (−4.76)	−4.150*** (−4.25)
$Stock$	−0.503 (−0.24)	−1.228 (−0.59)	−11.785*** (−6.91)	−11.367*** (−6.99)	−1.186 (−1.29)	−0.893 (−0.98)
REA	−10.521** (−2.05)	−7.839 (−1.53)	−22.382*** (−5.46)	−22.707*** (−5.72)	−11.267*** (−5.12)	−12.126*** (−5.42)
FDI	16.281** (2.02)	25.718*** (3.00)	50.172*** (7.79)	44.294*** (6.65)	10.433*** (3.02)	7.183* (1.92)
$CAID1$	−1.349** (−2.44)	−1.226** (−2.24)	−6.407*** (−14.50)	−6.634*** (−15.62)	−1.788*** (−7.54)	−1.862*** (−7.79)
$AJRE$	0.000 (0.000)	0.000 (0.000)	0.000 (0.000)	0.000 (0.000)	0.000 (0.000)	0.000 (0.000)
$Size$		−2.647*** (−2.83)		1.212* (1.67)		0.892** (2.19)
ROA		−0.192 (−0.15)		−0.023 (−0.02)		0.143 (0.26)
LEV		0.065 (0.78)		0.013 (0.20)		−0.026 (−0.71)

（续表）

变量	模型 6-1（$\Delta CoVaR1$）		模型 6-2（$SMES5$）		模型 6-3（$DMES2$）	
	(1)	(2)	(3)	(4)	(5)	(6)
HHI		−1.952 (−1.01)		1.143 (0.76)		0.504 (0.60)
LDR		0.046 (0.03)		4.953*** (3.78)		1.003 (1.36)
CONS	−2.124 (−0.50)	33.653** (2.48)	39.421*** (11.72)	18.659* (1.77)	6.096*** (3.38)	−6.688 (−1.13)
R^2（within）	0.383	0.450	0.853	0.876	0.677	0.701
R^2-adjusted	0.217	0.271	0.813	0.836	0.590	0.604
F	10.554	7.771	98.520	67.030	35.644	22.239
N	152	152	152	152	152	152

注：括号内为 t 值，***、**、*分别表示在 1％、5％、15％的水平上显著

资料来源：本研究整理

2. 替换被解释变量

无论是采用条件在险价值（$\Delta CoVaR$），还是边际期望损失（静态 MES、动态 MES）作为系统性风险指标，其测度结果依赖于对具体分位数的选择，基于 1％、5％和 2％分位数计算获得的系统性风险指标可能存在人为选择偏误。因此，分别选取 5％、10％、5％为分数位重新计算相应系统性风险指标，依次替换基准模型式（6-2）中的被解释变量 $SRISK$，并重新进行回归。表 6-9 的检验结果表明，替换被解释变量后，本研究的**命题4**同样得到支持。

表 6-9　替换被解释变量估计结果

变量	模型 6-1（$\Delta CoVaR5$）		模型 6-2（$SMES10$）		模型 6-3（$DMES5$）	
	(1)	(2)	(3)	(4)	(5)	(6)
Fintech1	2.661*** (7.41)	2.254*** (4.25)	10.817*** (22.55)	8.747*** (13.27)	2.863*** (13.08)	2.831*** (8.86)
GDP	0.323*** (3.36)	0.287*** (2.73)	0.856*** (6.66)	0.634*** (4.87)	0.249*** (4.25)	0.243*** (3.85)

（续表）

变量	模型 6-1（$\Delta CoVaR5$）		模型 6-2（$SMES10$）		模型 6-3（$DMES5$）	
	(1)	(2)	(3)	(4)	(5)	(6)
$M2$	-0.696^{***}	-0.775^{***}	-1.469^{***}	-1.803^{***}	-0.559^{***}	-0.564^{***}
	(-2.87)	(-3.05)	(-4.53)	(-5.71)	(-3.78)	(-3.68)
$Stock$	-0.391	-0.410	1.505^{***}	1.418^{***}	1.136^{***}	1.101^{***}
	(-1.06)	(-1.08)	(3.06)	(3.01)	(5.06)	(4.83)
REA	-9.658^{***}	-9.777^{***}	-52.856^{***}	-53.982^{***}	-12.865^{***}	-12.673^{***}
	(-4.01)	(-4.01)	(-16.43)	(-17.82)	(-8.77)	(-8.63)
FDI	-1.270	-1.737	-9.535^{***}	-10.238^{***}	-1.758	-2.198^{*}
	(-0.61)	(-0.80)	(-3.45)	(-3.80)	(-1.39)	(-1.68)
$CAID1$	-0.756^{***}	-0.792^{***}	-2.708^{***}	-2.834^{***}	-0.583^{***}	-0.638^{***}
	(-6.75)	(-6.54)	(-18.09)	(-18.82)	(-8.54)	(-8.73)
$AJRE$	2.787^{**}	2.874^{***}	11.930^{***}	12.656^{***}	2.211^{***}	2.123^{***}
	(2.60)	(2.63)	(8.32)	(9.32)	(3.38)	(3.22)
$Size$		0.164		1.010^{***}		-0.095
		(0.70)		(3.48)		(-0.68)
ROA		0.044		0.137		-0.126
		(0.13)		(0.33)		(-0.62)
LEV		0.005		-0.059^{***}		0.002
		(0.30)		(-2.74)		(0.15)
HHI		0.834		-0.119		0.727
		(1.10)		(-0.13)		(1.59)
LDR		0.481		2.426^{***}		0.517
		(0.68)		(2.76)		(1.21)
$CONS$	2.055	-0.190	33.995^{***}	23.079^{***}	6.006^{***}	6.964^{***}
	(0.87)	(-0.05)	(10.76)	(4.82)	(4.17)	(3.00)
R^2（within）	0.667	0.673	0.871	0.890	0.767	0.777
R^2-adjusted	0.599	0.594	0.844	0.864	0.720	0.723
F	40.567	24.882	136.226	97.918	66.695	42.017
N	196	196	196	196	196	196

注：括号内为 t 值，$***$、$**$、$*$ 分别表示在 1%、5%、15% 的水平上显著
资料来源：本研究整理

3. 调整控制变量

由于货币政策、国际利差等控制变量存在多种选取，为了避免控制变量选择偏误对回归结果造成的影响，我们对控制变量选取进行调整，其中货币政策变量用 $M1$ 增长率替换，国际利差由原来的中美两国 3 个月贷款利率差额($CAID1$)改为 1 年期贷款利差($CAID2$)，然后重新对基准模型式(6-2)进行回归。结果报告于表 6-10。

表 6-10　替换控制变量估计结果

变量	模型 6-1($\Delta CoVaR1$)		模型 6-2($SMES5$)		模型 6-3($DMES2$)	
	(1)	(2)	(3)	(4)	(5)	(6)
$Fintech1$	2.976** (2.59)	3.215** (2.44)	15.882*** (18.56)	14.274*** (15.19)	4.809*** (11.31)	4.796*** (9.94)
GDP	0.246 (0.72)	0.249 (0.72)	1.659*** (6.50)	1.655*** (6.68)	0.524*** (4.13)	0.512*** (4.02)
$M1$	0.550* (1.75)	0.606* (1.81)	−0.945*** (−4.03)	−1.184*** (−4.98)	−0.071 (−0.61)	−0.065 (−0.53)
$Stock$	−1.526* (−1.78)	−1.340 (−1.52)	1.894*** (2.97)	1.765*** (2.82)	0.907*** (2.87)	0.843*** (2.62)
REA	−0.964 (−0.17)	−1.034 (−0.17)	−64.501*** (−14.85)	−65.650*** (−15.52)	−14.842*** (−6.88)	−14.530*** (−6.69)
FDI	1.166 (0.12)	0.965 (0.09)	21.494*** (3.05)	28.230*** (3.90)	1.824 (0.52)	0.989 (0.27)
$CAID2$	−0.417* (−1.97)	−0.324 (−1.36)	−2.944*** (−18.66)	−3.056*** (−18.00)	−0.645*** (−8.23)	−0.721*** (−8.27)
$AJRE$	0.406 (0.18)	0.458 (0.19)	9.725*** (5.63)	10.181*** (6.05)	1.563* (1.82)	1.414 (1.64)
$Size$		−0.098 (−0.17)		1.082*** (2.69)		−0.162 (−0.78)
ROA		0.779 (0.97)		0.047 (0.08)		−0.235 (−0.80)
LEV		0.001 (0.02)		−0.028 (−0.95)		−0.002 (−0.12)
HHI		−0.591 (−0.33)		0.795 (0.61)		0.964 (1.45)

（续表）

变量	模型 6-1 ($\Delta CoVaR1$)		模型 6-2 ($SMES5$)		模型 6-3 ($DMES2$)	
	(1)	(2)	(3)	(4)	(5)	(6)
LDR		−0.216 (−0.13)		3.263*** (2.71)		0.569 (0.92)
$CONS$	−8.770*** (−2.74)	−8.223 (−0.90)	32.674*** (13.72)	16.501** (2.54)	2.190* (1.85)	4.176 (1.25)
R^2(within)	0.475	0.481	0.866	0.878	0.775	0.783
R^2-adjusted	0.368	0.355	0.838	0.849	0.730	0.731
F	18.318	11.187	130.365	87.316	69.947	43.668
N	196	196	196	196	196	196

注：括号内为 t 值，***、**、* 分别表示在 1%、5%、15% 的水平上显著
资料来源：本研究整理

表 6-10 的回归结果显示，在调整模型控制变量后，金融科技指数（$Fintech1$）系数估计结果均为正，且至少在 5% 的水平上通过了显著性检验，说明金融科技发展与银行机构系统性风险呈明显的正相关关系。与前述回归结果相比，三组稳健性检验的回归系数正负方向相同，显著性一致。这说明模型控制变量选择合理，前述估计结果是稳健可靠的。本研究的**命题 4**再次得到证实。

第四节　进一步的研究

一、影响机制检验

1. 金融科技风险承担的中介效应

金融科技使得金融机构的风险来源更加复杂与多样化，导致金融风险泛化，既有流动性风险、信用风险、操作风险、经营风险等传统金融风险，又有数据安全隐患、信息科技漏洞、合规性等新型风险，金融科技提高了银行的风险承担水平。因此，通过金融科技风险承担的中介效应模型，对风险承担在金融科技与银行系统性风险之间可能存在的中介效应进行分析。

(1) 模型设定

为了检验风险承担在金融科技发展与银行系统性风险之间可能存在的中介效应,本研究借鉴温忠麟等(2004)、普里彻和海耶斯(Preacher and Hayes, 2008)等文献提出的中介效应方法,构建如下三个递进方程组成的中介效应模型:

$$SRISK_{i, t} = \alpha_0 + \alpha_1 \times SRISK_{i, t-1} + \alpha_2 \times Fintech_{i, t} \\ + \sum_{j=1}^{12} \gamma_j Control_{j, t} + u_{i, t} + \varepsilon_{i, t} \tag{6-4}$$

$$Risk_{i, t} = \beta_0 + \beta_1 \times Risk_{i, t-1} + \beta_2 \times Fintech_{i, t} \\ + \sum_{j=1}^{12} \gamma_j Control_{j, t} + u_{i, t} + \varepsilon_{i, t} \tag{6-5}$$

$$SRISK_{i, t} = \chi_0 + \chi_1 \times SRISK_{i, t-1} + \chi_2 \times Fintech_{i, t} \\ + \chi_3 \times Risk_{i, t} + \sum_{j=1}^{12} \gamma_j Control_{j, t} + u_{i, t} + \varepsilon_{i, t} \tag{6-6}$$

式(6-4)、式(6-5)和式(6-6)中,$SRISK$ 表示银行机构系统性风险,为了避免报告的结果过于复杂,这里仅选取基于边际期望损失(MES)方法测算得到的静态 MES(5%和10%)与动态 MES(2%和5%)作为代理变量。$Risk$ 表示商业银行风险承担变量,为了与系统性风险指标一致,选取前述第4章基于双指数市场模型计算得到的总风险($Trisk$)、利率风险($Irisk$)、系统(市场)风险($SYSrisk$)、个体特质风险($Urisk$)4个指标作为风险承担代理变量。

这样,模型中的系统性风险有 4 个衡量指标,金融科技指数有 2 个衡量指标,考虑的风险承担变量有 4 个,因此上述中介效应模型方程组实际涵盖了 8+8+32=48 个回归方程。方程组中的其他变量含义与式(6-3)相同。

(2) 估计策略

对上述中介效应模型,我们采用主流的做法,通过逐步回归的程序依次进行检验。第一步,检验方程(6-4)中的 α_2 是否显著,若 α_2 显著为正则进行下一步,若 α_2 未通过显著性检验,说明中介效应的前提条件不满足,则停止检验;第二步,检验方程(6-5)中的 β_2 是否显著,若 β_2 显著为正,则意味着金融科技会提高银行风险承担,若 β_2 不显著,则转到第四步;第三步,检验方程(6-6)中的 χ_3 是否显著,若 χ_3 显著的同时 χ_2 不显著,则说明风险承担在金融科技加重银行系统性风险的影响中承担了完全中介的角色,若系数 χ_3、χ_2、α_2 都显著,则说明风险承担具有部分中介效应。为了和最后的 Sobel 检验相区分,我们将以上三个步骤称为中介效应模型的基准检验。第四步,针对 β_2 做 Sobel 检验,若检验结果显著,则意味着风险承担的中介效应显著,否则中介效应不显著,检验结束。上述检验过程如图6-1 所示。

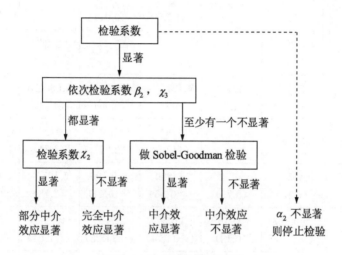

图 6-1 中介效应检验过程

（3）风险承担中介效应检验结果

① 总风险（$Trisk$）的中介效应

依照上述中介效应识别策略与检验步骤,首先选取基于 5％分位点计算得到的静态 MES,以及基于 2％分位数回归获得的动态 MES 作为被解释变量,选取基于文本挖掘技术得到的金融科技发展指数（$Fintech1$）作为解释变量,对风险承担在金融科技发展影响银行机构系统性风险过程中可能存在的中介效应进行检验。由于表 6-7 已经给出了步骤一的检验情况,因此不再重复报告,这里仅需报告的是步骤二和步骤三的检验结果。根据表 6-7 的回归结果,金融科技指数与银行系统性风险（$SMES5\％$、$DMES2\％$）呈显著正相关关系,因此,可以进行后续中介效应检验步骤。首先仅对总的风险承担指数（$Trisk$）的中介效应进行分析,表 6-11 同时报告了固定效应（FE）与系统广义矩（SYSGMM）估计结果。

表 6-11　总风险($Trisk$)中介效应基准检验结果

变量	步骤二		步骤三			
	模型 6-4		模型 6-5		模型 6-6	
	FE	SYSGMM	FE	SYSGMM	FE	SYSGMM
$L.Trisk$	0.109* (1.68)	0.184** (2.17)				
$L.SMES5$			0.046 (1.53)	0.000 (0.01)		
$L.DMES2$					0.252*** (4.26)	0.436* (1.88)
$Fintech1$	4.345*** (11.58)	5.477*** (14.36)	4.777*** (6.53)	6.685*** (2.96)	2.590*** (4.64)	3.113** (2.08)
$Trisk$			1.313*** (11.05)	1.134*** (2.81)	0.379*** (4.24)	0.269 (1.10)
GDP	0.455*** (6.18)	0.567*** (9.79)	−0.229* (−1.95)	−0.100 (−0.44)	0.195** (2.18)	0.241 (1.26)
$M2$	−0.083 (−0.44)	0.016 (0.12)	−3.039*** (−11.74)	−2.918*** (−11.25)	−0.527*** (−2.64)	−0.488 (−1.56)
$Stock$	−0.145 (−0.52)	0.018 (0.05)	3.659*** (9.15)	3.221*** (4.13)	1.677*** (5.56)	1.534*** (3.02)
REA	−18.210*** (−10.58)	−18.908*** (−18.21)	−49.008*** (−15.07)	−51.302*** (−6.77)	−12.240*** (−4.93)	−16.516*** (−3.61)
FDI	4.408** (2.09)	6.378*** (3.06)	−24.377*** (−9.09)	−32.075*** (−4.86)	−1.511 (−0.80)	0.367 (0.15)
$CAID1$	−0.943*** (−10.80)	−0.905*** (−5.61)	−2.418*** (−14.45)	−2.443*** (−6.73)	−0.614*** (−4.80)	−0.669** (−2.44)
$AJRE$	1.918** (2.50)	1.806*** (3.68)	12.202*** (10.91)	11.338*** (8.15)	2.490*** (2.92)	3.218*** (3.18)
$Size$	0.565*** (3.13)	0.003 (0.02)	0.081 (0.31)	−0.171 (−0.82)	−0.275 (−1.42)	0.009 (0.03)
ROA	−0.056 (−0.23)	−0.430 (−0.66)	0.276 (0.81)	−2.203 (−0.79)	−0.262 (−1.00)	−0.437 (−0.62)
LEV	−0.034*** (−2.71)	−0.024 (−0.77)	0.042** (2.31)	0.014 (0.34)	0.017 (1.25)	−0.013 (−0.42)

（续表）

变量	步骤二		步骤三			
	模型 6-4		模型 6-5		模型 6-6	
	FE	SYSGMM	FE	SYSGMM	FE	SYSGMM
HHI	0.516 (0.90)	0.296 (0.16)	1.304 (1.59)	1.564 (0.68)	0.595 (0.95)	1.395 (0.35)
LDR	1.046* (1.97)	−1.169 (−0.32)	0.937 (1.25)	−6.840 (−1.14)	0.196 (0.34)	−2.858 (−0.77)
$Constant$	1.498 (0.51)	10.502*** (4.01)	44.662*** (10.81)	58.324*** (8.71)	9.167*** (2.96)	11.416* (1.81)
R^2(within)	0.889		0.961		0.847	
R^2-adjusted	0.860		0.951		0.806	
F	83.075		239.259		53.171	
chi^2		3 385.952		1 104.983		469.703
N	184	184	184	184	184	184
检验结果			部分中介效应显著		部分中介效应显著	

注：FE、SYSGMM（　）内分别为 t 值、z 值，*** 、** 、* 分别表示在 1％、5％、10％的水平上显著
资料来源：本研究整理

　　表6-11 的回归结果显示，步骤二，即式（6-5）中的金融科技指数（$Fintech1$）回归系数 β_2 均显著为正，说明金融科技发展对银行机构总的风险承担水平（$Trisk$）存在显著的促进作用。步骤三，即式（6-5）中的金融科技指数（$Fintech1$）回归系数 χ_2 在 2 组回归结果中均为正，且至少在 5％的水平下通过了显著性检验。同时，式（6-6）中的风险承担变量（总风险 $Trisk$），即中介效应变量的 4 个回归系数均为正，且除了模型 6-6 的系统 GMM 估计以外，全部在 1％的水平上通过了显著性检验。以上各个步骤的结果满足中介效应模型检验条件，说明银行机构总的风险承担水平（$Trisk$）在金融科技对银行系统性风险的影响中发挥了部分中介效应，即金融科技通过提高银行机构总的风险承担，进而加剧了银行的系统性风险。从中介效应的绝对贡献来看，金融科技经由风险承担提高银行系统性风险的中介效应在模型 6-5、模型 6-6 的两种检验方法下（FE 和 SYSGMM）的绝对贡献（$\beta_2 \times \chi_3$）分别为 5.693、6.124、1.643、1.453。以上结论与前文的理论预期相一致，本研究的**命题 5** 得到部分验证。

②个体特质风险($Urisk$)的中介效应

遵循总风险($Trisk$)中介效应检验的基本思路,仍然以式(6-4)、式(6-5)以及式(6-6)所构成的中介效应模型为框架,对个体特质风险($Urisk$)、利率风险($Irisk$)以及系统(市场)风险($SYSrisk$)在金融科技与银行系统性风险之间可能存在的中介效应进行检验,分别报告于表6-12、表6-13和表6-14。

个体特质风险($Urisk$)在基础模型即式(6-3)中的中介效应检验结果如表6-12所示。由于表6-7已经给出了步骤一的检验情况,因此这里仅报告步骤二和步骤三的检验结果。根据表6-7的回归结果,金融科技指数与银行系统性风险($SMES$5%、$DMES$2%)呈显著正相关关系,因此,可以进行后续中介效应检验步骤。

表 6-12　个体特质风险($Urisk$)中介效应检验结果

变量	步骤二		步骤三			
	模型 6-4		模型 6-5		模型 6-6	
	FE	SYSGMM	FE	SYSGMM	FE	SYSGMM
$L.Urisk$	0.252*** (3.69)	0.287 (1.33)				
$L.SMES$5			0.017 (0.40)	0.079 (1.24)		
$L.DMES$2					0.256*** (4.07)	0.417 (1.51)
$Fintech$1	1.395*** (4.62)	1.383*** (4.23)	9.742*** (12.79)	13.014*** (16.06)	3.975*** (8.68)	4.316*** (6.90)
$Urisk$			0.417** (2.12)	0.353 (1.05)	0.166 (1.46)	0.071 (0.27)
GDP	0.147** (2.47)	0.145*** (3.02)	0.303** (2.13)	0.684*** (3.27)	0.342*** (4.00)	0.352*** (3.19)
$M2$	−0.070 (−0.47)	−0.224 (−1.37)	−3.267*** (−9.46)	−3.058*** (−10.83)	−0.586*** (−2.79)	−0.544* (−1.68)
$Stock$	−0.654*** (−2.97)	−0.365 (−1.49)	3.579*** (6.37)	3.917*** (5.26)	1.716*** (5.22)	1.372 (1.17)

（续表）

变量	步骤二		步骤三			
	模型 6-4		模型 6-5		模型 6-6	
	FE	SYSGMM	FE	SYSGMM	FE	SYSGMM
REA	−6.099***	−7.124***	−69.969***	−74.848***	−18.181***	−20.558***
	(−4.38)	(−5.82)	(−20.11)	(−19.24)	(−8.74)	(−6.48)
FDI	4.330***	5.758*	−23.605***	−20.807***	−0.936	−0.296
	(2.90)	(1.73)	(−6.56)	(−4.50)	(−0.47)	(−0.03)
*CAID*1	−0.271***	−0.302*	−3.561***	−3.379***	−0.933***	−1.017***
	(−3.88)	(−1.94)	(−20.55)	(−9.58)	(−8.93)	(−3.39)
AJRE	0.743	1.068	14.373***	15.303***	3.120***	3.486***
	(1.19)	(1.63)	(9.76)	(11.93)	(3.53)	(3.79)
Size	0.004	0.060	0.930***	−0.080	−0.050	0.029
	(0.03)	(0.61)	(2.82)	(−0.37)	(−0.25)	(0.09)
ROA	−0.213	−0.085	0.357	0.545	−0.245	−1.276
	(−1.09)	(−0.27)	(0.78)	(0.49)	(−0.89)	(−0.41)
LEV	−0.015	−0.002	−0.001	0.051	0.006	−0.016
	(−1.48)	(−0.12)	(−0.06)	(1.00)	(0.41)	(−0.27)
HHI	0.345	−0.365	1.842*	0.944	0.755	1.240
	(0.73)	(−0.28)	(1.68)	(0.42)	(1.15)	(0.47)
LDR	−0.034	0.440	2.638***	−3.300	0.635	−1.981
	(−0.08)	(0.22)	(2.68)	(−0.57)	(1.08)	(−0.35)
Constant	3.689	3.282	43.446***	60.064***	9.084***	13.882**
	(1.54)	(1.25)	(7.85)	(20.75)	(2.78)	(2.06)
R^2 (within)	0.606		0.931		0.831	
R^2-adjusted	0.502		0.912		0.785	
F	15.912		129.231		47.044	
chi^2		3 946.826		2 347.362		795.384
N	184	184	184	184	184	184
Sobel Z			2.107**		2.023**	
Goodman-1 *Z*			2.079**		1.984**	

（续表）

变量	步骤二		步骤三			
	模型 6-4		模型 6-5		模型 6-6	
	FE	SYSGMM	FE	SYSGMM	FE	SYSGMM
Goodman-2 Z			2.137**		2.065**	
中介效应占比			4.56%		10.12%	
检验结果			部分中介效应显著		部分中介效应显著	

注：FE、SYSGMM( )内分别为 t 值、z 值，*** 、** 、* 分别表示在 1%、5%、10%的水平上显著。根据温忠麟等(2004)，只要 Sobel 检验的 Z 值大于 0.97，即可认为部分中介效应在 5%的水平上显著
资料来源：本研究整理

　　表 6-12 的回归结果显示，步骤二，即式（6-5）中的金融科技指数（*Fintech*1）回归系数 β_2 显著。而步骤三，即式（6-6）中的中介效应变量（*Urisk*）的回归结果也仅有模型 6-5 的固定效应（FE）估计系数在 5%的水平上通过了显著性检验。结合步骤二和步骤三的结果，中介效应模型检验条件无法得到满足，需要进行步骤四的 Sobel-Goodman 检验，以进一步判断个体特质风险 *Urisk* 在金融科技影响银行系统性风险的过程中是否存在部分中介效应。

　　表 6-12 的 Sobel 检验结果表明，模型 6-5 和模型 6-6 中的 Sobel-Goodman 检验值（*Sobel Z*、*Goodman* - 1 *Z* 和 *Goodman* - 2 *Z*）最小值为 1.984，根据温忠麟等(2004)给出的部分中介效应检验标准，可认为个体特质风险（*Urisk*）在金融科技与银行系统性风险的之间存在部分中介效应，即金融科技在一定程度上是通过个体特质风险的中介作用，进而提高了银行的系统性风险，这进一步验证了本研究的**命题 5**。从影响效应的贡献大小来看，个体特质风险（*Urisk*）在两个面板中的中介效应占比分别达到了 4.56%和 10.12%。

　　③ 利率风险（*Irisk*）的中介效应

　　利率风险（*Irisk*）在基础模型即式（6-3）中的中介效应检验结果如表 6-13所示。

表 6-13　利率风险($Irisk$)中介效应检验结果

变量	步骤二		步骤三			
	模型 6-4		模型 6-5		模型 6-6	
	FE	SYSGMM	FE	SYSGMM	FE	SYSGMM
$L.Irisk$	0.156*** (3.05)	0.288*** (4.25)				
$L.SMES5$			0.003 (0.08)	0.066 (0.98)		
$L.DMES2$					0.254*** (4.07)	0.488* (1.85)
$Fintech1$	−0.160 (−0.62)	0.047 (0.07)	10.287*** (14.23)	13.488*** (17.36)	4.189*** (9.83)	4.243*** (7.75)
$Irisk$			−0.303 (−1.31)	−0.336 (−1.44)	−0.245* (−1.84)	−0.346 (−0.72)
GDP	0.011 (0.21)	0.055 (0.62)	0.357** (2.53)	0.722*** (3.48)	0.363*** (4.33)	0.363*** (4.24)
$M2$	−0.410*** (−3.26)	−0.515 (−1.43)	−3.402*** (−9.44)	−3.135*** (−11.59)	−0.690*** (−3.20)	−0.593*** (−2.80)
$Stock$	0.362* (1.91)	0.614 (1.45)	3.361*** (6.10)	3.693*** (6.49)	1.691*** (5.28)	1.569** (2.28)
REA	−1.050 (−0.88)	−3.526 (−0.55)	−72.569*** (−21.27)	−77.099*** (−21.77)	−19.450*** (−9.83)	−21.179*** (−7.53)
FDI	−0.710 (−0.63)	2.926 (0.20)	−23.672*** (−6.50)	−22.101*** (−5.21)	−0.823 (−0.42)	0.851 (0.16)
$CAID1$	−0.090 (−1.50)	−0.058 (−0.13)	−3.712*** (−22.16)	−3.490*** (−16.38)	−1.006*** (−10.01)	−1.189*** (−3.95)
$AJRE$	0.406 (0.76)	0.758 (0.23)	14.709*** (9.87)	15.440*** (11.58)	3.321*** (3.78)	3.415*** (3.69)
$Size$	0.016 (0.14)	0.063 (1.27)	1.003*** (3.04)	0.069 (0.29)	−0.034 (−0.18)	−0.199 (−0.84)
ROA	0.116 (0.70)	0.423 (0.63)	0.345 (0.75)	−0.017 (−0.01)	−0.246 (−0.90)	−0.506 (−0.73)
LEV	0.006 (0.72)	−0.011 (−0.65)	−0.007 (−0.30)	0.033 (0.67)	0.004 (0.31)	0.001 (0.05)

（续表）

变量	步骤二		步骤三			
	模型 6-4		模型 6-5		模型 6-6	
	FE	SYSGMM	FE	SYSGMM	FE	SYSGMM
HHI	−0.223 (−0.56)	−0.674 (−0.61)	1.798 (1.62)	1.176 (0.49)	0.718 (1.10)	4.897 (1.18)
LDR	0.330 (0.93)	0.162 (0.11)	2.883 *** (2.92)	−4.854 (−0.91)	0.737 (1.27)	−0.240 (−0.05)
$Constant$	0.761 (0.38)	1.826 (0.27)	44.049 *** (7.80)	61.634 *** (19.49)	9.753 *** (2.99)	14.632 *** (2.98)
R^2 (within)	0.215		0.930		0.832	
R^2-adjusted	0.009		0.910		0.786	
F	2.834		126.647		47.536	
chi^2		203.631		3 068.967		4 706.895
N	184	184	184	184	184	184
Sobel Z			0.411		0.41	
Goodman-1 Z			0.404		0.398	
Goodman-2 Z			0.417		0.422	
中介效应占比			0.83%		1.72%	
检验结果			中介效应不显著		中介效应不显著	

注：FE、SYSGMM（ ）内分别为 t 值、z 值，*** 、** 、* 分别表示在 1%、5%、10% 的水平上显著
资料来源：本研究整理

表 6-16 显示，在利率风险（$Irisk$）中介效应检验过程中，步骤二的检验结果（金融科技指数 $Fintech1$ 回归系数 β_2 不显著）以及步骤三的检验结果（中介效应变量 $Irisk$ 的回归系数除了模型 6-6 的固定效应估计结果在 10% 的水平上显著）以外，其余均不显著。因此，中介效应条件不满足，需要进行步骤四的 Sobel-Goodman 检验，以进一步判断 $Irisk$ 在金融科技影响银行系统性风险的过程中是否存在部分中介效应。

表 6-13 的 Sobel 检验结果表明，模型 6-5 和模型 6-6 的 Sobel-

$Goodman$ 检验值($Sobel\ Z$、$Goodman\text{-}1\ Z$ 和 $Goodman\text{-}2\ Z$)都未能通过显著性检验。故可认为,利率风险($Irisk$)在金融科技与银行系统性风险之间不存在存在明显的中介效应。从影响效应的相对贡献大小来看,利率风险($Irisk$)在两个模型中的中介效应占比仅分别达到了 0.83% 和 1.72%。

④ 系统(市场)风险($SYSrisk$)的中介效应

系统(市场)风险($SYSrisk$)在基础模型即式(6-3)中的中介效应检验结果如表 6-14 所示。

表 6-14 系统(市场)风险($SYSrisk$)中介效应检验结果

变量	步骤二		步骤三			
	模型 6-4		模型 6-5		模型 6-6	
	FE	SYSGMM	FE	SYSGMM	FE	SYSGMM
$L.SYSrisk$	0.245*** (3.08)	0.343 (1.45)				
$L.SMES5$			−0.079** (−2.39)	−0.052 (−0.70)		
$L.DMES2$					0.225*** (3.71)	0.326 (1.25)
$Fintech1$	−0.287 (−1.32)	−0.066 (−0.22)	10.945*** (18.67)	12.596*** (12.18)	4.411*** (10.49)	4.290*** (7.64)
$SYSrisk$			2.009*** (9.00)	1.594* (1.78)	0.511*** (3.26)	0.824** (2.10)
GDP	0.104 (1.07)	0.078 (0.97)	0.920*** (3.47)	0.133 (0.65)	−0.070 (−0.37)	0.170 (0.91)
$M2$	0.025 (0.18)	−0.053 (−0.35)	0.303 (0.82)	0.392 (0.46)	−0.275 (−1.03)	−0.222 (−0.09)
$Stock$	0.003 (0.41)	−0.001 (−0.10)	−0.014 (−0.75)	0.001 (0.01)	0.002 (0.14)	−0.010 (−0.23)
REA	0.505 (1.52)	0.014 (0.01)	0.501 (0.56)	0.320 (0.08)	0.441 (0.68)	1.465 (0.64)
FDI	0.722** (2.43)	−0.320 (−0.23)	1.315 (1.61)	−1.366 (−0.45)	0.254 (0.43)	−2.387 (−0.92)
$CAID1$	−0.018 (−0.43)	−0.000 (−0.01)	0.401*** (3.52)	0.523* (1.94)	0.375*** (4.58)	0.368*** (2.82)

(续表)

变量	步骤二		步骤三			
	模型 6-4		模型 6-5		模型 6-6	
	FE	SYSGMM	FE	SYSGMM	FE	SYSGMM
AJRE	0.064 (0.60)	0.151 (1.23)	−3.319*** (−11.83)	−3.143*** (−8.00)	−0.601*** (−2.95)	−0.711*** (−3.14)
Size	−0.386** (−2.45)	−0.342 (−1.07)	3.622*** (8.32)	3.927*** (5.90)	1.731*** (5.57)	1.863*** (3.35)
ROA	0.024 (0.02)	0.529 (0.45)	−69.986*** (−25.64)	−71.498*** (−13.89)	−18.871*** (−9.80)	−20.884*** (−8.14)
LEV	0.276 (0.29)	0.957 (1.23)	−27.348*** (−9.31)	−25.774*** (−6.33)	−1.015 (−0.53)	−1.641 (−0.31)
HHI	−0.022 (−0.45)	0.056 (0.61)	−3.604*** (−26.99)	−3.543*** (−11.55)	−0.959*** (−9.86)	−0.880** (−2.18)
LDR	0.663 (1.46)	0.326 (0.75)	12.275*** (10.06)	12.372*** (6.08)	2.691*** (3.09)	3.013*** (3.20)
Constant	−3.277** (−2.03)	−2.608 (−1.46)	47.480*** (10.51)	59.047*** (10.11)	10.724*** (3.34)	11.916 (1.53)
R^2(within)	0.318		0.954		0.840	
R^2-adjusted	0.140		0.942		0.796	
F	4.834		200.810		50.331	
chi^2		251.900		3 340.527		2 796.047
N	184	184	184	184	184	184
Sobel Z			0.431		0.431	
Goodman-1 Z			0.429		0.426	
Goodman-2 Z			0.434		0.436	
中介效应 占比			1.30%		2.77%	
检验结果			中介效应不显著		中介效应不显著	

注：FE、SYSGMM( )内分别为 *t* 值、*z* 值，***、**、*分别表示在 1%、5%、10%的水平上显著

资料来源：本研究整理

从表 6-14 可看出,与利率风险($Irisk$)中介效应检验结果类似,关于系统(市场)风险($SYSrisk$)中介效应检验过程中的步骤二和步骤三的结果均不满足中介效应模型条件,Sobel-Goodman 检验值也没有通过显著性检验。故可认为,系统(市场)风险($SYSrisk$)在金融科技与银行系统性风险之间不存在明显的中介效应。从影响效应的相对贡献大小来看,系统(市场)风险($SYSrisk$)在两个面板中的中介效应占比仅分别为 1.30% 和 2.77%。

2. 金融科技风险传染的中介效应

金融科技特有的数字化、网络化特征,使得各机构之间的关联程度更高,风险传染迅速且范围更广。特别是大数据、互联网、人工智能等技术的广泛应用,极大拓宽了信息传播渠道,提升了信息传播速度,更容易产生"羊群行为",打破了跨境障碍,加强了不同机构、不同地区之间的资金往来与业务联系,加大了银行机构之间的风险传染效应,并在放大机制的作用下,进而加剧系统性风险。因此,也通过建立中介效应模型对风险传染在金融科技与银行系统性风险之间可能存在的中介效应进行分析。

遵循前述风险承担中介效应检验的基本思路,用基于动态相关系数计算得到的风险传染指数($Corr$)替换式(6-5)和式(6-6)中的风险承担变量,构建由式(6-7)和式(6-8)组成的中介效应模型。

$$Corr_{i,t} = \beta_0 + \beta_1 \times Corr_{i,t-1} + \beta_2 \times Fintech_{i,t} \atop + \sum_{j=1}^{12} \gamma_j Control_{j,t} + u_{i,t} + \varepsilon_{i,t}$$ (6-7)

$$SRISK_{i,t} = \chi_0 + \chi_1 \times SRISK_{i,t-1} + \chi_2 \times Fintech_{i,t} \atop + \chi_3 \times Corr_{i,t} + \sum_{j=1}^{12} \gamma_j Control_{j,t} + u_{i,t} + \varepsilon_{i,t}$$ (6-8)

依照前述中介效应检验步骤,首先选取基于 5% 分位数计算得到的静态 MES,以及基于 2% 分位数计算获得的动态 MES 作为系统性风险变量,选取基于文本挖掘技术得到的 $Fintech1$ 作为金融科技变量,对风险传染($Corr$)在基础模型即式(6-3)中可能存在的中介效应进行检验,具体检验结果如表 6-15 所示。

表 6-15 风险传染($Corr$)中介效应检验结果

变量	步骤二		步骤三			
	模型 6-7		模型 6-8		模型 6-9	
	FE	SYSGMM	FE	SYSGMM	FE	SYSGMM
$L.Corr$	−0.083 (−0.848)	0.046 (0.143)				
$L.SMES5$			−0.033 (−0.776)	0.030 (0.512)		
$L.DMES2$					0.235*** (3.729)	0.450** (2.568)
$Fintech1$	1.323*** (4.366)	1.158 (1.444)	10.174*** (14.046)	13.547*** (15.679)	4.192*** (9.725)	4.684*** (5.977)
$Corr$			0.734 (1.608)	−0.150 (−0.192)	0.200 (0.765)	0.264 (0.506)
GDP	0.111*** (2.895)	0.075 (0.803)	0.367** (2.609)	0.682*** (3.352)	0.366*** (4.334)	0.436*** (2.603)
$M2$	0.441*** (2.925)	0.357 (1.048)	−3.158*** (−8.870)	−3.094*** (−10.192)	−0.559** (−2.593)	−0.449 (−1.377)
$Stock$	0.525*** (4.571)	0.461** (2.196)	2.893*** (5.081)	3.748*** (6.237)	1.514*** (4.563)	1.799* (1.813)
REA	−0.807 (−1.297)	−0.787 (−0.926)	−70.431*** (−20.106)	−77.109*** (−22.587)	−18.789*** (−9.226)	−21.192*** (−6.923)
FDI	−3.112*** (−4.153)	−1.599 (−1.214)	−24.545*** (−6.777)	−22.646*** (−5.052)	−0.713 (−0.357)	3.001 (0.435)
$CAID1$	−0.228*** (−6.001)	−0.154* (−1.891)	−3.589*** (−20.575)	−3.332*** (−13.459)	−0.954*** (−9.029)	−0.801* (−1.765)
$AJRE$	−0.907** (−2.493)	−0.752 (−1.183)	14.295*** (9.609)	14.989*** (10.984)	3.167*** (3.568)	3.889*** (4.157)
$Size$	0.153* (1.925)	−0.000 (−0.002)	1.062*** (3.234)	0.201 (0.735)	−0.020 (−0.102)	0.025 (0.110)
ROA	−0.097 (−0.770)	0.001 (0.005)	0.390 (0.847)	0.263 (0.317)	−0.245 (−0.884)	0.771 (0.200)
LEV	−0.001 (−0.114)	−0.013 (−0.612)	−0.010 (−0.430)	0.020 (0.383)	0.003 (0.194)	0.006 (0.109)

（续表）

变量	步骤二		步骤三			
	模型 6-7		模型 6-8		模型 6-9	
	FE	SYSGMM	FE	SYSGMM	FE	SYSGMM
HHI	−0.189	−0.110	1.740	0.585	0.743	0.823
	(−0.759)	(−0.108)	(1.576)	(0.227)	(1.123)	(0.280)
LDR	0.625***	−0.029	2.720***	−6.576	0.642	−1.420
	(3.155)	(−0.092)	(2.746)	(−1.050)	(1.083)	(−0.317)
Constant	−4.212***	−1.075	41.677***	61.381***	8.932***	9.788
	(−2.685)	(−0.784)	(7.421)	(16.535)	(2.715)	(0.957)
R^2(within)	0.337		0.930		0.829	
R^2-adjusted	0.145		0.911		0.782	
F	4.760		127.449		46.445	
chi^2		94.607		17 774.845		1 527.974
N	184	184	184	184	184	184
Sobel Z			2.526**		2.531**	
Goodman-1 Z			2.486**		2.492**	
Goodman-2 Z			2.567**		2.572**	
中介效应占比			5.18%		14.20%	
检验结果			部分中介效应显著		部分中介效应显著	

注：FE、SYSGMM（ ）内分别为 t 值、Z 值，***、**、* 分别表示在 1%、5%、10% 的水平上
显著
资料来源：本研究整理

表 6-15 的回归结果显示，步骤二，即式（6-7）中的金融科技指数
（Fintech1）回归系数 β_2 显著。而步骤三，即式（6-8）中的中介效应变量
（Corr）的回归系数均不显著。结合步骤二和步骤三的结果，中介效应条件
无法得到满足，需要进行步骤四的 Sobel-Goodman 检验，以进一步判断风
险传染（Corr）在金融科技影响银行系统性风险的过程中是否存在部分中
介效应。

表 6-15 的 Sobel 检验结果表明，模型 6-8 和模型 6-9 中的 Sobel-
Goodman 检验值（Sobel Z、Goodman-1 Z 和 Goodman-2 Z）均在 5% 的水

平上通过了显著性检验,故可认为风险传染($Corr$)在金融科技与银行系统性风险的之间存在部分中介效应,即金融科技在一定程度上加剧了风险传染,进而提高了银行机构的系统性风险,这进一步验证了课题的**命题5**。从影响效应的相对贡献大小来看,风险传染($Corr$)在两个面板中的中介效应占比分别达到了10.60%和12.66%。

为了更好地理解,我们将以上各风险承担变量($Trisk$、$Urisk$、$Irisk$、$SYSrisk$)以及风险传染($Corr$)的中介效应检验最终结果归纳于表6-16。

表6-16　风险承担与风险传染中介效应检验结果

变量类型	变量符号	检验结果
风险承担	$Trisk$	部分中介效应
	$Urisk$	部分中介效应
	$Irisk$	不存在中介效应
	$SYSrisk$	不存在中介效应
风险传染	$Corr$	部分中介效应

资料来源:本研究整理

二、异质性影响分析

1. 金融科技对商业银行系统性风险异质性影响的识别策略

与第5章的识别策略不同,本章研究参考郭品和沈悦(2015b、2015a)等文献的做法,通过引入虚拟变量的方式来识别金融科技对不同类型银行系统性风险的异质性影响。具体回归分析时,在式(6-2)的基础上,进一步引入金融科技与系统重要性银行虚拟变量的交乘项$FTI_t \times SIFI$,建立如下回归模型对系统重要性银行的异质性影响进行检验。

$$RISK_{i,t} = \beta_0 + \beta_1 Fintech_{i,t} + \beta_3 Fintech_{i,t} \times SIFI_t \\ + \sum_{j=1}^{7} \gamma_j Control_{j,it} + u_i + \varepsilon_{it} \tag{6-9}$$

其中$SIFI$为系统重要性银行虚拟变量,其他变量的含义与式(6-2)相同。若虚拟变量$SIFI$与金融科技发展指数交乘项的估计系数β_3为负,则意味着金融科技对系统重要性银行的影响程度低于非系统重要性银行。根据中国银监会的界定,"中、农、工、建、交"等五家国有大型商业银行为中国系统重要性银行。

2. 金融科技对商业银行系统性风险异质性影响的回归结果

依据上述识别策略,基于式(6-9),选取基于 1% 分位数计算得到的条件在险价值 $\Delta CoVaR$,基于 5% 分位点计算得到的静态 MES,以及基于 2% 分位数回归获得的动态 MES 作为被解释变量,选取基于文本挖掘技术得到的金融科技发展指数($Fintech1$)作为解释变量,对金融科技对不同类型银行系统性风险的异质性影响进行检验。具体结果报告于表 6-17。

表 6-17　金融科技对银行系统性风险异质性影响的回归结果

变量	模型 6-10 ($\Delta CoVaR1$)		模型 6-11 ($SMES5$)		模型 6-12 ($DMES2$)	
	(1)	(2)	(3)	(4)	(5)	(6)
$Fintech1$	4.287***	4.047**	12.968***	10.738***	4.484***	4.856***
	(4.93)	(2.39)	(22.30)	(9.79)	(14.67)	(8.28)
$Fintech1 * SIFI$	−0.062	−0.038	−0.741***	−0.277	−0.203*	−0.309*
	(−0.20)	(−0.08)	(−3.53)	(−0.86)	(−1.83)	(−1.80)
GDP	0.674***	0.666**	0.653***	0.442**	0.403***	0.427***
	(2.90)	(2.48)	(4.21)	(2.55)	(4.95)	(4.60)
$M2$	−0.361	−0.401	−2.575***	−2.941***	−0.702***	−0.635***
	(−0.62)	(−0.63)	(−6.58)	(−7.10)	(−3.41)	(−2.87)
$Stock$	−0.267	−0.092	2.815***	2.718***	1.463***	1.416***
	(−0.30)	(−0.10)	(4.74)	(4.58)	(4.69)	(4.46)
REA	−10.709*	−11.270*	−69.918***	−70.600***	−18.797***	−18.305***
	(−1.84)	(−1.90)	(−18.02)	(−18.41)	(−9.22)	(−8.92)
FDI	14.428***	15.856***	−14.232***	−15.295***	−2.937*	−3.260*
	(2.89)	(2.99)	(−4.26)	(−4.47)	(−1.67)	(−1.78)
$CAID1$	−0.660**	−0.576*	−3.526***	−3.695***	−0.848***	−0.916***
	(−2.44)	(−1.95)	(−19.53)	(−19.39)	(−8.94)	(−8.99)
$AJRE$	3.331	3.628	13.257***	13.900***	3.203***	2.954***
	(1.29)	(1.36)	(7.67)	(8.05)	(3.52)	(3.20)
$Size$		0.272		0.964*		−0.339
		(0.35)		(1.91)		(−1.26)
ROA		0.804		0.154		−0.283
		(0.97)		(0.29)		(−0.99)

（续表）

变量	模型 6-10（$\Delta CoVaR1$）		模型 6-11（$SMES5$）		模型 6-12（$DMES2$）	
	(1)	(2)	(3)	(4)	(5)	(6)
LEV		−0.003 (−0.07)		−0.022 (−0.80)		−0.001 (−0.07)
HHI		−0.959 (−0.49)		0.530 (0.42)		0.474 (0.70)
LDR		0.416 (0.23)		3.395*** (2.96)		0.561 (0.91)
CONS	−5.714 (−1.00)	−10.146 (−0.90)	53.622*** (14.07)	41.516*** (5.68)	7.917*** (3.95)	11.858*** (3.03)
R^2（within）	0.466	0.471	0.890	0.898	0.794	0.803
R^2-adjusted	0.353	0.339	0.867	0.872	0.751	0.753
F	15.616	9.933	144.592	98.013	69.054	45.306
N	196	196	196	196	196	196

注：FE、RE、SYS-GMM（　）内分别为 t 值、Z 值，***、**、* 分别表示在 1%、5%、15% 的水平上显著
资料来源：本研究整理

表 6-17 的回归结果显示，加入系统性重要银行与金融科技的交乘项 $Fintech1 \times SIFI$ 以后，模型 6-10、6-11、6-12 下的三组回归结果都与原模型保持高度的一致性。所有 6 个回归结果中，金融科技估计系数均为正且在 5% 的水平上显著。这说明金融科技发展整体上确实提高了中国银行业的系统性风险。但是金融科技对不同类型商业银行系统性风险的影响是不一样的。交乘项 $Fintech1 \times SIFI$ 的回归系数为负，且除了列（1）、列（2）、列（4）以外，其余估计结果都至少在 10% 的水平上通过了显著性检验。这意味着金融科技对不同类型商业银行系统性风险的影响存在明显差异。其中可能的原因在于，系统重要性银行资金实力雄厚，对金融科技的应用发展比小银行更为成熟完善，同时由于政策监管严厉以及经营策略相对保守等原因，对新兴技术的响应更为稳健，从而金融科技对其系统性

风险的促进作用程度相对较低。以上结论与理论预期一致，本研究的**命题6**得到验证。

第五节　本章小结

本章基于前述金融科技对商业银行系统性风险影响机制的理论分析，利用 2008—2018 年间中国 26 家上市商业银行的非平衡面板数据，首先采用条件在险价值（$\Delta CoVaR$），基于边际期望损失（MES）方法计算获取的静态 MES，以及运用 DCC-GARCH 模型与非参数核估计方法测算得到的动态 MES 作为系统性风险度量指标，并结合金融科技发展指数，通过建立多元回归模型，采用多种估计方法对金融科技与银行机构系统性风险之间的关联进行了系统的实证分析。并在此基础上，通过构建中介效应模型，选取基于双指数市场模型计算得到的总风险（$Trisk$）、个体特质风险（$Urisk$）、利率风险（$Rrisk$）以及系统（市场）风险（$SYSrisk$）等作为风险承担变量，选取银行机构与银行系统市场收益率的动态相关系数作为风险传染指标（$Corr$），采用逐步回归的方法对风险承担与风险传染在金融科技与银行系统性风险之间可能存在的中介效应进行检验。最后，通过引入系统重要性银行交乘项的策略，进一步就金融科技对不同类型商业银行系统性风险的异质性影响进行了探讨。

结果表明：（1）研究期间内，金融科技的快速发展整体上提高了中国银行业的系统性风险。其他控制变量方面，经济增长、金融发展、货币政策、人民币实际汇率以及国际利差等因素也从不同程度对商业银行系统性风险溢出存在重要影响。（2）风险承担中介效应的分析结果表明，银行总的风险承担水平在金融科技与银行机构系统性风险之间存在部分中介效应。即金融科技通过提高银行机构总的风险承担，进而加剧了银行业的系统性风险。与此类似，银行的个体特质风险也存在部分中介效应，而利率风险与系统（市场）风险不存在中介效应。（3）风险传染中介效应的分析结果表明，风险传染在金融科技与银行机构系统性风险之间存在部分中介效应，金融科技通过加剧银行机构间的风险传染效应，进而促进了银行业的系统性风险。（4）金融科技的异质性影响回归结果表明，金融科技对不同类型商业银行系统性风险的影响是不一样的，与中小型银行相比，金融科技对国有大型商业银行系统性风险溢出的作用程度相对较低。

以上结论说明，随着金融科技的广泛应用及其行业规模的日益膨胀，科技与金融业的不断深度融合发展使得金融边界逐渐模糊。它在降低交易成本,提高资源配置效率的同时也带来了新的风险,银行机构特别是区域性的中小银行机构需要调整思维,把握好金融创新与风险管控的适度平衡。同时,政策当局也应加快监管体制、机制改革,优化监管技术工具,防范系统性金融风险。

第七章　金融科技对商业银行盈利能力影响的实证分析

第一节　研究设计

一、变量选取与数据来源

1. 被解释变量：银行盈利能力

以往研究大多采用单指标，如西方学者多采用 Tobin'Q 来评价商业银行盈利状况，但中国资本市场发展时间短，尚未完善，一些中小银行近几年才上市，故该指标涉及的资本市场估价等数据难以全面获得。以往文献大多以平均总资产回报率（ROA）（李广子和张翼，2016；徐斌和郑垂勇，2018）或平均净资产收益率（ROE）（赵世勇和香伶，2010；郭翠荣和刘亮，2012）来衡量商业银行盈利能力。但 ROA、ROE 只能静态反映账面资产盈利能力，无法反映收益风险和投资者机会成本。故从商业银行经营基本原则出发，综合考虑到商业银行的盈利性、流动性、安全性等方面的因素，构建银行综合绩效指标 PCI。这样，本研究考虑的盈利能力指标共有 ROA、ROE、PCI 三个。

对于 PCI 的测度过程，与金融科技发展指数 $Fintech\,1$ 类似，我们仍然运用主成分分析和因子分析法计算得到。其计算依据的基础指标体系如表 7-1 所示。

表 7-1　PCI 计算基础指标体系

度量原则	指标名称	定义	内涵
盈利性	总资产收益率	净利润/总资产	反映投入与产出的关系
	净资产收益率	营业费用/营业收入	每一单位的收入需要支出多少成本

（续表）

度量原则	指标名称	定义	内涵
盈利性	非利息收入占比	非利息收入/各项收入	衡量中间业务收入大小
	存贷比	贷款余额/存款余额	衡量吸存放贷的能力
	净利润增长率	（本期净利润－上期净利润）/上期净利润	反映净利润的增长情况
流动性	资产负债率	总负债/总资产	反映银行举债经营的能力
	现金比率	资本总额/风险加权资产	监测银行抵御风险的能力
安全性	不良贷款率	（次级类贷款＋可疑类贷款＋损失类贷款）/各项贷款	衡量银行信贷资产安全状况
	拨备覆盖率	（一般准备＋专项准备＋特种准备）/（次级类贷款＋可疑类贷款＋损失类贷款）	衡量银行贷款损失准备是否充足

资料来源：本研究整理

2. 解释变量：金融科技发展指数（Fintech）

与第 6 章的研究保持一致，仍然采用前述借助文本挖掘技术，以及主成分和因子分析测度得到的金融科技发展指数（Fintech1）作为核心解释变量。所不同的是，由于北京大学数字金融研究中心发布的数字普惠金融指数没有 2011 年之前的数据，继续采用该指数作为金融科技的代理变量无法为本章的非线性回归方程提供足够的观测数。因此，在本章的稳健性检验中，我们采用"金融科技"的百度指数（Fintech6）作为代理变量。

3. 控制变量

在银行盈利的其他影响因素方面，理论上，一方面，宏观经济发展水平越高，对商业银行的金融中介服务需求越大，越能促进商业银行盈利水平的提高（何美玲和洪正，2019）；另一方面，一国货币化程度越高，说明金融发展程度越高，商业银行等金融机构的盈利水平也相对越稳定（史永东等，2019）。因此，本研究选取国民生产总值量化宏观经济发展程度，用金融相关比率量化金融发展程度（陈岱孙和厉以宁，1991），二者作为宏观经济层面的影响因素变量。还有，银行业作为一个典型的竞争性产业，其活动与发展无可避免地会受到金融行业对外开放水平等因素的影响（田雅群等，2017），因此，本研究选取银行业开放程度作为中观层面的影响因素变量。此外，大量研究表明，商业银行盈利状况还受其自身资产质量、营收状况的影响（胡德宝和尹曌天，2019；蔡卫星，2016），因此模型加入净利差、资产规模、成本收入比、资本充足率等指标作为控制变量。同时,考虑到银行盈利影响的滞后作用,模型中加入 ROA、ROE、PCI 的滞后一阶项。本研究所涉及的变量定义及描述性统计如表 7-2、表 7-3 所示。

表 7-2　计量模型相关变量的定义与测度

变量种类	变量名称	变量符号	变量定义
被解释变量	总资产回报率	ROA	净利润/资产总额(%)
	净资产收益率	ROE	净利润/股东权益(%)
	综合绩效指数	PCI	采用因子分析法合成得到
解释变量	金融科技指数	$Fintech1$	采用文本挖掘法和因子分析合成得到
		$Fintech1^2$	金融科技指数($Fintech1$)的平方项
		$Fintech6$	基于"金融科技"的百度指数整理得到
		$Fintech6^2$	"金融科技"的百度指数($Fintech6$)的平方项
控制变量	宏观经济发展平	GDP	取年末人均国内生产总值(万元)
	金融相关比率	FIR	货币供应量($M2$)/国民生产总值(%)
	行业对外开放度	$OPEN$	外资银行从业人数占全行业比重(%)
	资产规模	$SIZE$	银行年末资产总额(百万元)的自然对数
	成本收入比	CIR	(业务管理费+其他营业支出)/营业收入(%)
	净利差	NID	贷款利率减去存款利率
	资本充足率	$CRAR$	银行年末核心一级资本充足率指标(%)

注:以上所有变量取值期间为 2010—2018 年,其中人均 GDP、资产规模净利差(DI)等涉及价格的变量以 2010 年为基期进行价格调整。另外为了避免估计系数过大的问题,在具体回归过程中,对金融科技指数平方项和银行业对外开放度分别进行放大 100 倍和放大 10 倍处理

表 7-3　各变量的描述性统计

变量符号	均值	最大值	最小值	标准差	P 值	观测数
ROA	1.088	1.824	0.586	0.237	0.014	293
ROE	16.823	29.379	6.989	4.600	0.000	293
PCI	0.342	2.845	0.010	0.713	0.000	293
$Fintech1$	0.040	0.092	0.000	0.026	0.002	293
$Fintech12$	0.015	0.036	0.000	0.011	0.000	293

（续表）

变量符号	均值	最大值	最小值	标准差	P 值	观测数
GDP	4.745	6.464	3.081	1.021	0.000	293
FIR	1.926	2.095	1.745	0.126	0.000	293
OPEN	0.121	0.133	0.107	0.010	0.000	293
SIZE	6.720	10.229	3.933	1.843	0.000	293
CIR	31.410	43.410	20.520	4.485	0.036	293
NID	2.461	4.423	1.320	0.557	0.000	293
CRAR	13.061	40.303	1.095	2.408	0.000	293

资料来源：本研究整理

4. 变量的相关性分析

由于不同的控制变量之间可能会存在强相关关系，进而导致在进行回归分析时，可能存在多重共线性问题，进而导致回归结果偏差。那么，控制变量的相关性检验成为回归分析前的重要步骤。表 7-4 显示了金融科技发展指数 Fintech 以及 GDP、FIR、OPEN、SIZE、CIR、NID、CRAR 等控制变量之间的相关关系。

表 7-4　控制变量的相关性分析

	GDP	FIR	OPEN	SIZE	CIR	NID	CRAR	Fintech 1	Fintech 6
GDP	1.000								
FIR	0.895* (0.000)	1.000							
OPEN	−0.790* (0.000)	−0.786* (0.000)	1.000						
SIZE	0.194* (0.001)	0.189* (0.001)	−0.166* (0.005)	1.000					
CIR	−0.278* (0.000)	−0.296* (0.000)	0.172* (0.003)	−0.288* (0.000)	1.000				
NID	−0.443* (0.000)	−0.449* (0.000)	0.540* (0.000)	−0.472* (0.000)	0.246* (0.000)	1.000			

（续表）

	GDP	FIR	OPEN	SIZE	CIR	NID	CRAR	Fintech1	Fintech6
CRAR	0.077 (0.192)	0.041 (0.488)	−0.093 (0.115)	−0.159* (0.007)	−0.042 (0.483)	0.002 (0.568)	1.000		
Fintech1	0.945* (0.000)	0.778* (0.000)	−0.691* (0.000)	0.178* (0.002)	−0.253* (0.000)	−0.374* (0.000)	0.076 (0.197)	1.000	
Fintech6	0.950* (0.000)	0.848* (0.000)	−0.764* (0.000)	0.184* (0.002)	−0.264* (0.000)	−0.416* (0.000)	0.044 (0.457)	0.946* (0.000)	1.000

注：（　）内为 P 值
资料来源：本研究整理

表 7-4 显示，金融科技指数 Fintech1、Fintech2 与各控制变量之间的相关性关系较弱，各控制变量之间也没有强相关关系，因此变量的选取恰当，不需剔除多余变量。

5. 研究样本与数据来源

本研究共选取中国 33 家上市商业银行 2010—2018 年的非平衡面板数据为研究样本，具体包括中国银行、中国农业银行、中国建设银行、中国工商银行、交通银行等 5 家大型国有商业银行，平安银行、上海浦东发展银行、中国民生银行、招商银行、中国光大银行、华夏银行、中信银行、兴业银行等 8 家全国股份制商业银行，北京银行、江苏银行、南京银行、上海银行、贵阳银行、杭州银行、苏州银行、成都银行、郑州银行、长沙银行、青岛银行、宁波银行、西安银行等 13 家城市商业银行，江阴农商银行、常熟农商银行、张家港农商银行、无锡农商银行、苏州农村商业银行、紫金农村商业银行、青岛农商银行等 7 家农村商业银行。除了金融科技指数（Fintech1 和 Fintech2）由本研究计算所得，其他数据均来自 Wind、CEIC 数据库及 Bankscope，所有实证过程通过 Stata15、Eviews10 统计软件完成。研究样本涵盖了除外资银行以外的所有中国商业银行类型，其总资产与存贷款规模占全行业 75％以上，具有较好的代表性。

二、计量模型设计

1. 基准回归模型设定

为了验证本研究的**命题 7**，基于上述分析与数据，同时考虑到金融科技对商业银行盈利能力影响的滞后作用，加入前定变量，最终，本研究建立如下以非平衡面板数据为基础的多元回归方程模型。

模型 7-1：

$$ROA_{i, t} = \beta_0 + \beta_1 \times ROA_{i, t-1} + \beta_2 \times Fintech_{i, t} + \beta_3 Fintech_{i, t}^2$$
$$+ \sum_{j=1}^{7} \gamma_j Control_{j, t} + \mu_{i, t} + \varepsilon_{i, t}$$

模型 7-2：

$$ROE_{i, t} = \beta_0 + \beta_1 \times ROE_{i, t-1} + \beta_2 \times Fintech_{i, t} + \beta_3 Fintech_{i, t}^2$$
$$+ \sum_{j=1}^{7} \gamma_j Control_{j, t} + \mu_{i, t} + \varepsilon_{i, t}$$

模型 7-3：

$$REVA_{i, t} = \beta_0 + \beta_1 \times PCI_{i, t-1} + \beta_2 \times Fintech_{i, t} + \beta_3 Fintech_{i, t}^2$$
$$+ \sum_{j=1}^{7} \gamma_j Control_{j, t} + \mu_{i, t} + \varepsilon_{i, t}$$

其中，下标 i 表示样本银行，t 代表年份，μ_i 为个体异质性，ε_{it} 为随机扰动项。第 i 家银行第 t 期的盈利水平被表示成为金融科技指数及其二次项、宏观经济发展水平、金融发展程度、对外开放程度、资产规模、成本收入比、净利差、资本充足率，以及银行自身前一期的盈利状况和随机误差项的函数。

2. 面板数据单位根（平稳性）检验

因模型含有被解释变量的滞后项和个体效应，传统的静态面板数据估计可能导致回归结果有偏和非一致，且整个银行业数据呈现出"大 N 小 T"的短面板特征，模型可能存在内生性问题，故采用布伦德尔和邦德（Blundell and Bond, 1998）提出的系统 GMM 估计方法进行检验。同时，为了克服模型中可能存在的内生性问题，选取资本充足率（CRAR）作为工具变量。资本充足率是直接衡量银行风险的指标，对于该指标的监管要求能够抑制风险资产的过度膨胀，保证银行等金融机构正常运营和发展，该指标虽然与银行盈利没有直接联系，但与商业银行贷款与资产规模密切相关。

另外，对于动态面板，为防止"虚假回归"问题，要求数据平稳，由于本研究数据为非平衡面板数据，故采用 IPS、Fisher-ADF 和 Fisher-PP 三种检验方法围绕银行个体层面的变量 ROA、ROE、PCI、CIR、NID、LNTA 进行面板单位根检验。这三种检验方法的原假设均为"H0：所有个体都是非平稳的"。从表 7-5 的检验结果可以看出，模型所考虑的 6 个微观层面变量在三种检验方法下都拒绝原假设，说明变量均为平稳序列，回归分析将不会出现虚假回归。

表 7-5 面板数据的平稳性检验

变量	IPS 检验	ADF 检验	PP 检验
ROA	−6.624*** (0.000)	151.063*** (0.000)	205.828*** (0.000)
ROE	10.547*** (0.000)	137.393*** (0.000)	458.210*** (0.000)
PCI	−9.401*** (0.000)	1.002(1.000)	176.691*** (0,000)
CIR	−3.327*** (0.000)	120.170*** (0.000)	124.489*** (0.000)
NID	−11.945*** (0.000)	117.924*** (0.000)	595.577*** (0.000)
LNTA	−10.141*** (0.000)	266.766*** (0.000)	117.808*** (0.000)

注：（ ）为 P 值，*** 表示在 1% 的水平上显著
资料来源：本研究整理

第二节 基准模型回归结果与分析

一、基准模型回归结果

基于上述分析，本研究给出了模型 7-1(ROA)、模型 7-2(ROE)、模型 7-3(PCI)的系统 GMM 估计结果，具体如表 7-6 所示。

表 7-6 基准模型回归结果

变量	模型 7-1(ROA)		模型 7-2(ROE)		模型 7-3(PCI)	
	回归系数	Z 值	回归系数	Z 值	回归系数	Z 值
$ROA(-1)$	0.530*** (0.028)	19.130				
$ROE(-1)$			0.685*** (0.028)	24.410		
$PCI(-1)$					1.024*** (0.007)	148.730
$CRAR$	0.011*** (0.001)	14.780	0.215*** (0.044)	4.860	0.011*** (0.001)	20.000
$Fintech1$	1.038*** (0.429)	2.420	16.766** (6.668)	2.190	5.816*** (0.290)	20.090

（续表）

变量	模型 7-1（ROA）		模型 7-2（ROE）		模型 7-3（PCI）	
	回归系数	Z 值	回归系数	Z 值	回归系数	Z 值
$Fintech\,12$	-0.175^{***} (0.029)	-5.950	-2.312^{***} (0.867)	-2.670	-0.540^{***} (0.027)	-19.410
GDP	0.001 (0.155)	0.050	0.697^{**} (0.273)	2.550	-0.054^{***} (0.005)	-11.070
FIR	-0.017^{***} (0.060)	-16.860	-16.217^{***} 1.312	-12.360	-0.117^{***} (0.020)	-5.790
$OPEN$	-5.254^{***} (0.861)	-6.100	-124.66^{**} -51.92	-2.400	-3.704^{***} (0.430)	-8.620
$LNTA$	0.174^{***} (0.002)	8.760	0.198 (0.173)	1.150	-0.018^{***} (0.001)	-12.300
CIR	-0.007^{***} (0.001)	-5.620	-0.026 (0.023)	-1.140	0.002^{***} (0.001)	4.470
NID	0.118^{***} (0.006)	18.600	1.127^{***} (0.225)	4.990	0.001 (0.004)	0.130
$CONS$	2.762^{***} (0.214)	12.91	57.349^{***} (3.500)	16.380	0.730^{***} (0.117)	6.210
chi^2	$1\,180.259$		660.626		$2\,391.571$	
$AR(2)$	-2.352		-2.190		-1.593	
$Sargan$	26.082		24.416		29.999	
N	260		260		260	

注：回归系数（　）内为标准误，***、**、*分别表示在 1％、5％、10％的水平上显著

资料来源：本研究整理

　　从动态面板系统 GMM 估计结果来看，模型 7-1、模型 7-2 和模型 7-3 中的金融科技指数的一次项（$Fintech\,1$）系数均为正，而二次项（$Fintech\,1^2$）系数估计结果都为负且在 1％的水平上通过了显著性检验，说明金融科技发展与中国商业银行盈利之间呈明显的"倒 U 形"关系。即在早期，金融科技发展提高了商业银行的盈利能力，但随着金融科技的进一步应用发展，两者关系逐渐发生逆转，在后期转而降低商业银行盈利。其中可能的原因在于，作为一种全新的技术手段，在早期发展阶段，金融科技在银行日常经营活动中的应用大大改进了银行机构的技术水平，增强客户服务能力，创造了新的业务模式与产品，例如线上财富管理、移动支付、网络借贷、

智能投顾等,带来新的盈利增长点,同时降低了银行的经营管理成本,从而对银行盈利的影响主要呈现为积极促进作用。

但在后期阶段,随着金融科技的深化发展,理论上,其带来的边际收益会趋于下降,且随着金融科技相关业务模式的不断开展,会逐渐提高商业银行资金杠杆率,强化银行的冒险行为,抬高风险管理成本,最终导致银行盈利水平趋于下降。突出的表现是,2018 年以来,美国最大的 P2P 网络借贷平台 Lending Club 违规出售贷款;比特币交易所 Bitfinex 遭受黑客攻击,近 12 万单位的比特币丢失;中国众多 P2P 公司客户资金被挪用、虚假融资、"卷款"、"跑路"现象频发。

总体上,在研究期间内,金融科技作为一种重大的金融创新,其快速发展对中国商业银行盈利能力的影响存在明显的先升后降的非线性作用,这一结果与周正清(2017)的研究发现一致,本研究的**命题 7** 初步得到证实。这一结论说明,在金融科技不断深化发展的现实背景下,传统商业银行应积极融入金融科技发展大潮,加大有关投入,充分利用金融科技带来的发展机遇,增强自身创新研发能力,形成新型业务模式,获取新的盈利空间。但与此同时,也要注意规避新兴技术带来的不利影响,防范化解潜在风险,从而保持自身竞争能力与盈利水平的持续上升。

其他控制变量方面,三个模型的回归结果均显示,一阶滞后项 ROE（－1）、ROA（－1）、PCI（－1）分别对本期的 ROE、ROA、PCI 有显著的正向影响,累积循环效应明显,原因是一方面过去较好的盈利状况一定程度上有助于提振市场信心,另一方面,会使得本期银行管理层设定更高的盈利目标,从而对本期盈利产生促进作用。此外,模型 1、模型 2 显示宏观经济发展水平越高,对商业银行金融服务的有效需求越多,商业银行吸收存款和发放贷款的规模扩大,各项业务办理增加,利息收入和手续费收入增多,从而商业银行盈利得到改善。金融相关比的估计系数显著为负,表明金融发展程度及增长情况与商业银行的资产收益率存在显著的负相关关系。原因是,金融相关比代表一个国家的金融深化程度,其值越高说明各类金融机构发展程度越完善,直接融资越发达,非银行金融机构分流的资金和业务也越多,从而使商业银行盈利空间收窄,从投资需求的角度而言,这一点符合替代效应理论。银行业开放程度系数显著为负,随着我国金融开放程度深化,国外银行加入国内市场加剧国内银行业竞争,从而国内银行盈利下降。成本收入比的估计系数为负且显著,说明商业银行经营成本增加会使其盈利状况恶化。模型 7-1、模型 7-2 的净利差估计系数为正,且均在 1％的水平上显著,说明扩大净利差有助于商业银行盈利的改善,但是系数的绝对值并不是系数中最高,其原因是随着我国利率市场化的进一步深化,银行业的竞争加剧,利差空间收窄,迫使商业银行逐渐转变以往赚取利差收益为主的盈利模式,扩大中间业务规模,向业务多元化方向转型,削弱净利差对盈利能力的提升作用。

二、稳健性检验

由于中国金融科技起步较晚,有关的量化研究方法尚不成熟,为保证研究结果的稳健可靠,用"金融科技"的百度指数($Fintech\ 6$)分别替换模型 7-1、模型 7-2、模型 7-3 中的关键解释变量 $Fintech\ 1$,重新构建面板数据进行稳健性检验,系统 GMM 估计结果报告于表 7-7。

表 7-7　基准模型稳健性检验结果

变量	模型 7-1(ROA)		模型 7-2(ROE)		模型 7-3(PCI)	
	回归系数	Z 值	回归系数	Z 值	回归系数	Z 值
$L.ROA(-1)$	0.546*** (0.022)	25.170				
$ROE(-1)$			0.676*** (0.027)	25.210		
$PCI(-1)$					1.028*** (0.004)	284.290
$CRAR$	0.016*** (0.001)	18.660	0.371*** (0.056)	6.620	0.007*** (0.001)	7.570
$Fintech\ 6$	0.637*** (0.786)	7.180	−63.702** (21.086)	−3.020	2.207*** (0.220)	10.030
$Fintech\ 6^2$	−1.771*** (0.187)	−9.480	−0.664 (2.714)	−0.240	−2.440*** (0.079)	−30.710
GDP	0.015* (0.009)	1.660	0.390 (0.273)	1.430	0.107*** (0.004)	26.590
FIR	−1.134*** (0.056)	−20.150	−13.058*** 0.910	−14.340	0.087*** (0.012)	7.250
$OPEN$	−7.041*** (0.704)	−10.000	−80.148** (9.634)	−8.320	5.677*** (0.218)	26.030
$LNTA$	0.022*** (0.002)	12.670	−0.040 (0.191)	−0.210	−0.026 (0.003)	−8.230

（续表）

变量	模型 7-1（ROA）		模型 7-2（ROE）		模型 7-3（PCI）	
	回归系数	Z 值	回归系数	Z 值	回归系数	Z 值
CIR	-0.008^{***} (0.001)	-8.280	-0.038^{*} (0.023)	-1.690	0.002^{***} (0.000)	6.560
NID	0.122^{***} (0.007)	17.310	0.982^{***} (0.176)	5.590	0.0031 (0.003)	1.140
CONS	2.762^{***} (0.214)	12.91	42.871^{***} (3.235)	13.250	-1.329^{***} (0.043)	-31.240
chi^2	1 076.548		1 062.088		4 246.362	
AR（2）	-2.493		-2.253		-0.008	
Sargan	27.424		22.144		32.204	
N	260		260		260	

注：回归系数（　）内为标准误，***、**、*分别表示在1%、5%、10%的水平上显著
资料来源：本研究整理

　　表7-7的回归结果显示，替换关键变量解释变量金融科技发展指数后，除了模型 7-2 以外，模型 7-1、模型 7-3 中的金融科技指数（Fintech 6）的一次项系数为正，二次项系数为负且显著，说明金融科技的发展与商业银行盈利水平之间仍然呈现出明显的先升后降的"倒 U 形"关系；模型其他控制变量的系数大小基本相当，正负方向基本不变，显著性水平也大多保持一致，两组稳健性检验的回归结果与前述结果基本一致，总体来看，关于金融科技对商业银行综合盈利能力影响的估计结果是稳健可靠的，本研究的**命题 7** 得到进一步证实。

三、进一步的讨论

　　前述理论分析中，金融科技对不同类型商业银行的盈利水平可能存在异质性影响。为此，通过引入代表商业银行类型的虚拟变量 SCL，表示银行规模及系统重要性大小，进一步就金融科技对不同类型银行盈利状况的异质性影响进行检验。

　　具体回归分析时，在基准模型的基础上，分别加入金融科技指数一次项 Fintech 和二次项 $Fintech^2$ 与银行规模虚拟变量的交乘项 $Fintech \times SCL$、$Fintech^2 \times SCL$，建立如下多元回归方程模型对不同类型银行盈利能力的异质性影响进行检验。

模型 7-4：

$$ROA_{i,t} = \beta_0 + \beta_1 \times ROA_{i,t-1} + \beta_2 \times Fintech_{i,t}$$
$$+ \beta_3 \times Fintech_{i,t} \times SIFI$$
$$+ \beta_4 Fintech_{i,t}^2 + \beta_5 \times Fintech_{i,t}^2 \times SIFI$$
$$+ \sum_{j=1}^{7} \gamma_j Control_{j,t} + \mu_{i,t} + \varepsilon_{i,t}$$

模型 7-5：

$$ROE_{i,t} = \beta_0 + \beta_1 \times ROA_{i,t-1} + \beta_2 \times Fintech_{i,t}$$
$$+ \beta_3 \times Fintech_{i,t} \times SIFI$$
$$+ \beta_4 Fintech_{i,t}^2 + \beta_5 \times Fintech_{i,t}^2 \times SIFI$$
$$+ \sum_{j=1}^{7} \gamma_j Control_{j,t} + \mu_{i,t} + \varepsilon_{i,t}$$

模型 7-6：

$$REVA_{i,t} = \beta_0 + \beta_1 \times ROA_{i,t-1} + \beta_2 \times Fintech_{i,t}$$
$$+ \beta_3 \times Fintech_{i,t} \times SIFI$$
$$+ \beta_4 Fintech_{i,t}^2 + \beta_5 \times Fintech_{i,t}^2 \times SIFI$$
$$+ \sum_{j=1}^{7} \gamma_j Control_{j,t} + \mu_{i,t} + \varepsilon_{i,t}$$

其中 $SIFI$ 为银行规模虚拟变量，当银行为大型商业银行或股份制银行时，赋值为 1，否则为 0，其他变量的含义与模型 7-1 相同。若虚拟变量 SCL 与金融科技发展指数交乘项的估计系数 β_3 为正，则意味着金融科技对大中型银行的积极影响大于小型银行。

表 7-8 的回归结果显示，在 10％的水平上，模型 7、模型 9 的交乘项 $Fintech^2 \times SCL$ 系数在 10％的水平上显著为负，交乘项 $Fintech \times SCL$ 的系数在 10％的水平上显著为正，即金融科技发展对大中型商业银行盈利的影响要明显大于小型银行，本研究的**命题 8** 初步得到验证。其中主要的原因在于，大中型银行具有资金、人才储备等方面的巨大优势，其他对金融科技的应用发展起步更早，介入程度更深。大中型银行陆续成立了金融科技子公司，科技企业也更倾向于与大中型银行合作，例如：2017 年，四大国有银行先后与腾讯、百度、阿里巴巴、蚂蚁金服和京东等大型互联网公司签署全面战略合作协议，将在云计算、大数据、区块链、人工智能等方面开展深度合作，而地方性小型银行则大多处于金融科技

布局初期,在战略路径、盈利周期、合作方式以及合规创新等方面面临不少困境。

表 7-8　金融科技对银行盈利异质性影响回归结果

变量	Panel 7(ROA)		Panel 8(ROE)		Panel 9(PCI)	
	回归系数	Z 值	回归系数	Z 值	回归系数	Z 值
$ROA(-1)$	0.531*** (0.038)	13.940				
$ROE(-1)$			0.616*** (0.043)	14.280		
$PCI(-1)$					1.036*** (0.009)	110.540
$CRAR$	0.012*** (0.001)	10.690	0.214*** (0.060)	3.540	0.010*** (0.001)	12.440
$Fintech1$	0.646 (0.198)	−0.540	40.149* (23.470)	1.710	3.079* (1.728)	1.780
$Fintech1^2$	−0.035 (0.105)	−0.340	−6.295*** (2.569)	−2.450	−0.184* (0.184)	−1.000
$SCL \times Fintech1$	3.218* (1.907)	1.690	0.467 (31.123)	0.020	4.145* (2.505)	1.650
$SCL \times Fintech1^2$	−0.253* (0.148)	−1.710	−3.225 (0.780)	0.850	−0.556** (0.270)	−2.050
GDP	−0.014 (0.026)	−0.56	0.768** (0.303)	2.530	−0.062*** (0.005)	−11.500
FIR	−1.052*** (0.062)	−16.830	−18.275*** (0.823)	−22.200	−0.151*** (0.022)	−6.770
$OPEN$	−5.748*** (0.816)	−6.050	−158.584** (14.504)	−10.930	−3.503*** (0.428)	−8.170
$SIZE$	0.049*** (0.018)	2.7400	0.291 (0.343)	0.850	0.003 (0.017)	0.180
CIR	−0.009*** (0.001)	−8.780	−0.055*** (0.019)	−2.830	−0.001* (0.001)	1.660
NID	0.128*** (0.005)	26.100	1.281*** (0.206)	6.220	0.012*** (0.004)	3.160

（续表）

变量	Panel 7(*ROA*)		Panel 8(*ROE*)		Panel 9(*PCI*)	
	回归系数	Z 值	回归系数	Z 值	回归系数	Z 值
CONS	2.758*** (0.245)	11.260	63.002*** (2.776)	22.770	0.756*** (0.139)	5.440
chi^2	1 386.434		728.336		3 979.866	
AR(2)	−2.467		−2.481		−0.192	
Sargan	25.612		24.877		29.583	
N	260		260		260	

注：回归系数（ ）内为标准误，***、**、* 分别表示在 1％、5％、10％ 的水平上显著
资料来源：本研究整理

此外，本研究采用分组回归的识别思路，依据资产规模的差异，将样本银行分为大中型银行和小型银行两个子样本，对上述金融科技的异质性影响做进一步的稳健性检验。其中子样本一为地方性小型银行，包括宁波、江阴等共 20 家城商行与农商行，子样本二为大中型银行，包括 5 大国有银行和浦发、招商等 8 家全国性股份制银行。如果子样本回归中核心解释变量的系数的有明显提高，则说明金融科技对所剔除商业银行盈利的影响程度低于行业平均水平；相反，则说明金融科技对所剔除商业银行盈利的影响程度高于行业平均水平。两个子样本的具体结果如表7-9 所示。

以对 *ROA* 的回归结果为例，剔除 13 家大中型银行后，即子样本一，*Fintech*1、*Fintech*1^2 回归系数明显上升，分别为 1.602 和 −0.286，上升幅度分别达到了 54.34％ 和 63.48％。而剔除 20 家小型银行以后（子样本二），金融科技指数一次项（*Fintech*1）、二次项（*Fintech*1^2）的系数分别为 3.179 和 0.157(不显著)，相比子样本一分别上升了 206.26％、189.71％，意味着金融科技对小型银行的影响要低于行业平均水平。以上结果与表7-7 的结论相一致，即金融科技发展对大中型商业银行盈利的影响要明显大于小型银行，关于金融科技对不同类型银行盈利能力影响的异质性检验结果是稳健可靠的，本研究的**命题 8** 得到进一步验证。*ROE*、*PCI* 的稳健性检验结果也与此类似，篇幅所限，不再赘述。

表 7-9　金融科技对银行盈利异质性影响的稳健性检验①

变量符号	子样本一（小型银行）				子样本二（大中银行）			
	Panel 10(ROA)		Panel 11(ROE)		Panel 12(ROA)		Panel 13(ROE)	
	回归系数	Z值	回归系数	Z值	回归系数	Z值	回归系数	Z值
$ROA(-1)$	0.557*** (0.091)	6.120	1.049*** (0.152)	6.880				
$ROE(-1)$					0.616*** (0.043)	14.280	0.445** (0.201)	2.210
$Fintech1$	1.602** (0.694)	2.310	3.179** (1.548)	2.050	39.403** (18.223)	2.160	14.381 (26.649)	0.540
$Fintech1^2$	-0.286*** (0.063)	-4.520	0.157 (0.106)	1.470	-4.692** (1.824)	-2.570	-3.350 (2.860)	-1.170
GDP	0.063 (0.049)	1.280	0.074 (0.049)	1.530	1.062 (1.000)	0.060	-0.154 (1.412)	0.110
FIR	-1.068*** (0.115)	-9.250	-0.930*** (0.127)	-7.290	-15.609*** (4.263)	-23.660	-18.337*** (3.529)	-5.200
$OPEN$	-5.803*** (1.880)	-3.090	-5.031** (2.049)	-2.450	-121.305** (42.144)	-2.880	-82.237 (73.366)	-1.120

① 篇幅所限，这里仅报告了针对 ROA、ROE 异质性影响的回归结果。

（续表）

变量符号	子样本一（小型银行）				子样本二（大中银行）			
	Panel 10(ROA)		Panel 11(ROE)		Panel 12(ROA)		Panel 13(ROE)	
	回归系数	Z值	回归系数	Z值	回归系数	Z值	回归系数	Z值
LNTA	-0.044 (0.036)	1.210	-0.053 (0.041)	1.290	-1.642 (1.434)	-1.140	6.516 (6.091)	1.070
CIR	-0.010*** (0.002)	-4.970	-0.001 (0.002)	-0.410	-0.140*** (0.046)	-3.050	0.237** (0.113)	2.100
NID	0.139*** (0.024)	5.910	-0.009 (0.061)	-0.140	0.688 (0.689)	1.000	5.005** (2.004)	2.500
CRAR	0.019*** (0.004)	4.450	0.002 (0.003)	0.170	0.214*** (0.060)	3.540	-0.567 (0.326)	1.740
CONS	2.856*** (0.572)	4.990	2.521*** (0.485)	5.200	62.77*** (10.755)	6.120	-12.564 (48.318)	0.260
AR(2)	-2.148		0.248		-2.134		-0.575	
Sargan	7.737		0.585		14.000		1.330	
N	143		143		117		117	

注：回归系数（ ）内为标准误，***、**、* 分别表示在1%、5%、10%的水平上显著

资料来源：本研究整理

第三节　本　章　小　结

　　本章基于前述金融科技发展对传统商业银行盈利影响机理的理论分析，采用平均总资产回报率(ROA)、平均净资产收益率(ROE)以及综合绩效(PCI)作为银行盈利能力衡量指标，基于 2010—2018 年中国 33 家上市银行的非平衡面板数据，采用动态面板系统广义矩估计方法，对金融科技与银行盈利能力之间的关系进行了实证分析，并进一步就金融科技给不同类型银行带来的异质性影响进行检验。

　　研究结果表明：(1)整体上金融科技发展与我国商业银行盈利能力之间存在明显的先升后降的"倒 U 形"关系。即金融科技发展早期有利于提高商业银行的盈利水平，而后期转而降低银行盈利；(2)金融科技发展对全国性大中型商业银行盈利能力的积极影响要大于区域性的小型银行；(3)宏观经济发展水平、金融深化程度、净利差、成本控制等因素对我国商业银行盈利水平影响显著。

　　以上结论说明，随着金融科技的日趋成熟及其行业规模的不断膨胀，我国传统商业银行的盈利空间与财务盈利必将遭受进一步的冲击。为了应对金融科技大潮，首先，商业银行特别是地方性小型银行应积极融入"金融＋科技"融合发展大潮，合理运用人工智能等科技成果赋能金融，以客户需求为中心，以市场为导向，打造差异化、场景化、智能化的金融服务产品，充分利用金融科技带来的发展机遇，获取新的盈利增长空间。其次，商业银行要逐步向"轻资产"方向转型，如运用 5G 技术、VR/AR 等技术创建远程交互、可触性强、周身感知金融场景环境，形成新型业务模式，提升金融服务质量与效率，为客户提供全方位、多层次、平台化的线上金融服务，实现线上线下信息共享和服务整合，发挥客户集聚效应，降低金融服务边际成本，最终提升持续盈利能力。再次，商业银行应借助金融科技构筑包容开放的合作平台，吸引科技公司、其他金融机构、科研院所等参与场景方案设计、技术与服务标准制定，增强协同作用，打造综合金融生态圈，更充分有效地运用金融科技改善经营管理。然后，银行机构要积极运用金融科技相关技术手段，提升跨市场、跨业态、跨区域金融风险管理水平，优化风险监控体系，提升有效甄别、监测预警、控制处置金融业务风险的能力，降低金融风险积累对商业银行盈利的削弱作用，规避新兴技术带来的不利影响，防范化解潜在风险，从而保持自身竞争能力与盈利水平的持续上升。

最后，政府应强化金融科技的顶层设计和金融体制改革，加强金融科技的战略部署和宏观审慎监管，为商业银行与金融科技的有效融合、协调发展营造良好的行业与政策环境。

第八章　金融科技对商业银行全要素生产率增长影响的实证分析

第一节　银行全要素生产率指数的测算方法

一、DEA 模型

就银行经营绩效的评价问题而言,净资产收益率(ROE)与总资产收益率(ROA)是被广泛应用的绩效测度指标。但是从生产经济学的角度看,ROE 和 ROA 指标属于单要素生产率,难以对银行经营情况进行综合性的评价,而生产率(效率)指标则克服了单要素生产率的缺陷,它通过分析银行的所有投入与产出要素对其进行更加全面、综合的评价。目前有关银行业多投入、多产出的生产率(效率)文献,非参数的数据包络分析方法(Data Envelopment Analysis, DEA)受到众多学者青睐。

与参数法相比,DEA 模型具有以下三个优点:第一,不需要提前设定生产函数,因而能有效避免模型设定误差问题;第二,处理多投入、多产出问题更加灵活,并且可以详细了解无效率决策单元(DMU)的改善方向与幅度;第三,受到的人为主观因素限制较少,因而测量结果相对客观。

最原始的 DEA 分析模型是由查恩斯等(Charnes et al., 1978)基于规模报酬不变假设而提出的 CCR 模型,通过 CCR 模型可得到 DMU 的综合技术效率。班克等(Banker et al., 1984)则将规模报酬不变假设拓展到规模报酬可变假设,进一步提出 BCC 模型,通过 BCC 模型可得到 DMU 的纯技术效率。在国外,谢尔曼和戈尔德(Sherman and Gold, 1985)最早使用 DEA 方法测算银行生产率。在国内,最早使用 DEA 分析模型的则是杨宝臣等(1999),其他代表性的文献还有魏煜和王丽(2000)、张健华(2003)、蔡跃洲和郭梅军(2009)、王兵和朱宁(2011)、柯孔林和冯宗宪(2013)。

二、无导向 DEA 模型

商业银行的传统经营模式是以人力和资本要素作为投入而得到贷款产出和盈利产出的中介过程,基于"黑箱"视角的传统 DEA 模型忽略了 DMU 的内部生产过程,无法对有效与无效子决策单元进行区分(李成等,2014)。因而,关联 DEA 模型应运而生。关联 DEA 模型能够深入决策单元内部,对子系统进行效率评价并识别低效子决策单元(Castelli et al.,2010),但在集结目标效率问题上出现了分歧,有学者提出直接以子系统效率的算术平均值估计整体效率,也有学者认为运用相乘集结的方法更为适用,这些相对主观的集结方式会带来效率估计偏差(Kao and Hwang,2010)。对此,霍罗德和刘易斯(Holod and Lewis,2011)提出了"归并优化模型"的解决思路,通过构建无导向 DEA 模型,将多目标决策问题转变为单目标决策问题,从而避免了因集结目标效率而带来的效率估计偏差。

商业银行是典型的中介金融机构,其本质运作方式是以债务人身份向社会聚集闲散资金,又以债权人身份为社会提供资金贷款。无导向 DEA 模型下商业银行的运作过程如图 8-1。其中,x_1 和 x_2 分别是商业银行的财力、物力投入要素;y_1 和 y_2 分别是商业银行的盈利、贷款产出要素;d 是商业银行的存款。此时,商业银行的经营目标可表述如下:在满足决策单元中间产品保持不变(即存款额一定)的前提条件下,同时追求最小投入和最大产出。

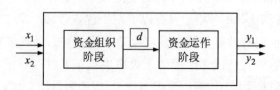

图 8-1   无导向 DEA 模型下商业银行的运作过程

无导向 DEA 模型的线性规划条件表述如下:s 时刻,有 Q 个决策单元,每个决策单元具有 N 种投入和 M 种产出,$X=[x_1,x_2,x_3,\cdots,x_Q]$ 为 $N\times Q$ 投入矩阵,$Y=[y_1,y_2,y_3,\cdots,y_Q]$ 为 $M\times Q$ 产出矩阵。在规模报酬不变(CRS)假设下,无导向 DEA 模型线性的约束如下:

$$\min \varepsilon c_k^s \; or \; \max \theta c_k^s$$

$$
s.t.
\begin{cases}
\sum\limits_{q}^{Q} \lambda_q^s x_{nq}^s \leqslant \varepsilon c_k^s x_{nk}^s, \ n=1,2,3,\cdots,N \\[2mm]
\sum\limits_{q=1}^{Q} \lambda_q^s D_q^s = D_k^s \\[2mm]
\sum\limits_{q=1}^{Q} \lambda_q^s y_{mq}^s \geqslant \theta c_k^s y_{mk}^s, m=1,2,3,\cdots,M \\[2mm]
\varepsilon c_k^s + \theta c_k^s = 2 \\[2mm]
\lambda_q^s \geqslant 0, \ 0 \leqslant \varepsilon c_k^s \leqslant 1, \ \theta c_k^s \geqslant 1 \\[2mm]
q=1,2,3,\cdots,Q
\end{cases}
\tag{8-1}
$$

式(8-1)中约束条件保证了银行 k 在 s 时刻的存款额一定的条件下，同时满足投入最小化与产出最大化。其中，εc_k^s 和 θc_k^s 分别为银行 k 在 s 时刻的相对效率和逆效率；λ_q^s 为银行 k 在 s 时刻相对于银行 q 的权重；x_{nq}^s 和 y_{mq}^s 分别为银行 q 的第 n 种投入和第 m 种产出。若在上式中添加约束条件 $\sum\limits_{q=1}^{Q} \lambda_q^s = 1$，即可得出银行 k 在规模报酬可变（VRS）假设下的相对效率 $\varepsilon \upsilon_k^s$ 和逆效率 $\theta \upsilon_k^s$。

三、Malmquist 生产率指数(MPI)及其分解

为克服传统 DEA 模型、关联 DEA 模型与无导向 DEA 模型只能处理截面数据的缺陷，费尔和格罗斯科夫（Färe and Grosskopf，1994）创建了 Malmquist 生产率指数。根据费尔和格罗斯科夫（Färe and Grosskopf，1994），s 时期与 $s+1$ 时期之间的曼奎斯特（Malmquist）生产率指数可表述为：

$$
M_k(x_s, y_s, x_{s+1}, y_{s+1}) = \left[\frac{D_k^s(x_{s+1}, y_{s+1})}{D_k^s(x_s, y_s)} \times \frac{D_k^{s+1}(x_{s+1}, y_{s+1})}{D_k^{s+1}(x_s, y_s)} \right]^{\frac{1}{2}}
\tag{8-2}
$$

式(8-2)中，D_k^s 和 D_k^{s+1} 分别是银行 k 观测点与 s、$s+1$ 时期技术前沿面的投入距离函数；(x_s, y_s) 和 (x_{s+1}, y_{s+1}) 分别是银行 k 在 s 时期和 $s+1$ 时期的投入产出向量集合。当 $M_k > 1$，银行 k 全要素生产率实现增长；$M_k < 1$，银行 k 全要素生产率出现衰退；$M_k = 1$，则银行 k 全要素生产率未发生增减变化。

同样参考费尔和格罗斯科夫（Färe and Grosskopf，1994），从上式中

提取公因式 $\dfrac{D_k^{s+1}(x_{s+1}, y_{s+1})}{D_k^s(x_s, y_s)}$，于是式(8-2)可分解为：

$$M_k(x_s, y_s, x_{s+1}, y_{s+1}) = \frac{D_k^{s+1}(x_{s+1}, y_{s+1})}{D_k^s(x_s, y_s)}$$

$$\times \left[\frac{D_k^s(x_{s+1}, y_{s+1})}{D_k^{s+1}(x_{s+1}, y_{s+1})} \times \frac{D_k^s(x_s, y_s)}{D_k^{s+1}(x_s, y_s)} \right]^{\frac{1}{2}}$$

$$(8-3)$$

式(8-3)中，$\dfrac{D_k^s(x_{s+1}, y_{s+1})}{D_k^s(x_s, y_s)}$ 为效率值变化指数($Effch$)，即决策单元的效率值从 s 期到 $s+1$ 期的变化情况。若 $Effch > 1$，则表示效率得到改善；$Effch < 1$，则表示效率有所下降。$\left[\dfrac{D_k^s(x_{s+1}, y_{s+1})}{D_k^{s+1}(x_{s+1}, y_{s+1})} \times \dfrac{D_k^s(x_s, y_s)}{D_k^{s+1}(x_s, y_s)} \right]^{\frac{1}{2}}$ 为技术进步变化指数($Techch$)，即从 s 期到 $s+1$ 期生产技术进步或者衰退的变化情况。若 $Techch > 1$，则表示技术进步；$Techch < 1$，则表示技术衰退。将式(8-3)中的 $Effch$ 进一步分解为纯技术效率变化指数($Pech$)和规模效率变化指数($Sech$)。

$$M_k(x_s, y_s, x_{s+1}, y_{s+1}) = \frac{D_k^{s+1}(x_{s+1}, y_{s+1})}{D_k^s(x_s, y_s)} \times \frac{D_k^{s+1}(x_{s+1}, y_{s+1})/D_k^s(x_s, y_s)}{D_k^{s+1}(x_{s+1}, y_{s+1})/D(x_s, y_s)}$$

$$\times \left[\frac{D_k^s(x_{s+1}, y_{s+1})}{D_k^{s+1}(x_{s+1}, y_{s+1})} \times \frac{D_k^s(x_s, y_s)}{D_k^{s+1}(x_s, y_s)} \right]^{\frac{1}{2}}$$

$$(8-4)$$

$$\text{纯技术效率变化指数}(Pech) = \frac{D_k^{s+1}(x_{s+1}, y_{s+1})}{D_k^s(x_s, y_s)}$$

$$\text{规模效率变化指数}(Sech) = \frac{D_k^{s+1}(x_{s+1}, y_{s+1})/D_k^s(x_s, y_s)}{D_k^{s+1}(x_{s+1}, y_{s+1})/D_k^s(x_s, y_s)}$$

式(8-4)中，若 $Pech > 1$，表示在短期内，银行管理改善使效率得到提升；反之，则表示效率下降。若 $Sech > 1$，表示银行实现了技术进步；反之，则出现了技术退步。

四、无导向 DEA-Malmquist 全要素生产率指数模型

基于以上无导向 DEA 模型与 Malmquist 指数的分析，建立存款视角下的无导向 DEA-Malmquist 模型，因距离函数的值与 DEA 模型中技术效

率的倒数相等,因而采用 DEA 模型的线性约束求解距离函数,进一步即可得出无导向 DEA-Malmquist 指数模型。

由式(8-1)有:

$$[D_c^s(x_s,\ y_s)]^{-1}=\max\theta c_k^s \tag{8-5}$$

$$[D_c^{s+1}(x_{s+1},\ y_{s+1})]^{-1}=\max\theta c_k^{s+1} \tag{8-6}$$

$$[D_v^s(x_s,\ y_s)]^{-1}=\max\theta v_k^s \tag{8-7}$$

$$[D_v^{s+1}(x_{s+1},\ y_{s+1})]^{-1}=\max\theta v_k^{s+1} \tag{8-8}$$

在规模报酬不变假设下,求解 $D_c^s(x_{s+1},\ y_{s+1})$ 的线性约束条件有:

$$[D_c^s(x_{s+1},\ y_{s+1})]^{-1}=\max\theta c_k^{s+1}$$

$$s.t.\begin{cases}\sum_{q}^{Q}\lambda_q^s x_{nq}^s\leqslant\tau c_k^{s+1}x_{nk}^{s+1},\ n=1,\ 2,\ 3,\ \cdots,\ N\\ \sum_{q=1}^{Q}\lambda_q^s D_q^s=D_k^{s+1}\\ \sum_{q=1}^{Q}\lambda_q^s y_{mq}^s\geqslant\theta c_k^{s+1}y_{mk}^{s+1},\ m=1,\ 2,\ 3,\ \cdots,\ M\\ \tau c_k^{s+1}+\theta c_k^{s+1}=2\\ \lambda_q^s\geqslant 0,\ 0\leqslant\tau c_k^{s+1}\leqslant 1,\ \theta c_k^{s+1}\geqslant 1\\ q=1,\ 2,\ 3,\ \cdots,\ Q\end{cases} \tag{8-9}$$

式(8-9)中,τc_k^{s+1} 和 θc_k^{s+1} 分别为银行 k 在 $s+1$ 时刻的相对效率和逆效率;λ_q^s 为银行 k 在 $s+1$ 时刻相对于银行 q 的权重;x_{nk}^{s+1} 和 y_{mk}^{s+1} 分别为银行 q 在 $s+1$ 时刻的第 n 种投入和第 m 种产出。同上,将约束式(8-9)中的 s 和 $s+1$ 互换即可求解 $D_c^{s+1}(x_s,\ y_s)$。

求得距离函数值后,将其代入式(8-2)和式(8-4),即可得出无导向 DEA-Malmquist 指数模型下的全要素生产率变化($TFPch$)、效率值变化($Effch$)、技术进步($Techch$)、纯技术效率变化($Pech$)和规模效率变化($Sech$)。

五、投入产出指标选取与定义

本研究采用"生产法"和"中介法"相结合的方法,参考李成等(2014)、李兴华等(2014)、郭品(2015)等文献的做法,选取银行年末营业利润(Y_1)、贷款总额(Y_2)作为产出变量,固定资产(X_1)、所有者权益(X_2)作为投入变量。表 8-1 给出了有关投入产出指标及其定义,有关变量的描述性统计分析如表 8-2 所示。

表 8-1　投入产出指标选取及其定义

变量类别	变量名称	符号	变量定义
产出变量	营业利润	Y_1	银行年末营业利润;单位:百万元
	贷款总额	Y_2	业务及管理费+营业税金及附加;单位:百万元
投入变量	固定资产	X_1	银行年末固定资产总额,单位:百万元
	所有者权益	X_2	银行年末所有者权益余额,单位:百万元
中间变量	存款总额	D	银行年末存款余额,单位:百万元

表 8-2　投入产出变量描述性统计

变量符号	均值	最大值	最小值	标准差	P 值	观测数
Y_1	43 937	391 382	191	81 366	0.000	418
Y_2	1 847 834	1 847 834	18 624 308	11 006	0.000	418
X_1	26 322	26 322	253 525	184	0.000	418
X_2	255 957	255 957	2 909 515	2 014	0.000	418
D	2 512 021	2 512 021	24 866 785	34 147	0.000	418

注:以上所有变量取值期间为 2010—2020 年,由于这里的投入、产出以及中间变量均涉及了价格变化,因此在计算过程中以 2011 年为基期进行相应 CPI 调整

资料来源:本研究整理

第二节　全要素生产率测算结果

运用 MaxDEA 软件计算 38 家样本银行在研究期间(2010—2020 年)内的全要素生产率及其分解值变化情况。限于篇幅,这里并未给出每一观测点具体的全要素生产率测算值,表 8-3 和表 8-4 分别罗列了样本期内我国银行业分年度和分个体银行的全要素生产率变化(平均值)及其分解情况。

一、分年度我国银行业全要素生产率变化情况

由表 8-3 可知,研究期间内,实现全要素生产率增长的年份共有 4 个,

即 2010—2011 年度、2011—2012 年度、2012—2013 年度和 2016—2017 年度,特别是在 2010—2011 和 2012—2013 年度的增长幅度较大,全行业全要素生产率分别增长了 9.6％和 9.5％。出现全要素生产率衰退的年份有 5 个,分别是 2013—2014 年度、2014—2015 年度、2015—2016 年度、2018—2019 年度和 2019—2020 年度。其中衰退幅度最大的是 2013—2014 年度和 2014—2015 年度,全行业全要素生产率分别下降了 7.0％和 6.7％。总体来看,我国银行业年均全要素生产率增长指数测算结果为 1.003,而年均效率值的变化、技术进步的变化分别为 0.998、1.005,说明我国银行业的全要素生产率在研究期间内实现了一定幅度的增长,年均增长率为 0.2％,增长最主要的原因来自技术进步,而效率值变化对我国银行业全要素生产率增长则存在较明显的负面影响。这一研究结果与沈悦和郭品(2015)、李成等(2014)等文献基本一致。

表 8-3　2010—2020 年我国银行业分年度全要素生产率增长(平均值)及其分解

年份	$Effch$	$Techch$	$Pech$	$Sech$	$TFPch$
2010—2011	1.013	1.082	1.087	0.932	1.096
2011—2012	1.023	0.989	1.063	0.963	1.012
2012—2013	1.029	1.064	0.988	1.042	1.095
2013—2014	0.975	0.954	0.961	1.014	0.930
2014—2015	0.962	0.970	0.932	1.032	0.933
2015—2016	1.010	0.958	0.940	1.075	0.968
2016—2017	1.042	1.028	0.993	1.049	1.071
2017—2018	0.989	1.011	0.965	1.025	1.000
2018—2019	0.974	0.988	0.997	0.977	0.962
2019—2020	0.964	1.011	0.899	1.073	0.975
平均	0.998	1.005	0.981	1.017	1.003

资料来源:本研究整理

二、各商业银行全要素生产率变化情况

表 8-4 报告了研究期间内我国 38 家商业银行以及分不同类型银行的平均全要素生产率变化值及其分解情况。

表 8-4   2010—2020 年我国 38 家商业银行全要素生产率变化(平均值)及其分解

	Effch	*Techch*	*Pech*	*Sech*	*TFPch*
平安银行	1.000	0.991	0.977	1.024	0.991
浦发银行	1.000	0.998	0.983	1.017	0.998
民生银行	1.006	0.992	0.988	1.018	0.998
招商银行	0.991	1.015	0.984	1.007	1.006
华夏银行	1.008	0.987	0.986	1.022	0.995
中国银行	0.981	1.035	0.988	0.993	1.015
工商银行	1.015	1.034	1.026	0.989	1.049
兴业银行	0.977	1.031	0.986	0.991	1.007
中信银行	1.012	1.027	1.020	0.992	1.039
交通银行	0.996	1.030	1.001	0.995	1.026
宁波银行	0.964	1.031	0.973	0.991	0.994
南京银行	0.983	1.029	0.989	0.994	1.012
北京银行	0.991	1.026	0.996	0.995	1.017
建设银行	1.033	1.025	1.042	0.992	1.059
农业银行	0.994	1.018	0.998	0.996	1.012
光大银行	0.993	1.017	0.987	1.006	1.010
江苏银行	0.996	1.020	0.995	1.001	1.016
贵阳银行	1.023	1.025	1.026	0.997	1.049
江阴银行	0.988	0.999	0.985	1.003	0.987
无锡银行	1.011	1.009	1.002	1.009	1.020
常熟银行	0.974	1.005	0.974	1.000	0.979
杭州银行	0.990	1.007	0.980	1.010	0.997
上海银行	0.980	1.002	0.988	0.992	0.982
苏农银行	0.998	1.003	0.988	1.010	1.001
张家港行	1.011	1.003	1.012	0.999	1.014
成都银行	0.977	0.999	0.966	1.011	0.976
郑州银行	1.014	1.005	0.998	1.016	1.019
长沙银行	0.986	0.997	0.974	1.012	0.983
紫金银行	0.972	1.016	0.971	1.001	0.988
青岛银行	0.992	0.992	0.975	1.017	0.984
西安银行	1.014	0.992	0.994	1.020	1.006

（续表）

	Effch	Techch	Pech	Sech	TFPch
青农商行	1.020	0.979	0.986	1.035	0.999
苏州银行	0.988	1.067	1.058	0.934	1.054
渝农商行	1.037	0.976	0.998	1.039	1.012
浙商银行	1.013	0.968	0.968	1.047	0.981
邮储银行	0.985	0.953	0.925	1.065	0.939
厦门银行	1.000	0.938	0.714	1.401	0.938
重庆银行	1.002	0.953	0.935	1.072	0.955
大型平均	1.001	1.016	0.997	1.005	1.017
股份制平均	1.000	1.003	0.987	1.014	1.003
城商行平均	0.993	1.006	0.971	1.031	0.999
农商行平均	1.001	0.999	0.990	1.012	1.000
全行业平均	0.998	1.005	0.981	1.017	1.003

资料来源：本研究整理

由表 8-4 可知，整体来讲，我国银行业的全要素生产率在研究期间内实现了一定程度的增长，年均增长率为 0.3%，增长的源泉主要来自技术进步，全行业的技术进步率年均达到了 0.5%，而效率值变化则负面影响较大，其下降率达到了年均的 0.2%。进一步从效率值的分解值来看，研究期间内，我国商业银行效率值出现下降的原因在于纯技术效率出现了较大幅度的下降，年均下降率为 1.9%，而规模效率则存在明显的正面影响，其年均变化率为正的 1.7%。

横向比较来看，实现了全要素生产率增长的有中国建设银行、苏州银行、中国工商银行、贵阳银行、中信银行、交通银行、无锡农商银行、郑州银行、北京银行、江苏银行、中国银行、张家港农商银行、南京银行、中国农业银行、重庆农村商业银行、中国光大银行、兴业银行、招商银行、西安银行、苏州农村商业银行等 20 家商业银行，特别是中国建设银行、苏州银行、中国工商银行、贵阳银行、中信银行、交通银行、无锡农商银行等 7 家银行的增长率最高，其全要素生产率指数年均增长率都在 2% 以上，其中中国建设银行和苏州银行更是分别达到了 5.9% 和 5.4%。出现衰退的有厦门银行、中国邮政储蓄银行、重庆银行、成都银行、常熟农商银行、浙商银行、上海银行、长沙银行、青岛银行、江阴农商银行、紫金农村商业银行、平安银行、宁波银行、华夏银行、杭州银行、中国民生银行、上海浦东发展银行、青岛农商银行等 18 家商业银行,其中衰退最严重的是厦门银行和中国邮政储蓄银行,分别达到了年均 6.2% 和 6.1%。

技术进步的情况相对较好,出现较明显技术退步现象的只有厦门银行、中国邮政储蓄银行、重庆银行、浙商银行、重庆农村商业银行、青岛农商银行、华夏银行、平安银行、青岛银行、中国民生银行、西安银行和长沙银行等 12 家商业银行。基本保持不变的有上海浦东发展银行、成都银行和江阴农商银行。而其余的 23 家银行均实现了不同程度的技术进步。其中表现较为突出的是苏州银行、中国银行、中国工商银行、兴业银行、宁波银行、交通银行等,其年均技术进步率都在 3% 以上,技术进步最快的苏州银行为 6.7%,其次的中国银行也达到了 3.5%。显然,技术进步较快的银行,其全要素生产率增长也较快;相反,技术退步幅度较大的银行,其全要素生产率下降也很明显。技术进步与生产率增长的变化规律基本类似,这也再次说明了技术进步是我国银行业全要素生产率增长的主要原因。

分类型来看,国有大型商业银行的技术进步与生产率增长最快,特别是中国银行、工商银行、交通银行、建设银行等表现较为出色。这与国有大型商业银行在资源禀赋,人才储备等方面的固有优势有关。中小银行中,股份制银行和农商行的表现相对稳定;而城商行则起伏较大。

第三节　计量模型变量选取与数据来源

一、被解释变量:银行全要素生产率增长

将研究期内各银行的全要素生产率增长值 $TFPch$ 作为被解释变量。此外,由于全要素生产率增长又进一步分解为技术进步 $Techch$ 与效率值 $Effch$ 变化,因此同时也将 $Techch$ 与 $Effch$ 作为被解释变量进行回归分析。

二、解释变量:金融科技发展指数($Fintech$)

与前述实证章节保持一致,选取采用数字普惠金融总指数($Fintech2$)作为核心解释变量。同时,为了便于对比分析,采用"金融科技"的百度指数($Fintech6$)作为代理变量。

三、控制变量

在银行全要素生产率增长的其他影响因素方面,学术界一般考虑的有市场结构(侯晓辉等,2011)、治理机构(Yao et al.,2007;Jiang et al.,2009;姚树洁等,2011)、宏观经济环境(程茂勇和赵红,2011;袁晓玲和张宝山,2009)和金融发展水平(沈悦和郭品,2015)等因素。此外,伯杰和汉弗莱(Berger and Humphrey,1997)、邱和陈(Chiu and Chen,2009)、曼拉格尼特(Manlagñit,2011)、佐(Juo,2014)、王兵和朱宁(2011)等研究发现风险也是不可忽略的重要影响因素。同时考虑到我国银行业近年来的改革发展现实,主要是通过改制上市、对外市场开放等措施,使得其市场结构发生了较大改变。因此,本研究共选取了包括银行资产规模、市场占有率、是否上市、不良贷款率、权益负债比、人均 GDP 和金融相关比等在内的一组控制变量。具体指标的选取和定义如表 8-5 所示,各变量的描述性统计见表 8-6。

表 8-5　影响因素变量选取与定义

变量名称	变量符号	变量定义
金融科技指数	$Fintech2$	数字普惠金融总指数/100
	$Fintech6$	基于"金融科技"百度指数整理得到
银行规模	$Size$	银行年末资产总额(百万元)取自然对数
市场占有率	$Share$	样本银行年末贷款总额/全行业贷款总额
是否上市	$List$	为 0 代表其是非上市银行,1 为上市银行
风险变量1	NPL	不良贷款率(%)
风险变量2	ETD	权益对负债比率(%)
宏观经济环境	GDP	年末人均实际 GDP(万元)
金融相关比	FIR	货币供应量(M2)/国民生产总值

表 8-6　影响因素变量描述性统计

变量符号	均值	最大值	最小值	标准差	P 值	观测数
$Fintech2$	2.162	3.412	0.400	0.935	0.000	380
$Fintech6$	3.028	8.730	0.230	3.004	0.000	380
$Size$	6.857	10.415	3.933	1.776	0.000	380
$Share$	0.020	0.198	0.000	0.037	0.000	380
$List$	0.603	1.000	0.000	0.490	0.000	380

（续表）

变量符号	均值	最大值	最小值	标准差	P 值	观测数
NPL	1.267	3.000	0.000	0.531	0.001	374
ETD	14.119	45.012	5.050	3.826	0.000	380
GDP	1.961	2.152	1.745	0.120	0.000	380
FIR	5.408	7.245	3.630	1.221	0.000	380

注：以上所有变量取值期间为 2011—2020 年，其中银行资产总额涉及了价格因素，因此以 2011 年为基期进行相应 CPI 调整

资料来源：本研究整理

四、数据来源

考虑到数据的可得性，本章共选取了我国 38 家商业银行的财务报表数据，具体包括中国银行、中国农业银行、中国邮政储蓄银行、中国工商银行、中国建设银行、交通银行等 6 家大型商业银行，平安银行、上海浦东发展银行、中国民生银行、招商银行、中国光大银行、浙商银行、华夏银行、中信银行、兴业银行等 9 家股份制银行，宁波银行、江苏银行、南京银行、上海银行、北京银行、杭州银行、长沙银行、苏州银行、青岛银行、西安银行、厦门银行、重庆银行、成都银行、郑州银行、贵阳银行等 15 家规模较大的城市商业银行，以及江阴农商银行、张家港农商银行、苏州农村商业银行、无锡农村商业银行、重庆农村商业银行、常熟农商银行、青岛农商银行、紫金农村商业银行等 8 家数据较全的农村商业银行作为研究样本。样本区间为 2011—2020 年，数据主要来自北京大学数字金融研究中心、Wind 金融终端、CEIC 数据库等。对于个别缺失数据，通过查阅银行年度财务报告或采用线性插值法补齐。本研究所采用的银行样本涵盖了除外资银行以外的我国所有商业银行类型，其总资产与存贷款规模占全行业 70% 以上，具有较好的代表性。

第四节　金融科技对商业银行全要素生产率增长影响的回归分析

一、计量模型设计

通过测算 2010—2020 年各商业银行全要素生产率增长情况，我们发

现不同银行之间存在较明显差异,接下来,我们进一步分析造成这种差异的原因。将研究期内各银行的全要素生产率增长值 $TFPch$ 及其分解 $Techch$、$Effch$ 作为被解释变量,以北京大学数字普惠金融总指数作为核心解释变量,表 8-5 中的各影响因素作为控制变量,分别建立如下回归模型:

$$模型 8-1: TFPch_{i,t} = \alpha_0 + \alpha_1 Fintech_{i,t} + \sum_{j=1}^{7} \gamma_j Control_{j,t} + u_{i,t} + \varepsilon_{i,t}$$

$$模型 8-2: Techch_{it} = \beta_0 + \beta_1 Fintech_{i,t} + \sum_{j=1}^{7} \gamma_j Control_{j,t} + u_{i,t} + \varepsilon_{i,t}$$

$$模型 8-3: Effch_{it} = \beta_0 + \beta_1 Fintech_{i,t} + \sum_{j=1}^{7} \gamma_j Control_{j,t} + u_{i,t} + \varepsilon_{i,t}$$

模型 8-1 的 $TFPch$ 和模型 8-2 中的 $Techch$、$Effch$ 分别为全要素生产率和技术效率变化值,$Fintech$ 为核心解释变量金融科技发展指数;下标 i 表示样本银行,t 代表年份,$\mu_{i,t}$ 为个体异质性,$\varepsilon_{i,t}$ 为随机扰动项;$Control$ 为包括银行资产规模、市场占有率、是否上市、不良贷款率、权益负债比、宏观经济发展水平、金融相关比等在内的一组控制变量。

二、变量相关性与平稳性检验

为了避免可能存在的多重共线性问题,回归分析之前首先对控制变量进行相关性检验。结果表明,变量之间的相关系数较小,这意味着变量不存在严重的多重共线性问题。进一步,为防止"虚假回归"问题,动态面板模型要求数据平稳,本研究采用 Hadri LM、IPS 和 HT 三种检验方法围绕银行层面的变量 $TFPch$、$Techch$、$Effch$、$Size$、$Share$、$List$、NPL、ETD 进行面板单位根检验。结果显示,所有变量均不存在单位根。因此,回归分析将不会出现虚假回归。鉴于篇幅,检验结果不再赘述。

三、基准模型回归结果与分析

对于静态面板,常见的有混合回归(POOL)以及控制个体特征的固定效应(FE)和随机效应(RE)回归多种方法,鉴于忽略样本个体特征的混合效应回归并不可靠,首先基于 Hausman 检验选取固定效应(FE)模型进行估计,具体结果报告于表 8-7。

表 8-7　基准模型回归结果

变量	模型 8-1($TFPch$)		模型 8-2($Techch$)		模型 8-3($Effch$)	
	(1)	(2)	(3)	(4)	(5)	(6)
$Fintech2$	0.082*** (3.26)	0.160*** (3.47)	0.048*** (3.20)	0.072*** (2.61)	0.028 (1.20)	0.062 (1.41)
$Size$	0.013 (0.26)	0.007 (0.13)	−0.050* (−1.68)	−0.058* (−1.90)	0.070 (1.50)	0.065 (1.34)
$Share$	0.374 (0.84)	0.429 (0.98)	−0.082 (−0.31)	−0.082 (−0.31)	0.521 (1.26)	0.540 (1.29)
$List$	−0.057** (−2.20)	−0.022 (−0.81)	0.006 (0.38)	0.021 (1.30)	−0.060** (−2.49)	−0.043* (−1.71)
NPL	−0.003 (−0.19)	−0.022 (−1.23)	0.013 (1.19)	0.003 (0.32)	−0.016 (−0.94)	−0.025 (−1.45)
ETD	0.014*** (4.12)	0.011*** (3.18)	0.004** (2.11)	0.003 (1.42)	0.009*** (2.86)	0.008** (2.32)
GDP		−0.093*** (−3.10)		−0.035** (−1.99)		−0.042 (−1.48)
FIR		0.298** (2.02)		0.187** (2.12)		0.156 (1.11)
$Cons$	−1.428*** (−4.95)	−1.593*** (−4.58)	−0.822*** (−4.84)	−0.971*** (−4.68)	−1.635*** (−6.11)	−1.734*** (−5.24)
R^2	0.215	0.268	0.097	0.137	0.125	0.141
$R^2\text{-}a$	0.112	0.167	−0.020	0.018	0.011	0.023
F	15.031	14.976	5.931	6.503	7.883	6.734
N	374	374	374	374	374	374

注：（　）内为 t 值，***、**、* 分别表示在 1％、5％、10％ 的水平上显著
资料来源：本研究整理

表 8-7 中的列（1）、（3）、（5）仅加入微观层面控制变量，列（2）、（4）、（6）加入所有控制变量，固定效应结果显示核心解释变量回归系数的符号方向与显著性水平保持一致，系数大小也变动不大，说明回归结果具有较好的

稳定性。从具体估计结果看,模型 8-1 中的关键解释变量金融科技指数
($Fintech2$)的回归系数为正,且在 1‰ 的水平上通过了显著性检验,说明金
融科技与 $TFPch$ 之间存在显著的正相关关系,即金融科技发展对我国银
行业全要素生产率增长起到了明显的促进作用。从 $TFPch$ 分解值的两组
估计结果量看,模型 8-2,即技术进步模型中的解释变量($Fintech2$)的回归
系数为正且显著;而模型 8-3,即效率值变化模型中的解释变量($Fintech2$)
的回归系数未能通过显著性检验。这说明,金融科技与 $Techch$ 之间呈显
著正相关关系,但与 $Effch$ 之间不存在必然联系。综合来看,在研究期间
内,金融科技的快速发展有利于商业银行的技术进步,从而整体上对我国
银行业全要素生产率增长起到了明显的促进作用。以上结论与前文的理
论预期相一致,本研究的**命题 9**、**命题 10** 初步得到证实。这一结论说明,在
金融科技不断深化发展的现实背景下,传统商业银行应积极融入大数据、
云计算、区块链、人工智能、物联网等金融科技重点技术,不断进行技术革
新,形成新型业务模式,从而提升自身的竞争力,以应对金融生态转型发展
带来机遇与挑战。

其他控制变量方面,宏观经济发展水平系数在模型 8-1、模型 8-2 下
的四个估计结果均为负且显著,说明高速的经济增长不利于银行业的技
术进步与全要素生产率的提高。可能的原因在于,在高速增长的宏观经
济环境下,商业银行面临的往往是宽松的信贷政策,其面临的竞争和盈
利压力也较小,银行业更多的是实行粗放式发展。此外,金融相关比在
模型 8-1、模型 8-2 下的回归结果显著为正,说明我国金融市场发展水平
的提高对我国银行业的技术进步和全要素生产率增长存在积极的促进
作用。持续深化金融体制改革是我国金融体系发展的根本战略方向,金
融体系的不断完善,一方面带来了更多长期资本,更重要的是有利于更
新经营管理理念、创新业务模式,规范公司治理机制,从而促进我国银行
业的发展。

四、基准模型的稳健性检验

1. 采用系统 GMM 估计

本研究采用的银行业数据呈现出"大 N 小 T"的短面板特征,模型可
能存在内生性问题,故同时采用布伦德尔和邦德(Blundell and Bond,
1998)提出的系统 GMM 动态面板估计方法进行检验。具体结果报告于表
8-8。

表 8-8　系统 GMM 估计结果

变量	模型 8-1($TFPch$)		模型 8-2($Techch$)		模型 8-3($Effch$)	
	(1)	(2)	(3)	(4)	(5)	(6)
$L.TFPch$	0.093 (1.20)	0.034 (0.47)				
$L.Techch$			-0.280^{***} (-4.54)	-0.246^{***} (-4.03)		
$L.Effch$					-0.026 (-0.39)	-0.085 (-1.23)
$Fintech2$	0.050^{**} (2.36)	0.119^{*} (1.78)	0.063^{***} (4.56)	0.128^{***} (4.12)	-0.001 (-0.04)	-0.019 (-0.26)
$Size$	0.004 (0.38)	-0.007 (-0.66)	-0.047^{**} (-2.28)	-0.046^{**} (-2.27)	0.062^{**} (2.26)	0.043^{*} (1.77)
$Share$	0.232 (0.42)	0.249 (0.65)	-0.068 (-0.15)	-0.073 (-0.18)	0.435 (0.48)	0.288 (0.32)
$List$	-0.021 (-0.59)	0.004 (0.11)	-0.015 (-0.73)	0.018 (0.66)	-0.030 (-0.73)	-0.023 (-0.48)
NPL	0.004 (0.22)	-0.030^{*} (-1.83)	0.012 (0.62)	-0.003 (-0.16)	-0.006 (-0.26)	-0.025 (-1.29)
ETD	0.010 (1.64)	0.004 (0.80)	0.011^{**} (2.02)	0.008 (1.51)	-0.003 (-0.28)	0.001 (0.14)
GDP		-0.076^{*} (-1.77)		-0.056^{***} (-2.65)		-0.001 (-0.02)
FIR		0.343^{***} (3.35)		0.057 (1.12)		0.304^{**} (2.55)
$Cons$	-1.167^{***} (-6.23)	-1.452^{***} (-5.48)	-1.234^{***} (-7.18)	-1.117^{***} (-6.50)	-1.396^{***} (-5.17)	-1.910^{***} (-6.12)
$Chi2$	60.863	138.970	60.468	106.354	19.363	34.394
$AR(2)$	-2.501	-2.520	-4.375	-4.396	-3.231	-3.347
$Sargan$	10.116	11.951	38.758	39.533	13.388	18.277
N	338	338	338	338	338	338

注:(　)内为 z 值,$***$、$**$、$*$ 分别表示在 1%、5%、10%的水平上显著

资料来源:本研究整理

表 8-8 的回归结果显示,引入系统 GMM 估计方法,克服模型可能存在的内生性问题后,模型 8-1、模型 8-2 中的关键解释变量 $Fintech2$ 回归系数均为正,且至少在 10% 的水平上显著,而模型 8-3 的回归结果依然不显著,三个模型均得到和固定效应(FE)估计一致性的结论。即金融科技发展显著促进了我国商业银行的技术进步及全要素生产率增长,而与其效率值变化则不存在明显关联,本研究的**命题 9**、**命题 10** 再次得到支持。引入系统 GMM 估计方法,克服模型可能存在的内生性问题后,上述结论依然稳健。

2. 替换关键解释变量

由于金融科技发展历史较短,有关的量化研究方法尚不成熟,为规避解释变量测度指标本身对上述基准回归结果产生的影响,我们采用北京大学数字金融研究中心提供的数字普惠金融分指数,包括覆盖广度指数($Fintech3$)、数字支付业务指数($Fintech4$)和数字支持服务程度指数($Fintech5$)等三个指标替换模型 8-1 中的关键解释变量($Fintech2$),重新进行回归,得到表 8-9 所示的三组回归结果。

表 8-9　替换关键解释变量估计结果

变量	模型 8-1($Fintech3$)		模型 8-1($Fintech4$)		模型 8-1($Fintech5$)	
	(1)	(2)	(3)	(4)	(5)	(6)
$Fintech3$	0.066** (2.54)	0.214*** (3.58)				
$Fintech4$			0.038 (1.29)	0.065 (1.37)		
$Fintech5$					0.063*** (5.05)	0.047*** (3.20)
$Size$	0.044 (0.87)	0.007 (0.14)	0.098* (1.85)	0.070 (1.31)	0.021 (0.61)	0.018 (0.36)
$Share$	0.456 (1.01)	0.434 (0.99)	0.589 (1.27)	0.559 (1.24)	0.495 (1.18)	0.463 (1.05)
$List$	−0.060** (−2.31)	−0.021 (−0.80)	−0.055** (−2.10)	−0.048* (−1.81)	−0.030 (−1.17)	−0.025 (−0.93)
NPL	−0.000 (−0.00)	−0.021 (−1.20)	−0.002 (−0.08)	−0.010 (−0.53)	−0.011 (−0.62)	−0.019 (−1.09)

（续表）

变量	模型 8-1(Fintech 3)		模型 8-1(Fintech 4)		模型 8-1(Fintech 5)	
	(1)	(2)	(3)	(4)	(5)	(6)
ETD	0.014***	0.011***	0.011***	0.010***	0.013***	0.011***
	(3.86)	(3.24)	(3.30)	(3.00)	(4.01)	(3.24)
GDP		−0.132***		−0.016		−0.018
		(−3.40)		(−0.66)		(−1.03)
FIR		0.290**		0.724***		0.346**
		(1.97)		(4.53)		(2.40)
Cons	−1.591***	−1.444***	−1.874***	−2.978***	−1.478***	−1.965***
	(−5.44)	(−3.86)	(−6.02)	(−7.59)	(−7.00)	(−6.98)
R^2	0.205	0.269	0.193	0.245	0.248	0.264
R^2-a	0.101	0.169	0.088	0.141	0.149	0.163
F	14.181	15.096	13.191	13.300	18.094	14.678
N	374	374	374	374	374	374

注：（ ）内为 t 值，***、**、* 分别表示在 1%、5%、10% 的水平上显著
资料来源：本研究整理

由表 9-9 可见，无论是采用覆盖广度指数（Fintech 3）、数字支付业务指数（Fintech 4）或数字支持服务程度指数（Fintech 5），模型 8-1 中的关键变量金融科技发展指数回归系数均为正，且除了列（3）、列（4）显著性略低以外，其余两组估计结果都至少在 5% 的水平上通过了显著性检验。采用 Fintech 3、Fintech 4、Fintech 5 替换模型 8-2、模型 8-3 中的解释变量 Fintech 2 后也得到了与原基准结果相一致的结论，篇幅所限，不再赘述。总体来看，解释变量不同测度方法下获得的回归系数大小相当，其他控制变量的系数符号大多维持不变，符号方向和显著性也基本一致。上述关于金融科技对于全要素生产率增长之间显著正相关的估计结果是稳健可靠的，本研究的**命题 9、命题 10** 再次得到证实。

五、异质性影响分析

金融科技对商业银行全要素生产率增长的异质性影响检验时，本研究并没有引入代表商业银行类型的虚拟变量，而是采用分组回归的识别思路。具体回归时，借鉴沈悦和郭品（2015）、朱（Zhu，2012）等的思路，通过设计相应子样本，然后针对模型 8-1 重新进行回归。如果子样本回归中核

心解释变量的系数有明显提高,则说明金融科技对所剔除的商业银行影响程度低于全行业平均水平;相反,则说明金融科技对所剔除商业银行的影响程度高于全行业平均水平。

1. 考虑银行资产规模

首先考虑金融高科技对不同资产规模商业银行全要素生产率增长的异质性影响。根据中国人民银行与中国银保监会对我国商业银行类型的划分标准[①],将中国工商银行、中国建设银行、中国农业银行、中国银行、交通银行、中国邮政储蓄银行定义为大型银行,平安银行、上海浦东发展银行、中国民生银行、招商银行、华夏银行、兴业银行、中信银行、北京银行、中国光大银行、江苏银行、上海银行、浙商银行定义为中型银行,其余的商业银行定义为小型银行。然后以模型 8-1 为基础,针对两个子样本分别进行回归,具体结果报告于表 8-10。

表 8-10　金融科技对商业银行全要素生产率增长的异质性影响:考虑资产规模

变量	大中型银行		小型银行	
	(1)	(2)	(3)	(4)
Fintech2	0.121***	0.263***	0.061	0.089
	(4.54)	(7.00)	(1.46)	(1.07)
Size	−0.106	−0.128**	0.031	0.035
	(−1.65)	(−2.23)	(0.40)	(0.42)
Share	−0.030	−0.063	8.562	11.248
	(−0.10)	(−0.24)	(0.94)	(1.20)
List	−0.027	−0.006	−0.032	0.003
	(−0.71)	(−0.18)	(−0.83)	(0.07)
NPL	0.013	−0.015	−0.010	−0.022
	(0.75)	(−0.96)	(−0.31)	(−0.70)
ETD	0.008***	0.005**	0.031***	0.027***
	(2.84)	(2.24)	(4.24)	(3.55)
GDP		−0.130***		−0.062
		(−5.85)		(−1.01)

---

① 《中国人民银行中国银行保险监督管理委员会关于建立银行业金融机构房地产贷款集中度管理制度的通知》(银发〔2020〕322 号),2020 年 12 月 31 日,http://www.cbirc.gov.cn/cn/view/pages/ItemDetail.html? docId=955098&itemId=928&generaltype=0。

（续表）

变量	大中型银行		小型银行	
	（1）	（2）	（3）	（4）
FIR		0.278**		0.313
		(2.21)		(1.24)
Cons	−0.476	−0.378	−1.710***	−2.017***
	(−1.02)	(−0.92)	(−5.16)	(−3.71)
R^2	0.411	0.581	0.204	0.226
R^2-a	0.324	0.513	0.086	0.100
F	18.112	26.672	7.191	6.054
N	180	180	194	194

注：（　）内为 *t* 值，***、**、* 分别表示在 1%、5%、10% 的水平上显著
资料来源：本研究整理

　　表 8-10 显示，从估计系数的大小来看，剔除小型银行以后（子样本一），模型 8-1 的金融科技指数 *Fintech* 2 估计系数分别为 0.121 和 0.263，与全样本回归结果 0.082 和 0.160 相比，两者分别下降了 32.23% 和 39.16%。这说明金融科技发展对大中型商业银行全要素生产率增长的影响都要大于小型银行。这一结果与理论预期相吻合，本研究的**命题 11** 得到初步验证。

　　另外，从参数估计的显著性来看，子样本一（大中型银行）下关键解释变量 *Fintech* 2 估计系数在 1% 的水平显著为正。而子样本二（小型银行）的回归结果未能通过显著性检验，意味着金融科技并没有明显促进小型银行的全要素生产率增长，这进一步证实了本研究的**命题 11**。

　　我们认为其中的原因在于，以国有大型商业银行和股份制银行为代表的大中型银行在人才队伍、资源禀赋等方面具有优势，相比地区性小型银行，能更好地应对金融科技的冲击，并及时进行技术创新，充分利用金融科技带来的新的发展机遇，实现融合发展。例如中国工商银行，仅 2015 年就开展了 5.1 万个培训项目，员工培训达 509 万人次，高昂的培训投入和庞大的人才基数使得高端金融科技人才培养成为可能。另外，一流的互联网公司更倾向于和大型银行合作，2017 年五大国有银行相继与 BATJS 形成战略联盟，在金融科技领域展开深度合作。同时，大中型银行业也更有实力成立专业的金融科技子公司，据苏宁金融研究院数据显示，截至 2019 年 6 月末，已有 10 家银行陆续成立了金融科技子公司，但全部是大中型银

行。其中中国建设银行所属的建信金融科技公司注册资金高达 16 亿元，中国工商银行、中国银行和兴业银行等的投入也都在 5 亿元以上。动作稍晚的交通银行在 2019 年 8 月半年度财务报告发布会上也宣布将成立金融科技子公司，科技投入占比将提高到总营收的 10％以上。如此大的人员与经费投入能够源源不断输出科研成果，为"金融＋科技"融合发展提供技术保障。

而小型银行，特别农村商业银行在金融科技发展方面处于明显劣势，具体来讲，主要有以下两点：一是社会信任度较低，线上业务推广受阻；二是科技基础设施落后，技术研发能力较弱。例如零售银行，小型银行发展就明显晚于大型银行，不少城商行的信用卡资质是近几年才获批，加之其零售业务渠道局限在某一区域，线下渠道为主要方式，线上产品又同质化严重，获客能力不足。地方性小型银行如果不能抓住此轮金融科技革新的机遇，那么大中型银行由于具有资金成本和规模优势，将会进一步挤压其生存空间。

2. 考虑银行所处经济区位

遵循第 5 章的思路，按所处经济区位的不同，将本章研究所考虑的 38 家商业银行划分为两个子样本，一是东部地区银行（子样本三），二是中、西部地区银行（子样本四）。然后以模型 8-1 为基础针对两个子样本分别进行回归，具体结果报告于表 8-11。

表 8-11　金融科技对商业银行全要素生产率增长的异质性影响：考虑经济区位

变量	东部地区银行		中、西部地区银行	
	(1)	(2)	(3)	(4)
$Fintech2$	0.086***	0.186***	0.051	0.073
	(2.77)	(3.49)	(1.10)	(0.93)
$Size$	0.023	0.022	−0.023	−0.037
	(0.36)	(0.33)	(−0.31)	(−0.49)
$Share$	0.275	0.308	10.298	12.179
	(0.57)	(0.66)	(0.80)	(0.93)
$List$	−0.092***	−0.059*	0.048	0.087*
	(−2.88)	(−1.86)	(1.34)	(1.94)
NPL	−0.006	−0.031	0.011	0.012
	(−0.30)	(−1.51)	(0.34)	(0.37)

（续表）

变量	东部地区银行		中、西部地区银行	
	(1)	(2)	(3)	(4)
ETD	0.015*** (3.79)	0.011*** (2.86)	0.012 (1.58)	0.009 (1.08)
GDP		−0.112*** (−3.25)		−0.050 (−0.90)
FIR		0.328* (1.87)		0.262 (1.14)
Cons	−1.488*** (−3.79)	−1.667*** (−3.89)	−1.182*** (−3.80)	−1.362*** (−2.69)
R^2	0.221	0.288	0.307	0.345
R^2-a	0.116	0.186	0.161	0.178
F	12.625	13.384	4.203	3.618
N	304	304	70	70

注：（　）内为 t 值，***、**、*分别表示在1％、5％、10％的水平上显著
资料来源：本研究整理

　　表 8-11 的回归结果显示，剔除中、西部地区银行以后（子样本三），模型 8-1 的金融科技指数 Fintech2 估计系数分别为 0.086 和 0.186，与全样本回归结果 0.082 和 0.160 相比，两者分别下降了 4.65％ 和 13.98％。这说明金融科技发展对东部地区银行全要素生产率增长的影响都要大于中、西部地区银行。这一结果与前文的理论预期相吻合，本研究的**命题 12** 得到验证。

　　另外，比较两个子样本回归系数可进一步发现，金融科技对不同经济区位商业银行全要素生产率增长的影响差异十分明显。其中东部地区银行的金融科技变量估计系数均为正且在 1％ 的水平上显著，而中、西部地区银行在两个模型下的估计结果都不再显著。这说明，金融科技发展对东部地区商业银行风险承担的影响要明显大于中、西部地区银行，本研究的**命题 12** 得到进一步证实。

第五节　本章小结

　　本章基于前述金融科技对商业银行全要素生产率增长影响机理的理

论分析，利用 2010—2020 年中国 38 家代表性商业银行的平衡面板数据，首先通过无导向 DEA-Malmquist 生产率指数方法测算样本银行的全要素生产率增长及其分解值变化情况，然后建立多元回归模型，结合北大数字普惠金融指数，采用静态面板与动态面板系统 GMM 估计相结合的方法对银行业整体及其异质性影响进行了实证检验。

结果表明：研究期间内，我国银行业的全要素生产率整体上实现了一定幅度的增长，年均增长率为 0.3%，增长的源泉主要来自技术进步，年均技术进步率达到了 0.5%。分银行类型来看，国有大型商业银行的技术进步与全要素生产率增长最快，股份制银行和农商行的表现相对稳定，而城商行则起伏较大。面板回归模型的估计结果显示，整体来看，金融科技的快速发展有利于我国银行业的技术进步，对其全要素生产率增长也起到了明显的促进作用。但异质性影响的检验结果表明，金融科技对不同类型商业银行全要素生产率增长的影响存在明显差异。金融科技对小型与中西部地区银行的全要素生产率增长并没有起到明显的促进作用。相对而言，金融科技对大中型与东部地区银行的积极影响要更为明显。如何突破自身局限，在新的金融格局中获得转型升级，实现可持续发展是中西部地区银行以及小型银行亟待解决的难题。

以上结论说明，随着金融科技技术模式的日益成熟及其行业规模的日益膨胀，科技与金融业不断深度融合发展促使金融边界逐渐模糊。它在给商业银行带来新的发展机遇的同时也形成了挑战，传统商业银行需要调整思维、转型发展，加强技术创新以应对金融体系的变革。特别是东西部地区的小型商业银行，由于盈利水平、人才队伍、资源禀赋等自身条件限制，大多尚处于金融科技布局初期，在战略路径、盈利周期、合作方式、数据应用以及合规创新等方面面临不少困境。小型银行应充分借鉴国内大型银行和国外先进地区的经验，加快金融科技人才队伍建设，加强关键技术自主研发，通过联合创新，或成立金融科技子公司等多种方式，积极融入金融科技应用发展大潮，降低金融科技创新成本，提高经营管理能力。在大数据、云计算、区块链、人工智能、物联网等金融科技重点技术方面，不断进行技术革新，实现新型业务模式的转型升级，从而提升自身的竞争力，以应对金融生态深度变革带来的机遇与挑战。同时，政策当局也应加快监管体制、机制改革，优化监管工具，为金融科技和传统商业银行的融合共生发展提供良性的制度环境。

第九章 商业银行与金融科技融合发展对策

第一节 商业银行转型发展对策

金融科技创新正在加速重构银行经营发展模式和市场竞争格局,金融科技已成为银行业未来发展的归途。银行机构利用自动化和去中心化等技术,大大提高了内部经营效率和金融服务质量。有观点认为,商业银行、中央银行提供的部分金融服务和部分金融基础设施未来可能会被新型公司、自动化程序和去中心化网络所取代。金融科技的日渐渗透迫使商业银行特别是区域性中小银行需要调整思维,转型创新,提高效率以应对金融体系的变革。

一、积极融入金融科技发展大潮,明确金融科技融合发展战略

商业银行应紧跟金融科技风口,积极融入"金融＋科技"融合发展大潮,明确金融科技的战略定位,充分利用金融科技带来的有利方面,获取新的绩效增长空间;合理运用人工智能、移动互联网、大数据、云计算等科技成果赋能金融,以客户需求为中心,以市场为导向,打造差异化、场景化、智能化的金融服务产品,提升金融服务质量与效率,改善用户体验,增强获客能力;以客户需求为中心,以市场为导向,简化业务流程、提高业务效率和客户体验,增强客户黏性;加强技术创新,广泛运用数字处理技术和社交网络技术,充分挖掘线上客户资源,运用数字签名、指纹、虹膜技术、远程视频和人脸识别技术,提升银行的网联化和智能化,建设"智能银行""数字银行"和"智慧银行";同时,充分把握与客户面对面的交互方式,为客户提供更加专业化、差异化、个性化、便民化和"一站式"的优质金融服务,提高服务效率。

在传统支付结算、信贷、投资理财等业务面临较大冲击的情况下,一方面,商业银行应积极促进信贷业务的转型与创新,依托市场和客户需求创

新产品、建立综合性的网络信贷服务平台、运用大数据、云计算、区块链等金融科技,实现经营管理网络化。将实体银行网点与互联网虚拟网点优势相结合,探索轻型化金融服务模式,逐步向"轻资产"方向转型,如运用5G技术、VR/AR等技术创建远程交互、虚拟互联、可触性强、周身感知金融场景环境,为客户提供全方位、多层次、平台化的线上金融服务,并进一步发挥线下实体网点个性化等资源优势,实现线上线下信息共享和服务整合,发挥客户集聚效应,降低金融服务边际成本。

另一方面,商业银行应积极与科技企业合作,利用其业务规模优势强化互联网支付结算、理财、销售等业务的创新和渠道建设,扩展业务到电商领域,整合资源,提升协同作用,全力打造专业综合的金融产业生态圈,多元化开展业务,增强盈利来源多样性,减少利差对盈利的单方面影响,获得新的利润增长点。借助金融科技构筑包容开放的合作平台,吸引信息技术公司、其他金融机构、科研院所等参与场景方案设计、技术与服务标准制定,增强协同作用,打造综合金融生态圈,更充分有效地运用金融科技改善经营管理。

在进行技术与业务创新的同时,还要提升金融风险防范技能,运用金融科技提升跨市场、跨业态、跨区域金融风险管理水平,利用人工智能、数据挖掘、机器学习等金融科技重点技术优化风险监控体系,提升商业银行有效甄别、监测预警、控制处置金融业务风险的能力,建立完善风险资产资金拨备、保险保障、应急处置资本等风险补偿机制,降低金融风险积累对商业银行绩效的削弱作用,稳定其金融中介地位。

二、持续加大资源投入,全面实施金融科技发展战略布局

金融科技发展对银行业的影响是全方位、渐进且深远的,将逐步覆盖银行业务的整个链条,对银行而言既是机遇也是挑战。在明确金融科技发展定位和应用规划的基础上,商业银行应持续加大在金融科技领域的投入和布局。

目前,国有大行中,建设银行、农业银行、中国银行的金融科技总营收占比分别为2.17%、2.21%和2.11%。中国银行业整体每年在金融科技上的投入至少近千亿元。特别是招商银行,于2019年明确提出,每年投入金融科技的整体预算额度原则上不低于上一年度经审计的营业收入(集团口径)的3.5%,成为第一家将持续加大金融科技投入写入章程的商业银行。交通银行在其半年度财务报告发布会上(2019年8月)也宣布将成立金融科技子公司,并且科技投入占比将提高到总营收的10%以上。借鉴招商

银行、交通银行等优秀银行机构的做法,确保年营业收入的 1% 至 3% 作为金融科技创新项目基金,用于基础设施建设、服务体系转型升级和生态场景开拓等方面,构建金融服务生态圈。

在组织结构上,建立大数据、人工智能、云平台等内容可模块化组装的新一代系统架构,通过持续性投入,突出数字化、开放式金融平台的搭建,最终实现金融科技业务的实体化运作。通过将金融科技融合运用于前、中、后台各业务环节,改善客户服务、产品设计和运营模式。借助金融科技持续提升客户需求精准识别、专业金融方案提供、客户经理专业能力培养和内部运营效率,促进业务高效运转,同时不断丰富和升级综合金融服务及非金融服务内容,为客户提供全面有效的综合解决方案。

但与新兴金融科技企业不同,商业银行发展金融科技首先应侧重于全面强化自身金融业务,而后逐渐形成可对外推广的技术解决方案以服务于其他金融机构。将自身金融科技能力以 API、SDK 等形式对外输出,并加大与外部开发商的合作与资源引入,基于 AI、区块链、云计算、生物识别等新兴技术为中小金融机构提供业务解决方案。

三、提高金融产品与服务创新力度,加强金融体系产业链延伸

针对利率市场化改革趋势,商业银行应该充分运用互联网、人工智能、大数据技术等在内的金融科技提升盈利能力,改善现有盈利结构,大力推进便捷支付结算平台、拓展互联网金融资金托管业务,积极开拓互联网供应链金融和场景金融业务,实现客户与金融服务、金融产品之间有效联结的场景金融。其次,加大金融科技研发投入,稳步开展大数据挖掘和应用。商业银行利用客户数据可以准确预测客户行为、防止客户流失和进行交叉销售,形成商业银行的利润新增长点和核心竞争力。

通过与金融体系产业链的上下游企业建立战略联盟,加强与电商平台、物流公司、电信企业、零售商等拥有庞大客户资源的企业合作。有效整合金融产业链并向外延伸,努力打造一体化金融服务平台,产生规模经济,从而带动整个金融体系及其他相关产业共同发展。

此外,商业银行还应密切关注长尾客户群的金融需求,从而促进金融体系价值链提升。中国长尾客户群基数庞大、金融需求丰富,金融科技在商业银行的运用满足了中小微企业和个人的金融需求,为商业银行吸收了大量客户。中小企业的融资需求在未来会成为商业银行发展的关键因素,因此,商业银行还需要进一步改进银行价值链,转变原有服务理念、为中小企业融资提供绿色通道。商业银行可以通过简化业务审核流程、通过大数

据技术挖掘中小企业的信用水平,提高风险监管机制,使其充分发挥金融中介功能,满足大型客户、中小企业和个人的全方位金融需求,最大限度地提升金融体系价值链。

四、加快人才队伍建设,提高金融科技专业人才储备

人才始终是创新发展的前提,商业银行应加快金融科技人才队伍建设,加强关键技术自主研发,通过联合创新,或成立金融科技子公司等多种方式,加快对人工智能、云计算、大数据、物联网、区块链等金融科技重点技术的应用,降低金融科技创新成本,提高经营管理能力与绩效水平。

目前,金融科技的研发工作主要集中于科技公司和大型商业银行,很多区域性中小银行在人才储备、资源投入等方面明显不足。例如:截至2017年12月,全国5家大型国有银行员工总数达171万人,占全国银行业从业人员380万人的45%。仅2015年,中国工商银行开展了5.1万个培训项目,员工培训达509万人次,高昂的培训投入和庞大的人才基数使得高端金融科技人才培养成为可能。5家大型国有银行全部拥有专门的研究部门和博士后流动站,具有较强的自主研发能力,能够不断输出科研成果,而中小银行拥有博士后流动站的比例不足5%。一流的互联网公司也倾向于和大型银行合作,2017年五大国有银行相继与BATJS结盟(3月18日中国建设银行和阿里巴巴、6月16日中国工商银行和京东、6月20日中国农业银行和百度、6月22日中国银行和腾讯、8月22日交通银行和苏宁),将大型银行与互联网公司的联合创新推到了新的高度。

中小银行应不断加大科技人才培养力度,在现有金融科技人才市场供给不足的情况下,一方面,要通过专业培训和具体研发项目的实施等做法,强化现有人才队伍技术素养的提升。另一方面,加强与高等院校的合作,引导教育部门专业人才供给,实现产教协同,互惠互利,共同发展。

与此同时,商业银行要改变原有的人员招聘体系。传统金融行业的人才招聘计划大多按照部门职能不同,招聘不同技能型人才,比如业务部门吸收具有金融知识的员工,而在技术研发部门大多汇聚了技术性人才,在经营过程中双方缺乏有效沟通,造成沟通障碍。但是在职能部门扁平化的金融科技时代,不仅要注重现有人员体系中科技研发人员和金融业务人员的协作配合,还要招聘综合型人才,逐步扩大综合型人才在员工队伍中的占比。另外,加强员工金融数字化培训力度,加强金融科技知识培训内容,让员工培养互联网思维,并掌握必要的金融科技知识。金融部门通过与金融科技公司密切合作,培养吸收更多综合性人才,积累智力资本,从而加快

研发创新,减少资源浪费,提升金融链水平。

第二节　金融科技人才培养对策

金融科技蓬勃发展,不断推动金融机构的变革与创新,在给行业带来生机与活力的同时,也对高等院校金融专业人才培养提出了全新的要求。高校作为培养和输出人才的主要教育、培训机构,应该积极响应,强化新型人才培养意识,加强专业教育教学改革。应优化教育资源配置,培养拥有金融专业知识,同时熟练掌握金融科技技术的专业人才,促进金融师资知识结构更新,提高金融人才质量,具体改革路径可从以下几方面着手。

一、紧跟时代发展潮流,明确人才培养目标

中国原有的金融人才培养模式,学生学科背景单一,这不仅局限学生的视野,同时也限制学科的发展。对于金融学本科人才的培养应紧跟社会发展需要,不仅限于掌握经济、金融理论知识,更重要的是要培养掌握多种新兴技术,并且能够将其运用到金融产品开发、维护以及更新的技术性、综合性金融人才。既要具备经济、金融理论知识,也要具备互联网思维和创新意识。注重大数据、算法和智能技术、经济金融素养的有机结合,强调金融教学、科研与金融实践的实时交流与密切合作,能够创造性地解决实践中提出的金融问题。

金融科技人才应具有现代经济、金融核心知识架构,同时具备数据处理与挖掘、程序设计、网络信息技术及人工智能相关知识背景,了解国内外金融科技发展最新动态,具有创新能力,富有开拓进取精神,有金融科技领域实际工作能力,成为将现代科技应用于金融实践的复合型、创新型、应用型现代金融人才。

二、更新教育教学理念,强化综合能力培养

长期以来,中国经济、金融类本科专业的教学都是重理论、轻实践,以教师课堂讲授占主导。但落后的教学方式已经跟不上时代的发展,甚至限制学生的自我发展。鉴于金融科技的前沿性、技术性和应用性,金融科技人才更应该注重实践环节,培养学生的创新精神、主动学习和探索研究能力。在金融科技时代,金融专业教学更应该利用电子化、信息化等多种方式,有序开展教学工作。

三、重构课程内容体系，实现知识交叉融合

与以往金融学本科专业注重经济金融理论知识不同，金融科技专业要强调技术性、实践性和多学科的交叉融合性。学生只有通过对不同学科知识的融合吸收和灵活运用，才能应对金融市场的变化和需求。新型金融专业人才除了要有坚实的金融学理论基础，还要具备金融分析与能够利用各种方式进行金融科技运用能力。

在金融科技时代，整合课程模式是培养新型高端复合型人才的可行手段之一。因此，金融学专业应当整合其他专业课程，增加专业课程宽度，增设与互联网金融、金融科技新型技术如云计算、大数据等相关课程，高等院校应该建立金融模拟实验室，培养能处理真实金融事件，具备数据的收集和处理能力，掌握网络信息技术，了解自然科学、人文艺术，还要具备法律知识的复合型金融人才。这种跨学科的新课程群，强调人才培养过程中对于大数据处理、人工智能、云计算等新技术知识的整合应用，有利于培养学生独特的跨越学科界限思维方式和知识视野。

四、加强校企深度合作，构建协同育人平台

2017年，国务院办公厅发布《关于深化产教融合的若干意见》，这是在新形势下中国全面提高教育质量、推进经济转型升级、扩大就业创业、培育经济发展新动能的重要举措。金融科技专业的强技术性与应用性，更是决定了要把产教融合作为人才培养的重要思路。培养单位要与企业需求紧密联系，结合学生实习、就业以及科研各个方面，分重点分层次设计系统的产教融合操作内容，打造协同育人平台。结合现有实践教学环节、专业实验设施、与企业合作制定人才培养方案，推进课程体系、教学方法与实验教学内容和模式等方面的改革与创新。

以"优势集聚、资源共享、互惠共赢"为基本原则开展产教融合人才培养模式，在这种模式下，可以利用企业资源，完成学生学习环境的提升，这对学生的学习、科研、实习、就业等方面能够起到极大的帮助，同时也可以利用高校人才优势帮助企业解决实际问题。目前已有上海立信会计金融学院、三亚学院、西安交通大学等与企业联合创办金融科技教学研究机构，共同进行人才培养和科学研究，填补人才空缺。

结合时代背景与人才培养需求，产教融合培养模式可从以下几点出发。第一，学校根据自身的研究能力优势，以承接横向项目的方式，由导师带领学生完成企业项目，既能锻炼学生的实操能力，也锻炼学生的科研能

力。第二,校方和企业合作,为学生联系校外导师,实行校内校外双导师制,企业导师帮助学生完成实习工作,在企业的真实工作氛围下,不仅可以锻炼学生的实践能力,还能培养学生的沟通交流能力,为以后的升学、就业打下基础。第三,校企合作共同建立联合实验室,为学生提供科研平台,共同推进双方科研团队在金融科技领域的创新。第四,开设企业讲座或者企业课程,邀请业界人士到校进行专业技能指导,对公司业务流程进行讲解。

五、提高师资团队素养,打造专业教学团队

未来的教师要面临更多的跨学科教学任务。培养高层次金融人才有赖于建设一支高质量的师资团队。作为课程整合的主体,教师能力的高低很大程度上决定核心素养转化的成败。目前从事金融专业的教师的教育背景往往比较单一,一般具备金融理论和数学背景,但是很少同时具备信息技术知识背景。一方面要大力引进具有工科背景的专业教师,同时鼓励现有教师开展交叉学科探索研究,拓宽专业知识素养。另一方面,培养单位还要加强企业合作,特别是在模拟、仿真实验和实践教学环境,在师资团队中适当引入企业人员,使教师团队掌握业界最新动态,紧跟金融科技实践发展。

第三节　金融科技监管对策

金融科技的快速发展在加快"金融脱媒"、便利金融交易、提高资源配置效率、降低交易成本、提升金融服务质量、满足多元化投融资需求等方面发挥了积极作用,也暴露出监管能力不足和手段缺失等问题,给维护金融业稳健运行带来挑战。从中央到地方各级监管部门,从顶层设计到具体实践,都透露出了对金融科技监管的重要性以及防范新型金融风险的紧迫性。中国应在充分把握全球金融科技发展大势,总结国际金融科技监管经验的基础上,从实际国情出发,加快完善现有监管框架体系建设。既不盲从也不落伍,结合中国实际创新现有监管模式和手段,在积极鼓励创新、尊重市场原则的同时,有效防控潜在金融风险,促进中国金融科技健康发展。对此,本研究提出以下几点建议。

一、主动性、穿透式监管:监管理念的变革

长期以来,中国推行的金融监管模式是看守式和被动式监管,例如

2015 年开始深入推进的整治互联网金融、P2P 集中爆雷,央行等七部委联合叫停 ICO 等。然而,金融科技的跨界混业发展与多层次体系的业务属性导致原本分业模式的看守式、被动式监管方式已经无法适应金融行业革新的需要。

金融科技时代,各类金融风险和金融违法行为更容易被隐藏,如果监管信息缺乏完整性和精确性,就会形成监管盲区,从而导致监管的有效性缺失。因此,应成立专门的信息处理中心,依托大数据、人工智能、文本挖掘工具、机器学习、深度学习、自然语言处理等现代科学技术,以数据挖掘、数据分析和信息可视化为功能重心,拓展监管信息获取渠道,提高信息处理能力和效率,实现监管盲区全覆盖。首先,搭建信息实时监测和智能采集平台,对各类网站、社交媒体及其他联网门户中的相关信息进行持续关注,发现异常情况后自动采集并输送,以便及时把控行业发展趋势和缩短风险应对的反应时间。其次,建立专门的信息分析系统,对采集的原始信息进行"降噪"处理,筛除原始数据中不相关和无意义的信息,将原始图片、音频、视频等非结构化信息处理为结构化数据,并进一步分析其中的内在逻辑、关系和网络,提高数据的有用性。最后,利用可视化技术将处理后的信息以更多元化的表现形式加以呈现,为数据使用者提供多维度的视角,帮助刻画金融风险清晰、完整的图像,为监管决策提供更好的信息支撑。

监管当局需要与时俱进,调整金融监管方式,转变金融监管理念,树立主动性、功能性、穿透式的金融科技时代监管理念。穿透式监管将中间环节、资金来源和最终投向的全过程穿透连接起来,更加注重金融机构行为实质,根据金融业务性质、法律关系以及产品功能的不同分别适用监管规则和明确监管主体,对金融机构的创新行为、具体业务和产品进行全过程监管。穿透式监管透过金融创新表象全方位、自动化地分析金融业务本质和法律关系,有助于精准识别、防范和化解金融风险,强化监管渗透的深度和广度。遵循穿透式监管理念,透过表象理清资金流向、产品风险和法律关系等要素,可以加强跨部门、跨市场的统筹协调,避免监管套利与监管真空。

二、监管框架:推动协同监管体系框架建设

创新兴于技术,成于制度。金融科技发展与监管体制不相适应是监管滞后的重要原因之一,因此必须变革当前监管的机制体制以适应金融科技快速发展的需要,为监管手段、体制、机制扫清高质量发展的制度障碍。从监管部门的内部管理方面来说,要增强部门管理和组织整体的灵活性和扁

平化,改变过去从地方到中央层层审批、多方备案的做法,提升对金融科技创新中出现的各类问题的反应能力和响应速度;同时,建立试错容错的包容性绩效评估机制,减少研发团队受晋升、考核等其他因素的干扰。从整个监管系统的横向联合方面来说,证监会、银保监会等要在中国人民银行的统筹协调下进一步细化各自的职责范围和职能定位,并就协同监管的统一数据标准、监管信息共享范围等事项进行协商,为监管体系的跨部门建设和共享应用奠定体制基础。

一方面,应加快监管制度建设,夯实金融科技监管法治根基。2017 年以来,中国针对金融科技监管已经出台了诸如《中国金融业信息技术"十三五"发展规划》《中国证监会监管科技总体建设方案》《金融科技发展规划(2019—2021 年)》等一系列的政策指引,但还没有上升到法律的高度,致使行业发展规范松散,在一定程度上造成了监管滞后于金融科技发展的局面。因此,应加快金融科技监管专项立法,树立既要积极促进金融科技本身发展也要努力推动监管措施落地应用,既要搭建金融科技宏观发展框架也要制定监管对策具体落实要求的法治理念,明确金融科技公司的法律地位和相关职能部门的权利与责任。另一方面,金融科技监管要以服务监管为主旨,要通过法律法规建立金融科技市场准入机制和规范产业经营秩序,将不具备金融科技研发和应用推广能力、只盲目追求技术形式创新、打着创新的幌子进行监管套利的机构挡在金融科技市场之外,防范金融科技无序创新带来的风险。

目前,随着金融科技的发展,越来越多的金融机构采取跨区域、跨行业的经营模式,传统的"一元多头"监管模式协调成本高、效率低下问题日渐显现,许多国家开始推进协同监管来进行监管体系改革。协同监管的理念是扩大监管主体范围,调动社会资源,形成多元主体共同发挥作用的监管体系。它不是传统政府监管的替代,而是有益协助。简言之,协同监管的主体包含政府之外的其他非政府主体,更加注重企业、市场、社会、国家多主体之间形成均衡监管。其基本原则是,保持政府监管的核心地位,加强政府主体监管机构的内部协调,充分发挥社会、企业、行业协会等非政府主体的互动合作,以多元主体合作的协同式监管推进金融科技监管,其基本架构如图 10-1 所示。

在该监管框架下,社会监督、行业协会、企业与政府监管等有关主体一同形成协同治理格局。首先,金融科技的应用与发展加快了传统监管制度的变革进程,也为创造社会监督提供了可能性。例如:消费者能够在网络平台上对服务和产品进行自由评价,这为企业信誉系统的建立提供了契

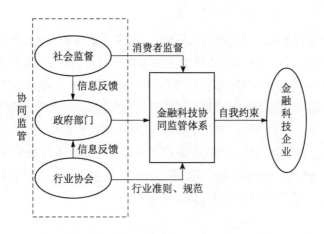

图 10-1　金融科技协同监管体系框架

机。其次,建立行业协会也是一种有益的监管补充。新加坡 MAS、英国 FCA 对金融科技产业设立了专业主管机构,中国可以此为借鉴设立金融科技监管协会,以制定行业准则、规范等方式引导和促进金融科技产业发展。最后,金融科技企业自我约束也是监管的重要协助力量。金融科技专业性强,企业主体自身具有信息优势,能抓住监管漏洞。并且,金融科技企业体量小、行业分散、创新速度快,政府监管滞后明显,金融科技企业自治能够降低政府主体监管成本。因此,多元监管主体共同协作,进行互动学习、分享权力,加强社会、行业协会、企业与政府、国际与国内之间的数据互通与共享,才能有效缓解监管时滞。

总之,推动金融科技监管政策落地实施是一项系统工程,涉及信息技术、金融业务、公共管理等多个领域,需要政产学研用等各方的通力合作与协调联动。一是破除监管数据壁垒,强化监管信息的互联互通,健全信息通畅、纵横联动的矩阵式监管机制建设,实现有关信息的及时汇聚共享和关联分析,构建金融科技相关主体多元化协同监管的数据生态圈。二是做好金融科技重点技术的联合攻关与技术应用研究,充分发挥参与各方在人才、技术、资源等各方面的优势作用,建立健全良好的协同合作机制,积极探索监管科技创新应用,聚焦金融监管重点和难点,共同攻坚克难。三是加强金融监管的国际交流合作,促进与其他国家金融管理部门以及国际组织的紧密沟通合作,探索开展多层次、多形式的金融科技监管示范项目,提升中国金融监管全球化水平。

三、监管沙盒：监管机制的创新

如何同时兼顾防控风险与鼓励创新，实现金融创新与风险管理之间的适度平衡，是未来金融科技监管的主要方向。对此，英国金融行为监管局（FCA）于 2015 年创造性地提出了"监管沙盒"（Regulatory Sandbox）这一全新监管模式。"监管沙盒"是指由监管机构提供一个"安全空间"，金融科技企业在符合特定条件的前提下，可以在其中测试创新性的金融产品和商业模式。它最重要的特点就在于兼顾了金融监管的效率与安全原则，有助于平衡金融创新与金融风险。"监管沙盒"的基本宗旨是支持初创企业的创新活动，促进金融科技发展，其运作模式如图 10-2 所示。

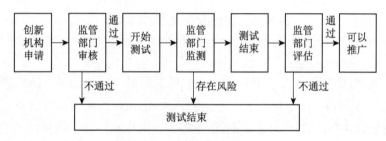

图 10-2　"监管沙盒"运作模式

在申请阶段，创新机构按照监管部门要求的基本条件和目标，提出书面申请，通过监管部门的审核后，监管部门与申请机构共同确定测试方案。然后，在测试阶段，监管部门进行全程监控，如发现有影响金融稳定或损害金融消费者权益的情况可以随时终止测试。最后，监管部门评估测试结果，通过正式评估的项目才能获得许可在更大范围内推广。

"监管沙盒"为金融科技创新监管开辟了一条新的道路。目前，已建立"监管沙盒"计划的国家和地区还有新加坡、美国、澳大利亚、中国香港和中国台湾等。"监管沙盒"有助于弥补中国现有监管机制的缺陷，成为平衡金融风险与金融创新的有效监管手段。应借鉴国外"监管沙盒"模式，结合中国制度、经济、文化等方面的实际国情，构建中国版的"监管科技沙盒"，将优秀的金融科技项目纳入"沙盒"，允许其在安全可控的范围内进行实际场景应用测试。通过对测试情况的经验总结，不断地进行自我学习和自我修正，从而形成良性反馈机制，做到金融创新与金融风险的有效平衡，提高监管效率。

中国前期的分业监管框架区域分割问题明显,在处理跨区域、跨行业的监管行为上沟通周期长,效果较差,难以实现对金融科技产品交叉化、跨界化的监管,但2017年国务院金融稳定发展委员会的设立为实施"监管沙盒"提供了契机。中国化的"监管沙盒"计划可以通过在金融稳定发展委员会下设立的创新中心来负责实施,由该中心统筹规划有关金融科技的创新项目。"监管沙盒"本质是监管当局在确保风险外溢受到严格控制,消费者权益获得充分保护的状态下,尽量减少金融科技创新发展的规则障碍,主动放宽监管界限,最终达成风险防控与创新驱动双赢的局面。

"监管沙盒"的目的是为金融科技新兴企业提供发展空间。一方面,有利于消除监管壁垒,提高监管的有效性,鼓励金融创新。另一方面,有利于保护金融消费者,确保消费者及时了解测试情况,促进金融创新产品及时投向市场,提供多样化的金融服务。"监管沙盒"本质上是一种弹性监管机制,它平衡了规制监管的刚性和原则监管的不确定性,是规制监管和原则监管之间的柔性地带。中国于2020年1月正式启动了"监管沙盒"项目试点工作,也被称作是中国版的"监管沙盒"。值得注意的是,与英国"监管沙盒"相比,中国版"监管沙盒"既与国际接轨,又具有中国特色。"监管沙盒"未来的应用发展效果如何应当加以密切关注,对试点项目要鼓励多种主体参与,打造新型监管工具,通过引入社会监督和行业自律机制等方式,引导持牌金融机构和科技公司守正创新、规范发展。在有效防范金融科技潜在风险的同时,切实降低合规成本,提升合规效率,充分释放金融创新发展动能。

四、监管科技:监管工具的优化

为应对严峻的监管形势,监管当局应当积极探索金融科技时代下金融业态的本质规律,形成以大数据、云计算、人工智能、数字加密、机器学习以及生物识别等为技术基础的科技化、数字化监管工具,更新基础设施、丰富监管技术、提升监管效果。要将"准入监管"方式转向"技术治理"模式,推进自动化监管,通过监管科技(RegTech)实现金融监管现代化。

监管科技就是利用以信息技术为主的科技手段对金融监管工具进行优化,获取信息,进行实时、动态的监管,从而有助于缓解政策的滞后性和解决监管新的信息不对称难题。其内涵在于,监管机构不仅要及时采纳行业内最先进的科技进行监管,以降低监管成本,提高监管效率;同时也应关注相应技术指标的设立,对相关企业进行适当指引,加强科技基础设施建设。监管科技通过建立相关各方主体共同参与的动态、实时信息共享机制,真正实现自上而下、可预测、以技术支撑为核心的透明监管体系。

监管科技作为新时代金融监管的科技武装,有助于降低机构合规成本、提升金融监管效能。但从实践经验来看,金融创新与新技术的应用过程中往往也会带来新的风险隐患,因此要注重技术应用风险防控,牢固树立安全发展观。一是加强监管科技研发应用,借助大数据、云计算、人工智能、区块链等现代信息科技技术工具,用以提高金融监管机构监管能力。加强业务连续性管理,确保监管科技手段不改变金融业务流程、不影响现有金融信息系统、不降低金融服务效率。二是深入研判技术的适用性和安全性,综合实际监管场景,合理选择稳定、成熟的技术开展监管科技应用。加快构建新兴技术在监管领域实际应用的匹配度、成熟度检验体系。三是强化双向信息反馈机制,持续优化完善应用模型,建立健全监管科技应用校准机制,加强运行结果比对验证,提升监管科技的可信性和可靠性。

监管科技的核心特点是快速、敏捷、分析和集成,它更加高效地进行信息的提取、转换和加载数据集,迅速、灵活地产生监管报告信息。如将大数据技术应用于风险监管,能够及时、高效、准确捕获和分析风险相关的前瞻性数据,适时建立风险预警模型和实时识别金融科技风险,大大提升监管的反应速度。而区块链技术则是安全、高效、互信、透明的,它能够建立数据前后不可变更的时间戳,使得监管的调阅成本得以有效降低,从而提高金融科技监管透明度;同时,在区块链链条中建立共同约束代码,能够实现监管政策的全覆盖与硬性控制。

目前,监管科技的适应性与先进性已经极大改善了许多企业的监管环境。短期内,监管科技有助于实现简单合规任务的自动化,降低合规成本与风险;而在长期发展中,监管科技预期将在信息管理、监管缺口分析、监管报告、交易报告、健康检查、互动检测与风险数据仓库等领域发挥重大作用。

新型技术与金融业的融合发展已不可逆转,监管科技的运用是大势所趋,应当对监管人员的技术知识进一步强化培训。未来的金融监管人员不仅需要懂金融业务、风险管理,还要懂数据挖掘、数据治理、数据分析和信息系统,更要掌握金融科技的前沿技术和发展趋势,以确保在金融创新与金融业态快速更新的进程中,快速、精准地理解金融属性与潜在金融风险的本质,灵活运用监管科技改进监管方法、优化监管工具,提升监管效率。监管部门应注重加强监管人员的技术知识培训与更新,确保监管人员准确掌握了必需的金融科技技术知识,为实现金融监管效率、金融业效率的提升与金融发展的稳定、可持续提供基础的知识保障。

面对金融科技发展带来的金融格局的新变化,要结合实际监管场景和监管科技底层技术特性,提高事前、事中和事后监管的基础设施水平,充实监管资源。对于事前监管,借助大数据、自然语言处理、人工智能等技术构建数据管理平台,实现对企业公告、产品报告、行情分析等信息的收集和分析,帮助监管机构提前了解相关创新业务的金融实质和风险特征,建立适当的准入标准和制定差异化的业务发展规划。对于事中监管,利用应用编程技术(API)建立金融科技企业后台数据库与监管系统对接平台,实现数据随时抓取,同时引入智能合约对企业数据的合规性进行验证,一旦发现违规行为便自动触发执行条件,进行风险预警并终止交易,强化实时监管和风险防控。对于事后监管,通过智能算法在金融科技交易系统中内嵌安全防火墙,当风险产生后能够及时切断各领域之间的联系,防止风险外溢和扩散;应用决策树模型、随机森林、逻辑回归等人工智能技术对风险事件进行智能建模分析,为政策制定提供思路和引导。

应加快构建监管科技多方合作机制。一是要加强跨国交流与合作。不仅要在技术、经验上向高水平国家学习,借助国际力量解决本国监管科技发展的瓶颈问题,更要积极参与国际监管规则和监管标准的制定,保障我国监管科技发展与国际监管要求相适应,提高跨境监管能力。二是要深化与金融机构、金融科技公司、第三方科技公司等的合作,了解金融科技业务的发展现状、潜在风险和主要技术,提高监管科技研发应用的实用性;同时将一些难以解决的技术问题外包给专业公司,提高创新效率、控制创新成本投入。三是要鼓励高校积极参与监管科技研究开发项目。高校是一个包含高层次、多维度人才的人力资源库,通过设立研究中心等组建跨越多个学院、专业和学科的监管科技发展人才团队,由主导监管机构给予资金支持和战略指导,打造政、产、学、研、创一体化的监管科技创新生态。

五、限制传染:遏制系统性风险的爆发

金融科技创新带来了金融产品和服务的多样化、复杂化和差异化(Buckley and Webster, 2016),因此,对金融科技的监管应当因特定创新或产品而异(Navaretti and Pozzolo, 2017)。但是,一个基本原则应该成为金融监管的共同基础:限制传染。监管当局不可能完全消除特定金融科技公司可能带来的不利经济冲击,但是监管机构可以限制冲击在各公司之间的传染。

第一,监管当局应当有权事先限制传染机制,通过限制金融科技市场的互联程度,以防止潜在的负面关联。例如,监管当局要求在机器人顾问

的算法中加入类似"断路器"的功能,以降低算法出现错误而带来的大规模市场波动,防止多米诺骨牌效应的出现。在虚拟货币中,注重保证分布式分类账的准确性和结算机制的可信度,遏制客户的羊群行为并防止系统崩溃事件的发生。

第二,监管当局应当在不利冲击出现后采取适当的行动抑制冲击传染。事后抑制传染的传统方法是为陷入困境的机构注入流动性,稳定其交易对手情绪,控制风险的恶性传染。

传统的金融监管面临的问题是,越是具有系统重要性的金融机构,越不敢让其倒闭。但政府为传统的"系统重要性"金融机构提供的流动性注入,往往会加重道德风险,鼓励"系统重要性"机构的过度冒险。而为分散的金融科技市场中的机构注入流动性,不会引发这样的担忧。因为与"系统重要性"机构相比,金融科技公司倒闭频率高,不会轻易触发交易对手的情绪波动,对整个金融体系的不利影响相对较小。因此,向陷入困境的金融科技公司注入流动性是限制传染,防止多米诺骨牌效应的有效手段。

六、自我监管:加强市场参与主体的自律行为

金融科技市场需要极强的专业性与卓越的知识储备,识别和监控金融科技参与者的行为是特别困难的。金融行业固有的监管挑战是,被监管者往往比监管者更加了解自己的业务。对于金融科技监管而言,有效的监管制度需要市场参与主体的自我约束。自我监管是利用多个金融市场参与者的知识和专长来提高合规性。

首先,金融科技公司拥有其他外部公司难以理解的特定信息。例如:机器人顾问比任何人都更了解他们的业务和投资算法;众筹网站比任何人都更了解自己的模式和相关漏洞;而虚拟货币平台则比其他任何人都更有效地理解他们的货币运作机制。因此,金融科技市场的参与主体比监管者更能识别其产品中的重大风险,他们比外部监管者更有能力也可以更有效地监控自身的行为。其次,金融科技公司密切关注竞争对手的活动,更加了解对手公司的运营机制,这也有助于增加同行业之间的相互约束压力。

市场参与主体自我监管的益处显而易见,它几乎不需要政府监管机构的干预,给参与主体带来更少的行政负担,并且还有效利用了其卓越的专业知识。如果能够有效激励金融科技市场中的参与主体在适当的层面上加强自律行为,积极参与自我监管,监管者或许能够更加大幅降低系统性风险。

第四节　本章小结

金融科技的应用发展在便利金融交易、改善金融服务质量、满足多元化投融资需求、提升金融整体效能等方面发挥了积极作用,在带来新的机遇的同时,也给商业银行和监管机构带来了新的挑战。金融科技潜在风险的特殊性在于,既有传统金融风险,也有底层信息技术等非金融因素引致的风险,还有系统性风险。我国应在充分把握全球金融科技发展大势,总结国际金融科技监管经验的基础上,结合中国实际,加快完善现有监管模式和手段,在尊重市场原则、积极鼓励创新的同时,有效防控潜在金融风险,促进我国商业银行与金融科技的健康发展。

首先,商业银行应紧跟"金融科技"风口,积极融入"金融＋科技"融合发展大潮,明确金融科技战略定位,充分利用金融科技带来的有利方面,不断加大金融科技投入,降低科技创新成本,提高经营管理能力,提升金融风险防范技能,从而获取新的绩效增长空间。其次,商业银行应加快金融科技人才队伍建设,加强关键技术自主研发,通过联合创新,或成立金融科技子公司等多种方式,加快对人工智能、云计算、大数据、物联网、区块链等金融科技重点技术的应用。再次,教育部门应加快专业教育教学改革,打造多层次金融科技人才培养体系。明确人才培养目标,更新教学理念,重构课程体系,加强与科技企业合作,实现多学科知识交叉融合,打造产教融合协同育人平台,实现合作共赢发展。最后,有关监管部门要变革监管理念、创新监管机制,优化监管工具,推动协同监管体系框架建设,对金融科技潜在分析早识别、早报告、早处置,防范化解系统性金融风险。

第十章 结论与展望

第一节 主要结论

本节在相关文献综述和理论分析的基础上,从金融科技的视角建立了中国商业银行转型创新发展与监管改革的整合性研究分析框架,并依此框架针对金融科技对银行风险与绩效多维度的影响,商业银行与金融科技融合发展的战略路径方向选择,以及金融科技监管对策等议题进行了探讨。

首先,通过演绎推理与数理建模,从理论上论证了金融科技发展对商业银行风险承担、系统性风险以及银行盈利能力、全要素生产率增长等的作用机制。然后,利用文本挖掘技术、主成分和因子分析等方法计算得到金融科技发展指数,以及采用双指数市场模型计算得到的总风险($Trisk$)、个体特质风险($Urisk$)、利率风险($Rrisk$)以及系统(市场)风险($SYSrisk$)等作为风险承担变量,选取银行机构与银行系统市场收益率的动态相关系数作为风险传染指标($Corr$),采用基于条件在险价值($CoVaR$)、静态 MES 以及基于 DCC-GARCH 模型与非参数核估计方法测算得到的动态 MES 作为银行机构系统性风险的测度指标,并建立多元回归分析模型,采用固定效应(FE)模型、系统 GMM 估计、工具变量(IV)两阶段最小二乘法(2SLS)估计等多种方法,就金融科技对商业银行风险承担、系统性风险以及盈利能力、全要素生产率增长等多方面的影响展开实证分析。最后,针对金融科技给商业银行带来的冲击,以及给监管机构带来的监管挑战,结合金融科技发展的国际、国内实践经验与趋势特征提出相应对策建议。

本研究的主要结论如下:

第一,金融科技的广泛应用在提高效率,降低交易成本,给金融体系带来深度变革的同时也带来了新的风险,尤其是增加了银行的技术研发、业务创新及资金成本等管理成本,进而提高银行风险承担。此外,由于存贷款业务、中间业务市场竞争的加剧,银行在市场竞争和利润驱动下,也会主动提升业务多元化程度,从而抬高风险。

第二,金融机构的风险承担行为以及机构间的风险传染与放大机制是系统性风险的三种主要来源机制。从影响机制来看,金融科技增强了银行的风险承担,并在风险传染与放大机制的作用下,进一步加剧了银行的系统性风险。首先,金融科技加大了银行机构面临的信用风险、流动性风险、操作风险、法律合规风险等个体特质风险,使得机构可能承担更高的风险水平。其次,金融科技的技术风险提高了机构同时遭受冲击的可能性,风险传染效应增大。最后,放大机制的增强也可能加剧系统性风险。进一步的实证分析证实了金融科技风险承担机制与传染效应的存在,金融科技的快速发展整体上加剧了中国银行业的系统性风险。

第三,通过引入银行存贷款收益模型进行数理推导,关于金融科技对商业银行盈利能力的影响机理分析表明,与对银行风险承担的影响类似,金融科技与商业银行盈利能力之间也存在先升后降(倒"U"形)的非线性关系。即在早期,金融科技发展提高了商业银行的盈利能力,但随着金融科技的进一步应用发展,二者关系逐渐发生逆转,在后期转而降低了商业银行的盈利。其中的原因是,在早期阶段,金融科技的广泛应用改进了银行的技术水平,增强了服务能力,创造了新的产品与业务模式,带来新的盈利增长点,从而对银行绩效主要表现为促进作用。但随着金融科技的深化发展,其带来的边际收益会递减,且随着金融科技相关业务的开展,会逐渐提高银行资金杠杆率,强化银行的冒险行为,抬高风险管理成本,最终导致银行盈利能力趋于下降。

第四,从全要素生产率增长角度看,金融科技通过技术溢出、竞争、融合与长尾效应促进商业银行的发展,由此带来的技术进步有助于商业银行全要素生产率增长。采用无导向 DEA-Malmquist 生产率指数方法对 38 家银行的全要素生产力增长及其分解的测算结果显示,在研究期间内,我国银行业的全要素生产率整体上实现了一定幅度的增长,增长的源泉主要来自技术进步。分类型看,国有大型商业银行的技术进步与全要素生产率增长最快,股份制银行和农商行的表现相对稳定,而城商行则起伏较大。回归分析发现,整体来看,金融科技的快速发展促进我国银行业的技术进步,对其全要素生产率增长也起到了明显的促进作用。

第五,风险承担中介效应的分析结果表明,银行总的风险承担水平在金融科技与银行机构系统性风险之间存在部分中介效应。即金融科技通过提高银行机构总的风险承担,进而加剧了银行业的系统性风险。与此类似,银行的个体特质风险也存在部分中介效应,而利率风险与系统(市场)风险不存在中介效应。关于风险传染中介效应的检验结果证实,风险传染在金融科技与银行机构系统性风险之间存在中介作用,金融科技通过提高银行机构间的风险传染效益,进而加剧了银行业的系统性风险。

第六,不论是对商业银行的风险承担或系统性风险,还是对商业银行的盈利能力、全要素生产率等绩效表现方面,金融科技对不同类型商业银行的风险承担、系统性风险、盈利能力与全要素生产率增长的影响具有异质性。具体来看,在风险承担上,大中型银行所受的影响更为明显,同时,金融科技对东部地区、创新能力强的银行风险承担的影响要比中、西部地区与创新能力弱的银行也更为显著。相比中小型银行,金融科技发展对具有系统重要性的大型商业银行的风险溢出促进作用程度更低。在绩效影响方面,金融科技对大中型商业银行盈利能力的提升、技术进步与全要素生产率增长的促进作用也更为显著。

第七,金融科技的应用发展在促进技术进步,提高服务效率,带来新的发展机遇的同时,也带来了新的挑战。金融科技潜在风险的特殊性在于,既有传统金融风险,也有底层信息技术等非金融因素引致的风险,还有系统性风险。对此,商业银行一方面应紧跟"金融科技"风口,积极融入"金融+科技"融合发展大潮,明确金融科技战略定位,充分利用金融科技带来的有利方面,不断加大科技人才相关投入,提高经营管理能力,获取新的绩效增长空间。另一方面,要强化全面风险管理体系建设,提升风险防范技能,做到金融创新与风险管理的有效平衡。

第八,金融科技跨界、混业、跨区域、集团化经营特征明显,金融风险的复杂性、交叉性、传染性、隐蔽性和突发性更为突出。特别是大型金融科技公司具有"牵一发而动全身"的系统重要性金融机构特点,却长期游离在金融监管之外,一旦出现问题,就很容易演变成真正的系统性风险。金融科技的快速发展给金融风险防控工作与相关监管部门提出了更高的要求,监管机构面临理念落后、能力不足、手段缺失、协调困难等诸多挑战。有关部门要变革监管理念、创新监管机制、优化监管手段、强化监管力度、丰富监管工具、加强监管科技创新,通过深化多主体协同合作,对金融科技的潜在风险早识别、早报告、早处置,牢牢守住不发生系统性风险的底线。

第二节 研 究 展 望

由于学术界关于金融科技与商业银行融合发展的相关性研究尚处于起步阶段,可供参考的相关文献较少,加之金融科技潜在风险的复杂性,难以获得十分全面的金融科技风险分析的有关数据,故本研究仅仅是在金融科技与商业银行研究"丛林"中进行的一次有益尝试与探索。在该领域还有很多有待进一步深入研究的问题,这些问题主要有以下方面。

第一,对于研究样本的选取,在金融科技与银行系统性风险、盈利能力以及全要素生产率增长相互关联的研究中,本研究仅收集到了部分银行的数据。尽管在关于金融科技与银行风险承担、全要素生产率增长相互关联的实证研究过程中,我们将样本空间分别扩大到了 78 家和 38 家银行,但仍然有很多地区性的小型银行以及外资银行并未纳入其中。因此,今后若能进一步收集有关数据和扩大研究样本空间,并针对不同类型商业银行进行比较分析,则研究结论将更加丰富。

第二,金融科技潜在风险因素涉及面广,内涵十分丰富,本研究主要选取了不良贷款率、拨备覆盖率、权益负债比以及基于双指数市场模型计算得到总风险、利率风险、系统(市场)风险以及银行个体特质风险作为风险承担的代理变量。还有一些风险因素受银行信息披露不足的影响,数据质量较差,例如法律合规风险、技术风险、操作风险等,故而这些复杂但重要的潜在风险因素并未纳入本研究的实证分析视野,需要我们在今后的研究中进一步深入探讨。

第三,在银行绩效评价上,仅采用基于财务指标的 ROA、ROE、PCI 等盈利能力指标以及基于 DEA-Malmquist 生产率指数方法测算得到的技术进步、效率值您好与全要素生产率增长等作为代理指标。有关金融科技环境下银行机构的技术效率、规模效率、配置效率表现及演化情况分析等,还有待进一步开展。

第四,本研究主要考虑了各种经济因素对银行风险与绩效的影响,但对于其他非经济因素,例如文化因素、法律因素以及政治体制因素等方面,有关它们对银行风险承担、系统性风险与绩效的影响作用以及相应应对措施的分析尚显不足,还有待进一步的理论分析与实证研究结论。

第五,本书从风险承担、传染效应、放大机制等角度对金融科技环境下银行系统性风险的来源机制进行了初步研究,但其中内在的具体关联与作用机制尚待清晰。特别是金融科技带来的风险放大效应,还有待进一步的量化分析、理论解读与实证检验。

参考文献

［1］Schindler J W, "FinTech and Financial Innovation: Drivers and Depth", *Board of Governors of the Federal Reserve System* (US), Working Paper No. 2017-81, 2017.

［2］Bofondi M, Gobbi G, "The Big Promise of FinTech", *European Economy*, 2017, (2): 107-119.

［3］Gomber P, Kauffman R J, Parker C, et al., "On the Fintech Revolution: Interpreting the Forces of Innovation, Disruption, and Transformation in Financial Services", *Journal of Management Information Systems*, 2018, 35 (1): 220-265.

［4］Lee I, Shin Y J, "Fintech: Ecosystem, Business Models, Investment Decisions, and Challenges", *Business Horizons*, 2018, 61 (1): 35-46.

［5］Romānova I, Kudinska M, "Banking and Fintech: A Challenge or Opportunity?", *Contemporary Issues in Finance: Current Challenges from across Europe*, Emerald Group Publishing Limited, 2016.

［6］Hemmadi M, "FinTech is both friend and FOE", *Canadian Business*, 2015, 88 (6): 10-11.

［7］Gomber P, Koch J-A, Siering M, "Digital Finance and FinTech: Current Research and Future Research Directions", *Journal of Business Economics*, 2017, 87 (5): 537-580.

［8］Philippon T, "The FinTech Opportunity", *NBER*, Working Papers 22476, 2016.

［9］Duan L, Xu L D, "Business Intelligence for Enterprise Systems: A Survey", *IEEE Transactions on Industrial Informatics*, 2012, 8 (3): 679-687.

［10］Frame W S, Larry D W, Lawrence J W, "Technological Change and Financial Innovation in Banking: Some Implications for Fintech", *Federal Reserve Bank* of Atlanta, Working Paper No. 2018-11, 2018.

［11］Chen M A, Wu Q, Yang B, "How Valuable is FinTech Innovation?", *The Review of Financial Studies*, 2019, 32 (5): 2062-2106.

[12] Menat R，"Why We're So Excited about Fintech"，*The FinTech Book*：*The Financial Technology Handbook for Investors*，*Entrepreneurs and Visionaries*，2016.

[13] Milian E Z，Spinola MdM，Carvalho MMd，"Fintechs：A literature Review and Research Agenda"，*Electronic Commerce Research and Applications*，2019，34（1）：18-33.

[14] 杨东：《监管科技：金融科技的监管挑战与维度建构》，《中国社会科学》2018 年第 5 期，第 69—91 转第 205—206 页。

[15] 巴曙松、白海峰、胡文韬：《金融科技创新、企业全要素生产率与经济增长——基于新结构经济学视角》，《财经问题研究》2020 年第 1 期，第 46—53 页。

[16] 李杨、程斌琪：《金融科技发展驱动中国经济增长：度量与作用机制》，《广东社会科学》2018 年第 3 期，第 44—52 页。

[17] 巴曙松、慈庆琪、郑焕卓：《金融科技浪潮下，银行业如何转型》，《当代金融研究》2018 年第 2 期，第 22—29 页。

[18] 武安华：《金融科技重塑银行生态》，《中国金融》2017 第 17 期，第 37—38 页。

[19] 费方域：《金融科技发展中的政府作用——来自英国的经验》，《新金融》2018 年第 12 期，第 8—11 页。

[20] 吴朝平：《商业银行与金融科技公司的联合创新探讨》，《新金融》2018 第 2 期，第 54—58 页。

[21] 杨涛：《金融科技与挑战者银行》，《银行家》2017 第 11 期，第 22—25 页。

[22] Carney，M，"The Promise of FinTech-Something New Under the Sun？"，*Speech Given by Governor of the Bank of England*，*Deutsche Bundesbank G20 Conference on "Digitising Finance*，*Financial Inclusion and Financial Literacy"*，Wiesbaden，January 2017.

[23] Barrdear J，Kumhof M，"The Macroeconomics of Central Bank Issued Digital Currencies"，*Bank of England*，Working Paper No. 605，2016.

[24] Carney，M，"The Future of Money"，*The Inaugural Scottish Economics Conference*，Edinburgh University，March，2018.

[25] 王达：《论全球金融科技创新的竞争格局与中国创新战略》，《国际金融研究》2018 年第 12 期，第 10—20 页。

[26] 范一飞：《深化科技应用推动金融业高质量发展》，《中国金融》2020 年第 1 期，第 11—13 页。

[27] 杨涛：《理性迎接金融科技时代的机遇与挑战》，《科技与金融》2019 年第 6 期，第 6—8 页。

[28] Buchak G，Matvos G，Piskorski T，et al.，"Fintech，Regulatory Arbitrage，and the Rise of Shadow Banks"，*Journal of Financial Economics*，2018，130（3）：453-483.

[29] Navaretti G, Pozzolo A, "FinTech and Banks：Friends or Foes", *European Economy*, 2017,（2）：9-30.

[30] 吴晓求：《不能因有风险而停止金融创新》，《金融经济》2017 年第 9 期，第 7 页。

[31] 张林：《金融科技有助于全球经济持续发展——访世界银行副行长兼首席风险官拉克茜米·希亚姆-桑德》，《中国金融》2018 年第 17 期，第 14—16 页。

[32] 杨涛：《警惕金融科技风险》，《人民论坛》2019 年第 17 期，第 78—79 页。

[33] 杨东：《防范金融科技带来的金融风险》，《红旗文稿》2017 第 16 期，第 23—25 页。

[34] 易宪容、郑丽雅、何人可：《金融科技合约关系的实质、运行机理及风险防范——基于现代金融理论的一般分析》，《社会科学》2019 年第 5 期，第 40—49 页。

[35] 谢治春、赵兴庐、刘媛：《金融科技发展与商业银行的数字化战略转型》，《中国软科学》2018 年第 8 期，第 184—192 页。

[36] 陆岷峰、虞鹏飞：《金融科技与商业银行创新发展趋势》，《银行家》2017 年第 4 期，第 127—130 页。

[37] Kim Y, Park Y-J, Choi J, et al. , "An Empirical Study on the Adoption of "Fintech" Service：Focused on Mobile Payment Services", *Advanced Science and Technology Letters*, 2015, 114 (26)：136-140.

[38] 赵鹞：《Fintech 的特征、兴起、功能及风险研究》，《金融监管研究》2016 年第 9 期，第 57—70 页。

[39] 王应贵、梁惠雅：《金融科技对商业银行价值链的冲击及应对策略》，《新金融》2018 年第 3 期，第 53—58 页。

[40] 邱晗、黄益平、纪洋：《金融科技对传统银行行为的影响——基于互联网理财的视角》，《金融研究》2018 年第 11 期，第 17—29 页。

[41] 汪可：《金融科技、利率市场化与商业银行风险承担》，《上海经济》2018 年第 2 期，第 108—116 页。

[42] 吴方超：《中小银行在金融科技发展中的思考》，《金融科技时代》2017 年第 10 期，第 32—35 页。

[43] Vives X, "The Impact of FinTech on Banking", *European Economy*, 2017,（2）：97-105.

[44] 程华、蔡昌达：《我国商业银行金融科技发展策略》，《银行家》2017 年第 9 期，第 31—133 页。

[45] Philippon T, "Has the US Finance Industry Become Less Efficient? On the Theory and Measurement of Financial Intermediation", *American Economic Review*, 2015, 105 (4)：1408-1438.

[46] Gai K, Qiu M, Zhao H, et al. , "Dynamic Energy-aware Cloudlet-based Mobile Cloud Computing Model for Green Computing", *Journal of Network and Computer Applications*, 2016, 59(1)：46-54.

[47] 朱太辉、陈璐：《Fintech 的潜在风险与监管应对研究》，《金融监管研究》2016 年第

7 期,第 18—32 页。

[48] 交通银行金融研究中心课题组:《金融科技与商业银行息差管理研究》,《新金融》2017 年第 9 期,第 36—40 页。

[49] 陈泽鹏、黄子译、谢洁华、李成青、肖杰:《商业银行发展金融科技现状与策略研究》,《金融与经济》2018 年第 11 期,第 22—28 页。

[50] Alt R, Puschmann T, "The Rise of Customer-oriented Banking - Electronic Markets are Paving the Way for Change in the Financial Industry", *Electronic Markets*, 2012, 22 (4): 203-215.

[51] 谢平、邹传伟:《互联网金融模式研究》,《金融研究》2012 年第 12 期,第 11—22 页。

[52] 吴晓求:《中国金融的深度变革与互联网金融》,《财贸经济》2014 年第 1 期,第 14—23 页。

[53] 郑联盛:《中国互联网金融:模式、影响、本质与风险》,《国际经济评论》2014 年第 5 期,第 103—118＋106 页。

[54] 沈悦、郭品:《互联网金融、技术溢出与商业银行全要素生产率》,《金融研究》2015 年第 3 期,第 160—175 页。

[55] 郭品、沈悦:《互联网金融对商业银行风险承担的影响:理论解读与实证检验》,《财贸经济》2015 年第 10 期,第 102—116 页。

[56] 李继尊:《关于互联网金融的思考》,《管理世界》2015 年第 7 期,第 1—7＋16 页。

[57] 吴晓求:《互联网金融:成长的逻辑》,《财贸经济》2015 年第 2 期,第 5—15 页。

[58] 谢平、邹传伟、刘海二:《互联网金融的基础理论》,《金融研究》2015 年第 8 期,第 1—12 页。

[59] 巴曙松、白海峰:《金融科技的发展历程与核心技术应用场景探索》,《清华金融评论》2016 年第 11 期,第 99—103 页。

[60] Chishti S, Barberis J, *The FinTech Book: the Financial Technology Handbook for Investors, Entrepreneurs and Visionaries*, New Jersey: John Wiley & Sons, 2016.

[61] Amalia F, "The Fintech Book: the Financial Technology Handbook for Investors, Entrepreneurs and Visionaries", *Journal of Indonesian Economy and Business*, 2016, 31 (3): 345-348.

[62] Ma Y, Liu D, "Introduction to the Special Issue on Crowdfunding and FinTech", *Financial Innovation*, 2017, 3 (8): 1-4.

[63] Lines B, "How FinTech Is Shaping Financial Services", *Global FinTech Report*, 2016.

[64] Puschmann T, "Fintech", *Business & Information Systems Engineering*, 2017, 59(1): 69-76.

[65] 易宪容:《金融科技的内涵、实质及未来发展——基于金融理论的一般性分析》,

《江海学刊》2017 年第 2 期，第 13—20 页。

[66] 皮天雷、刘垚森、吴鸿燕：《金融科技：内涵、逻辑与风险监管》，《财经科学》2018
　　　年第 9 期，第 16—25 页。

[67] 郭峰、王靖一、王芳、孔涛、张勋、程志云：《测度中国数字普惠金融发展：指数编
　　　制与空间特征》，《经济学（季刊）》2020 年第 4 期，第 1401—1418 页。

[68] 乔海曙、黄荐轩：《金融科技发展动力指数研究》，《金融论坛》2019 年第 3 期，第
　　　64—80 页。

[69] 郭品、沈悦：《互联网金融加重了商业银行的风险承担吗？——来自中国银行业
　　　的经验证据》，《南开经济研究》2015 年第 4 期，第 80—97 页。

[70] 汪可、吴青、李计：《金融科技与商业银行风险承担——基于中国银行业的实证分
　　　析》，《管理现代化》2017 年第 6 期，第 100—104 页。

[71] 金洪飞、李弘基、刘音露：《金融科技、银行风险与市场挤出效应》，《财经研究》
　　　2020 年第 5 期，第 52—65 页。

[72] 王靖一、黄益平：《金融科技媒体情绪的刻画与对网贷市场的影响》，《经济学（季
　　　刊）》2018 年第 4 期，第 1623—1650 页。

[73] 魏成龙、郭琲楠：《金融科技影响企业投资的传导机制研究》，《南方金融》2020 年
　　　第 9 期，第 31—43 页。

[74] 姜增明、陈剑锋、张超：《金融科技赋能商业银行风险管理转型》，《当代经济管理》
　　　2019 年第 1 期，第 85—90 页。

[75] 李岩玉：《金融科技对商业银行影响》，《中国金融》2017 年第 17 期，第 33—34 页。

[76] Gai K, Qiu M, Sun X, et al. , "Security and Privacy Issues: A Survey on
　　　FinTech", *International Conference on Smart Computing and Communication*,
　　　Shenzhen University, 2016.

[77] Cumming D, Meoli M, Vismara S, "Does Equity Crowdfunding Democratize
　　　Entrepreneurial Finance?", *Small Business Economics*, 2021, 56(2): 533-552.

[78] 王娜、王在全：《金融科技背景下商业银行转型策略研究》，《现代管理科学》2017
　　　年第 7 期，第 24—26 页。

[79] 宁小军：《Fintech 时代来临：金融科技 VS 传统银行——互联网交易型银行发展
　　　启示录》，《银行家》2017 年第 1 期，第 118—119 页。

[80] Philippon T, "The Fintech Opportunity", *NBER*, Working Paper 22476, 2016.

[81] 吴朝平：《商业银行跨界拥抱金融科技的动因、新特征和着力点》，《上海金融》
　　　2018 年第 6 期，第 58—60 页。

[82] 吴晓求：《中国金融的历史机遇》，《清华金融评论》2019 年第 10 期，第 16—19 页。

[83] 张吉光：《中小银行金融科技突围忌盲目》，《中国金融》2018 年第 12 期，第
　　　83—84。

[84] 李展、叶蜀君：《中国金融科技发展现状及监管对策研究》，《江淮论坛》2019 年第
　　　3 期，第 54—59 页。

[85] 周仲飞、李敬伟:《金融科技背景下金融监管范式的转变》,《法学研究》2018 年第 5 期,第 3—19 页。

[86] 袁媛:《金融科技与银行信用风险管理》,《中国金融》2018 年第 9 期,第 67—68 页。

[87] 陈忠阳:《金融科技发展的本质与方向》,《中国金融》2021 年第 4 期,第 32—34 页。

[88] 杨涛:《金融科技时代的变革方向与监管探索》,《中国银行业》2017 年第 8 期,第 51—54 页。

[89] 方意、王羚睿、王炜、王晏如:《金融科技领域的系统性风险:内生风险视角》,《中央财经大学学报》2020 年第 2 期,第 29—37 页。

[90] 陈红、郭亮:《金融科技风险产生缘由、负面效应及其防范体系构建》,《改革》2020 年第 3 期,第 63—73 页。

[91] 许多奇:《互联网金融风险的社会特性与监管创新》,《法学研究》2018 年第 5 期,第 20—39 页。

[92] 程雪军、王刚:《互联网消费金融的风险分析与监管建构》,《电子政务》2020 年第 5 期,第 80—90 页。

[93] 梁涵书、张艺:《数字金融发展、金融监管与我国商业银行风险》,《金融与经济》2021 年第 1 期,第 30—39 页。

[94] 杨望:《金融科技变中求进》,《中国金融》2021 年第 4 期,第 35—36 页。

[95] 郭品、沈悦:《互联网金融、存款竞争与银行风险承担》,《金融研究》2019 年第 8 期,第 58—76 页。

[96] Freixas X, Laeven L, Peydro J, *Systemic Risk, Crises, and Macroprudential Regulation*, Cambridge, Massachusetts: Mit Press, 2015.

[97] Tang H, "Peer-to-peer Lenders versus Banks: Substitutes or Complements?", *The Review of Financial Studies*, 2019, 32 (5): 1900-1938.

[98] De Roure C, Pelizzon L, Thakor A V, "P2P Lenders versus Banks: Cream Skimming or Bottom Fishing? ", *SAFE*, Working Paper No. 206, 2019.

[99] 伍丽菊、魏琳:《构筑监管科技生态体系 破解金融机构合规难题》,《当代财经》2020 年第 6 期,第 69—78 页。

[100] 袁康:《金融科技的技术风险及其法律治理》,《法学评论》2021 年第 1 期,第 115—130 页。

[101] Buckley R, Arner D, Zetzsche D, et al. , "The Dark Side of Digital Financial Transformation: The New Risks of FinTech and the Rise of TechRisk", *European Banking Institute*, Working Paper 2019/54, 2019.

[102] Wang B, Li B, Li H, "Oruta: Privacy-preserving Public Auditing for Shared Data in the Cloud", *IEEE Transactions on Cloud Computing*, 2014, 2 (1): 43-56.

[103] Gai K，Qiu M，Sun X，"A Survey on FinTech"，*Journal of Network and Computer Applications*，2018，103(1)：262-273.

[104] Li Y，Dai W，Ming Z，et al.，"Privacy Protection for Preventing Data Over-Collection in Smart City"，IEEE Transactions on Computers，2016，65 (5)：1339-1350.

[105] 李敏：《金融科技的系统性风险：监管挑战及应对》，《证券市场导报》2019 年第 2 期，第 69—78 页。

[106] 靳文辉：《法权理论视角下的金融科技及风险防范》，《厦门大学学报(哲学社会科学版)》2019 年第 2 期，第 1—11 页。

[107] 周全、韩贺洋：《金融科技发展及风险演进分析》，《科学管理研究》2020 年第 6 期，第 127—133 页。

[108] 石光：《金融科技发展对金融业的影响》，《中国金融》2020 年第 6 期，第 81—83 页。

[109] Bilan A，Degryse H，O'Flynn K，et al.，"FinTech and the Future of Banking"，*Banking and Financial Markets*，London：Palgrave Macmillan，2019.

[110] 叶望春：《金融科技与银行智能化转型》，《中国金融》2017 年第 21 期，第 67—68 页。

[111] Bertero E，Mayer C，"Structure and performance：Global interdependence of stock markets around the crash of October 1987"，*European Economic Review*，1990，34 (6)：1155-1180.

[112] King M A，Wadhwani S，"Transmission of Volatility between Stock Markets"，*Review of Financial Studies*，1990，3 (1)：5-33.

[113] Allen F，Babus A，Carletti E，"Financial Crises：Theory and Evidence"，*Review of Financial Economics*，2009，1 (1)：97-116.

[114] 宫晓琳：《宏观金融风险联动综合传染机制》，《金融研究》2012 年第 5 期，第 56—69 页。

[115] 夏诗园、汤柳：《金融科技潜在风险、监管挑战与国际经验》，《征信》2020 年第 9 期，第 8—14 页。

[116] 方意：《系统性风险的传染渠道与度量研究——兼论宏观审慎政策实施》，《管理世界》2016 年第 8 期，第 32—57＋187 页。

[117] 方意、郑子文：《系统性风险在银行间的传染路径研究——基于持有共同资产网络模型》，《国际金融研究》2016 年第 6 期，第 61—72 页。

[118] 宫晓琳、卞江：《中国宏观金融中的国民经济部门间传染机制》，《经济研究》2010 年第 7 期，第 79—90 页。

[119] 马君潞、范小云、曹元涛：《中国银行间市场双边传染的风险估测及其系统性特征分析》，《经济研究》2007 年第 1 期，第 68—78＋142 页。

[120] 范小云、王道平、刘澜飚：《规模、关联性与中国系统重要性银行的衡量》，《金融

研究》2012 年第 11 期,第 16—30 页。

[121] Greenwood R, Landier A, Thesmar D, "Vulnerable banks", *Journal of Financial Economics*, 2015, 115 (3): 471-485.

[122] Upper C, Worms A, "Estimating Bilateral Exposures in the German Interbank Market: Is There a Danger of Contagion?", *European Economic Review*, 2004, 48 (4): 827-849.

[123] Furfine C H, "Interbank Exposures: Quantifying the Risk of Contagion", *Journal of Money, Credit and Banking*, 2003, 35 (1): 111-128.

[124] Boss M, Elsinger H, Summer M, et al., "Network topology of the interbank market", *Quantitative Finance*, 2004, 4 (6): 677-684.

[125] Degryse H A, Nguyen G, "Interbank Exposures: An Empirical Examination of Contagion Risk in the Belgian Banking System", *International Journal of Central Banking*, 2007, 3 (2): 123-171.

[126] Guo W, Minca A, Wang L, "The Topology of Overlapping Portfolio Networks", *Statistics and Risk Modeling*, 2016, 33: 139-155.

[127] Duarte F M, Eisenbach T M, "Fire-Sale Spillovers and Systemic Risk", *The Journal of Finance*, 2021, 76(3): 1251-1294.

[128] Cont R, Schaanning E, "Monitoring indirect contagion", *Journal of Banking and Finance*, 2019, 104 (7): 85-102.

[129] Cifuentes R, Ferrucci G, Shin H S, "Liquidity Risk and Contagion", *Journal of the European Economic Association*, 2005, 3 (2): 556-566.

[130] Liu J, Liu X, Shi G, "What influences portfolio contagion among open-end mutual funds?", *Finance Research Letters*, 2019, 30(9): 145-152.

[131] Poledna S, Martinezjaramillo S, Caccioli F, et al., "Quantification of systemic risk from overlapping portfolios in the financial system", *Journal of Financial Stability*, 2021, 52(2): 1-9.

[132] 李广子:《金融与科技的融合:含义、动因与风险》,《国际经济评论》2020 年第 3 期,第 91—106+106 页。

[133] 曹齐芳、孔英:《基于复杂网络视角的金融科技风险传染研究》,《金融监管研究》2021 年第 2 期,第 37—53 页。

[134] 李文红、蒋则沈:《金融科技(FinTech)发展与监管:一个监管者的视角》,《金融监管研究》2017 年第 3 期,第 1—13 页。

[135] 罗航、颜大为、王蕊:《金融科技对系统性金融风险扩散的影响机制研究》,《西南金融》2020 年第 6 期,第 87—96 页。

[136] 李东荣:《金融科技发展要稳中求进》,《中国金融》2017 年第 14 期,第 36—37 页。

[137] Magnuson W, "Regulating Fintech", *Vanderbilt Law Review*, 2018, 71 (4):

1167-1226.

[138] Board F S, "Macroprudential Policy Tools and Frameworks: Progress Report to G20", *Financial Stability Board*, *International Monetary Fund*, *and Bank for International Settlements*, 2011.

[139] Rochet J-C, Tirole J, "Interbank Lending and Systemic Risk", *Journal of Money*, *Credit and Banking*, 1996, 28 (4): 733-762.

[140] Kaufman G G, Scott K E, "What is Systemic Risk, and Do Bank Regulators Retard or Contribute to it?", *The Independent Review*, 2003, 7 (3): 371-391.

[141] Benoit S, Colliard J-E, Hurlin C, et al. , "Where the Risks Lie: A Survey on Systemic Risk", *Review of Finance*, 2017, 21 (1): 109-152.

[142] Tirole J, "Overcoming Adverse Selection: How Public Intervention can Restore Market Functioning", *American Economic Review*, 2012, 102 (1): 29-59.

[143] Brunnermeier M K, Oehmke M, "The Maturity Rat Race", *The Journal of Finance*, 2013, 68 (2): 483-521.

[144] Freixas X, Rochet J C, "Taming Systemically Important Financial Institutions", *Journal of Money*, *Credit and Banking*, 2013, 45 (s1): 37-58.

[145] Boissay F, Collard F, Smets F, "Booms and Banking Crises", *Journal of Political Economy*, 2016, 124 (2): 489-538.

[146] Freixas X, Parigi B M, Rochet J-C, "Systemic Risk, Interbank Relations, and Liquidity Provision by the Central Bank", *Journal of Money*, *Credit & Banking*, 2000, 32 (3): 611-638.

[147] Biais B, Heider F, Hoerova M, "Risk-sharing or Risk-taking? An Incentive Theory of Counterparty Risk, Clearing and Margins", *Toulouse School of Economics* (*TSE*) Working Paper No, 14-522, 2014.

[148] Acharya V V, Thakor A V, "The Dark Side of Liquidity Creation: Leverage and Systemic Risk", *Journal of Financial Intermediation*, 2016, 28(10): 4-21.

[149] Shleifer A, Vishny R, "Fire Sales in Finance and Macroeconomics", *Journal of Economic Perspectives*, 2011, 25 (1): 29-48.

[150] 周小川：《金融政策对金融危机的响应——宏观审慎政策框架的形成背景、内在逻辑和主要内容》，《金融研究》2011 年第 1 期，第 1—14 页。

[151] 毛奉君：《系统重要性金融机构监管问题研究》，《国际金融研究》2011 年第 9 期，第 78—84 页。

[152] Banulescu G-D, Dumitrescu E-I, "Which are the SIFIs? A Component Expected Shortfall Approach to Systemic Risk", *Journal of Banking & Finance*, 2015, 50(1): 575-588.

[153] 何德旭、余晶晶、韩阳阳：《金融科技对货币政策的影响》，《中国金融》2019 年第 24 期，第 62—63 页。

[154] 范一飞：《我国金融科技创新监管工具探索与实践》，《中国金融》2020 年第 8 期，第 9—11 页。

[155] 刘春航、廖媛媛、王梦熊、王广龙、史佳乐、李育峰：《金融科技对金融稳定的影响及各国应关注的金融科技监管问题》，《金融监管研究》2017 年第 9 期，第 1—20 页。

[156] 邱兆祥、刘永元：《金融科技发展对金融稳定的影响及对策研究》，《教学与研究》2019 年第 2 期，第 28—34 页。

[157] Li J，Li J，Zhu X，et al.，"Risk Spillovers between FinTech and Traditional Financial Institutions：Evidence from the U. S"，*International Review of Financial Analysis*，2020，71(10)：575-588.

[158] Franco L，Garcia AL，Husetovic V，"Does FinTech Contribute to Systemic Risk? Evidence from the US and Europe"，*ADBI* Working Paper Series 1132，2020.

[159] 范云朋、尹振涛：《FinTech 背景下的金融监管变革——基于监管科技的分析维度》，《技术经济与管理研究》2020 年第 9 期，第 63—69 页。

[160] 李金栋：《英国"规制沙盒"对我国金融创新与风险防范的启示》，《价格理论与实践》2018 年第 12 期，第 99—102 页。

[161] 陈涛：《监管科技理论及发展路径研究》，《新金融》2020 年第 8 期，第 53—59 页。

[162] 韩俊华、周全、王宏昌：《大数据时代科技与金融融合风险及区块链技术监管》，《科学管理研究》2019 年第 1 期，第 90—93 页。

[163] Arner D W，Barberis J，Buckley R P，"The Evolution of Fintech：A New Post-crisis Paradigm"，*International Journal of Geo-Information*，2015，47(4)：1271-1319.

[164] Arner D W，Barberis J，Buckley R P，"150 Years of Fintech：An Evolutionary Analysis"，*Jassa*，2016，(3)：22-29.

[165] Vasiljeva T，Lukanova K，"Commercial Banks and FINTECH Companies in the Digital Transformation：Challenges for the Future"，*Journal of Business Management*，2016，(11)：25-33.

[166] Dapp T，Slomka L，AG D B，et al.，"Fintech — The Digital Evolution in the Financial sector"，*Deutsche Bank Research Report*，November 2014.

[167] Van Loo R，"Making Innovation More Competitive：The Case of Fintech"，*UCLA Law Review*，2018，65(8)：232-279.

[168] 中国人民银行广州分行课题组、李思敏：《中美金融科技发展的比较与启示》，《南方金融》2017 年第 5 期，第 3—9 页。

[169] 杨敏：《金融科技：中小银行差异化发展的核心动力》，《中国金融家》2018 年第 2 期，第 57—59 页。

[170] 张德茂、蒋亮：《金融科技在传统商业银行转型中的赋能作用与路径》，《西南金

融》2018 年第 11 期,第 13—19 页。

[171] 巴曙松、慈庆琪、郑焕卓:《金融科技浪潮下,银行业如何转型》,《当代金融研究》2018 年第 2 期,第 22—29 页。

[172] 纪崴、井贤栋:《未来将进入新金融时代——访蚂蚁金服总裁井贤栋》,《中国金融》2016 年第 15 期,第 15—17 页。

[173] 邱晗、黄益平、纪洋:《金融科技对传统银行行为的影响——基于互联网理财的视角》,《金融研究》2018 年第 11 期,第 17—30 页。

[174] 刘晶、温彬:《银行金融科技转型之道》,《中国金融》2018 年第 24 期,第 59—60 页。

[175] Finkelstein S, "Power in Top Management Teams: Dimensions, Measurement, and Validation", *Academy of Management Journal*, 1992, 35 (3): 505-538.

[176] 郭捷、周婧:《互联网金融背景下我国上市商业银行的效率实证研究》,《运筹与管理》2016 年第 6 期,第 120—127 页。

[177] 邱勋:《余额宝对商业银行的影响和启示》,《金融发展研究》2013 年第 9 期,第 84—87 页。

[178] 莫易娴:《互联网时代金融业的发展格局》,《财经科学》2014 年第 4 期,第 1—10 页。

[179] 戴国强、方鹏飞:《利率市场化与银行风险——基于影子银行与互联网金融视角的研究》,《金融论坛》2014 年第 8 期,第 13—19+74 页。

[180] 战明华、张成瑞、沈娟:《互联网金融发展与货币政策的银行信贷渠道传导》,《经济研究》2018 年第 4 期,第 63—76 页。

[181] 刘征驰、赖明勇:《虚拟抵押品,软信息约束与 P2P 互联网金融》,《中国软科学》2015 年第 1 期,第 35—46 页。

[182] Brissimis S N, Delis M D, "Identification of a Loan Supply Function: A Cross-Country Test for the Existence of a Bank Lending Channel", *Journal of International Financial Markets*, *Institutions and Money*, 2009, 19 (2): 321-335.

[183] Norden L, Buston C S, Wagner W, "Financial Innovation and Bank Behavior: Evidence from Credit Markets", *Journal of Economic Dynamics and Control*, 2014, 43: 130-145.

[184] DeYoung R, Rice T, "Noninterest Income and Financial Performance at US Commercial Banks", *Financial Review*, 2004, 39 (1): 101-127.

[185] 郭品、沈悦:《互联网金融,存款竞争与银行风险承担》,《金融研究》2019 年第 8 期,第 58—76 页。

[186] Chande N, "A Survey and Risk Analysis of Selected Non-bank Retail Payments Systems", *Bank of Canada Discussion Paper* 2008-17, 2008.

[187] Malhotra P, Singh B, "The Impact of Internet Banking on Bank Performance

and Risk：The Indian Experience"，*Eurasian Journal of Business and Economics*，2009，2（4）：43-62.

[188] Ciciretti R，Hasan I，Zazzara C，"Do Internet Activities Add Value? Evidence from the Traditional Banks"，*Journal of Financial Services Research*，2009，35（1）：81-98.

[189] Lee D，Shin Y，Lee D D，et al.，"Multisection Memory Bank System"，U.S. Patent：7340558，March 2008.

[190] Chou D C，Chou A Y，"A Guide to the Internet Revolution in Banking"，*Information Systems Management*，2000，17（2）：47-53.

[191] Luo X，Lee C，Mattila M，et al. ，"An Exploratory Study of Mobile Banking Services Resistance"，*International Journal of Mobile Communications*，2012，10（4）：366-385.

[192] Jallath E，Negrin J，"An Empirical Study of the Interaction of Electronic Payment Systems in Mexico"，*AMCIS 2001 Proceedings*，December 2001.

[193] More D，Basu P，"Challenges of Supply Chain Finance"，*Business Process Management Journal*，2013，19（4）：624-647.

[194] 李渊博、朱顺林：《互联网金融创新与商业银行经济发展的关系研究——基于省级面板数据的因果关系检验》，《南方经济》2014年第12期，第36—46页。

[195] 顾海峰、闫君：《互联网金融与商业银行盈利：冲击抑或助推——基于盈利能力与盈利结构的双重视角》，《当代经济科学》2019年第4期，第100—108页。

[196] 申创、赵胜民：《互联网金融对商业银行收益的影响研究——基于我国101家商业银行的分析》，《现代经济探讨》2017年第6期，第32—38+55页。

[197] 刘忠璐、林章悦：《互联网金融对商业银行盈利的影响研究》，《北京社会科学》2016年第9期，第61—72页。

[198] 王亚君、邢乐成、李国祥：《互联网金融发展对银行流动性的影响》，《金融论坛》2016年第8期，第42—50页。

[199] 黄锐、黄剑：《互联网金融影响银行绩效吗？——基于98家商业银行的面板数据》，《南方金融》2016年第1期，第55—60页。

[200] 卞进、郭建鸾：《互联网金融对商业银行的影响："替代还是互补"？——基于协同度理论模型的研究》，《经济体制改革》2016年第4期，第186—190页。

[201] 王锦虹：《互联网金融对商业银行盈利影响测度研究——基于测度指标体系的构建与分析》，《财经理论与实践》2015年第1期，第7—12页。

[202] 罗长青、李梦真、杨彩林、卢彦霖：《互联网金融对商业银行信用卡业务影响的实证研究》，《财经理论与实践》2016年第1期，第54—58页。

[203] 张庆君、刘靖：《互联网金融提升了商业银行资本配置效率吗？——基于中国上市银行的经验证据》，《金融论坛》2017年第7期，第27—38页。

[204] 郑志来：《供给侧视角下商业银行结构性改革与互联网金融创新》，《经济体制改

革》2018 年第 1 期,第 130—135 页。

[205] 杨望、王姝妤:《金融科技与商业银行风险承担——基于 135 家商业银行的实证研究》,《甘肃金融》2019 年第 4 期,第 16—22 页。

[206] 周正清:《商业银行盈利模式转型研究》,上海社会科学院,2017 年。

[207] 尹应凯、艾敏:《金融科技、银行业结构与中小企业融资——基于新结构经济学的视角》,《上海大学学报(社会科学版)》2020 年第 2 期,第 19—32 页。

[208] 孟娜娜、粟勤、雷海波:《金融科技如何影响银行业竞争》,《财贸经济》2020 年第 3 期,第 66—79 页。

[209] 侯世英、宋良荣:《金融科技发展、金融结构调整与企业研发创新》,《中国流通经济》2020 年第 4 期,第 100—109 页。

[210] Fuster A, Plosser M, Schnabl P, et al. , "The Role of Technology in Mortgage Lending", *The Review of Financial Studies*, 2019, 32(5): 1854-1899.

[211] 陆岷峰:《金融科技与中小银行的耦合发展》,《中国金融》2017 年第 17 期,第 35—36 页。

[212] 李卓:《金融科技背景下中小银行零售银行转型策略研究》,《海南金融》2019 年第 3 期,第 76—81 页。

[213] 俞勇:《金融科技与金融机构风险管理》,《上海金融》2019 年第 7 期,第 73—78 页。

[214] Navaretti G B, Calzolari G, Mansilla-Fernandez J M, et al. , "Fintech and Banking: Friends or Foes?", *SSRN* Working Paper, January 2018.

[215] Anagnostopoulos I, "Fintech and Regtech: Impact on Regulators and Banks", *Journal of Economics and Business*, 2018, 100: 7-25.

[216] Caccioli F, Marsili M, Vivo P, "Eroding Market Stability by Proliferation of Financial Instruments", *The European Physical Journal B*, 2009, 71 (4): 467-479.

[217] Petersen M, Mukuddem-Petersen J, De Waal B, et al. , "Profit and Risk under Subprime Mortgage Securitization", *Discrete Dynamics in Nature and Society* Working Paper 849342, 2011.

[218] 徐晓莉、杜青雨:《我国金融科技监管体系研究:来自国外的启示》,《新金融》2019 年第 6 期,第 42—46 页。

[219] 舒心:《新时代我国金融监管体制变革:回顾、反思与展望》,《中国地质大学学报(社会科学版)》2019 年第 1 期,第 1—10 页。

[220] 王志成、徐权、赵文发:《对中国金融监管体制改革的几点思考》,《国际金融研究》2016 年第 7 期,第 33—40 页。

[221] Jakšič M, Marinč M, "Relationship Banking and Information Technology: The Role of Artificial Intelligence and FinTech", *Risk Management*, 2019, 21 (1): 1-18.

[222] 李有星、王琳：《金融科技监管的合作治理路径》，《浙江大学学报（人文社会科学版）》2019 年第 1 期，第 214—226 页。

[223] Pollari I，"The Rise of Fintech Opportunities and Challenges"，*Jassa*，2016，(3)：15-34.

[224] Gai K，Qiu M，Sun X，et al．，"Security and Privacy Issues：A Survey on FinTech"，*International Conference on Smart Computing and Communication*，2016.

[225] 吴晓求：《中国金融监管改革：逻辑与选择》，《财贸经济》2017 年第 7 期，第 33—48 页。

[226] 钟慧安：《金融科技发展与风险防范研究》，《金融发展研究》2018 年第 3 期，第 81—84 页。

[227] 袁康、邓阳立：《道德风险视域下的金融科技应用及其规制——以证券市场为例》，《证券市场导报》2019 年第 7 期，第 13—19+40 页。

[228] 程军、何军、袁慧萍，等：《金融科技风险与监管对策》，《中国金融》2017 年第 24 期，第 70—71 页。

[229] 王雯、李滨、陈春秀：《金融科技与风险监管协同发展研究》，《新金融》2018 年第 2 期，第 43—46 页。

[230] 王均山：《金融科技生态系统的研究——基于内部运行机理及外部监管机制视角》，《上海金融》2019 年第 5 期，第 83—87 页。

[231] 张永亮：《中国金融科技监管之法制体系构建》，《江海学刊》2019 年第 3 期，第 150—156 页。

[232] 吴燕妮：《金融科技前沿应用的法律挑战与监管——区块链和监管科技的视角》，《大连理工大学学报（社会科学版）》2018 年第 03 期，第 78—86 页。

[233] 廖凡：《金融科技背景下监管沙盒的理论与实践评析》，《厦门大学学报（哲学社会科学版）》2019 年第 2 期，第 12—20 页。

[234] 唐潜宁：《社会可接受视域下金融科技（Fintech）功能定位与策略重构研究》，《科学管理研究》2019 年第 1 期，第 94—97 页。

[235] 王静：《全球金融科技发展动因及监管科技发展趋势》，《证券市场导报》2018 年第 2 期，第 10—16 页。

[236] 刘江涛、罗航、王蕊：《防范金融科技风险的二维逻辑——基于监管科技与科技驱动型监管视角》，《金融发展研究》2019 年第 5 期，第 22—27 页。

[237] 王朝弟：《以整治银行业市场乱象为抓手 推进金融治理体系和治理能力现代化》，《红旗文稿》2020 年第 12 期，第 19—22 页。

[238] 傅强：《监管科技理论与实践发展研究》，《金融监管研究》2018 年第 11 期，第 32—49 页。

[239] 邵宇、罗荣亚：《金融监管科技：风险挑战与策略应对》，《行政法学研究》2020 年第 3 期，第 109—118 页。

[240] 刘用明、李钊、王嘉帆：《监管科技在反洗钱领域的应用与探索》，《证券市场导报》2020年第6期，第70—78页。

[241] 陈佩、孙祁祥：《多元共治：创新与监管的平衡——基于"监管沙盒"理论依据与国际实践的思考》，《保险研究》2019年第3期，第27—35页。

[242] 朱琳、金耀辉：《大数据驱动金融市场监管研究——基于上海自贸试验区P2P企业风险监测的实践》，《华东理工大学学报（社会科学版）》2018年第6期，第66—76+87页。

[243] 刘建义：《大数据驱动政府监管方式创新的向度》，《行政论坛》2019年第5期，第102—108页。

[244] 巴曙松、魏巍、白海峰：《基于区块链的金融监管展望——从数据驱动走向嵌入式监管》，《山东大学学报（哲学社会科学版）》2020年第4期，第161—173页。

[245] Liao W, "Research on the Impact of Internet Finance on Risk Level of Commercial Banks", *American Journal of Industrial and Business Management*, 2018, 8(04): 992-1006.

[246] 吴成颂、王超、倪清：《互联网金融对商业银行系统性风险的影响——基于沪深股市上市商业银行的证据》，《当代经济管理》2019年第2期，第90—97页。

[247] 朱辰、华桂宏：《互联网金融对中国银行业系统性风险的影响——基于SCCA模型及逐步回归法的实证研究》，《金融经济学研究》2018年第2期，第50—59页。

[248] 米传民、徐润捷、陶静：《互联网金融空间聚集分析及系统性风险防范——基于t-SNE机器学习模型》，《财经论丛》2019年第8期，第53—62页。

[249] 权飞过、王晓芳：《金融创新对商业银行风险承担的影响——基于金融创新的分类研究》，《财经论丛》2016年第9期，第35—45页。

[250] 顾海峰、张亚楠：《金融创新、信贷环境与银行风险承担——来自2006—2016年中国银行业的证据》，《国际金融研究》2018年第9期，第66—75页。

[251] 孙旭然、王康仕、王凤荣：《金融科技、竞争与银行信贷结构——基于中小企业融资视角》，《山西财经大学学报》2020年第6期，第59—72页。

[252] 张琰：《金融科技对商业银行影响的实证研究——基于收益和风险视角》，《金融发展评论》2019年第9期，第39—52页。

[253] Lapavitsas C, Dos Santos P L, "Globalization and Contemporary Banking: On the Impact of New Technology", *Contributions to Political Economy*, 2008, 27(1): 31-56.

[254] 刘忠璐：《互联网金融对商业银行风险承担的影响研究》，《财贸经济》2016年第4期，第71—85+115页。

[255] 黄益平：《数字普惠金融的机会与风险》，《新金融》2017年第8期，第4—7页。

[256] 袁媛：《金融科技与银行信用风险管理》，《中国金融》2018年第9期，第67—68页。

[257] 宋科、李振、赵琼薇：《区域创新、制度环境与银行稳定》，《金融评论》2018年第5

期,第 46—69＋124 页。

[258] 龚晓叶、李颖:《金融科技对普惠金融"悖论"的影响——基于中国银行业风险承担水平的证据》,《证券市场导报》2020 年第 9 期,第 33—43 页。

[259] 李学峰、杨盼盼:《金融科技、市场势力与银行风险》,《当代经济科学》2021 年第 1 期,第 45—57 页。

[260] 唐松、伍旭川、祝佳:《数字金融与企业技术创新——结构特征、机制识别与金融监管下的效应差异》,《管理世界》2020 年第 5 期,第 52—66＋59 页。

[261] Berger A N, "The Economic Effects of Technological Progress: Evidence from the Banking Industry", *Journal of Money, Credit, & Banking*, 2003, 35 (2): 141-141.

[262] Bloom N, Schankerman M, Van Reenen J, "Identifying Technology Spillovers and Product Market Rivalry", *Econometrica*, 2013, 81 (4): 1347-1393.

[263] Vernon R, "International Investment and International Trade in the Product Cycle", *International Business*, Routledge: Academic Press, 1992.

[264] 郑志来:《互联网金融对我国商业银行的影响路径——基于"互联网＋"对零售业的影响视角》,《财经科学》2015 年第 5 期,第 34—43 页。

[265] Saunders A, Schumacher L B, "The Determinants of Bank Interest Rate Margins: An International Study", *Journal of International Money and Finance*, 2000, 19 (6): 813-832.

[266] Marcus A J, "Deregulation and Bank Financial Policy", *Journal of Banking & Finance*, 1984, 8 (4): 557-565.

[267] Jimenez G, Lopez J A, Saurina J, "How Does Competition Impact Bank Risk-Taking?", *Journal of Financial Stability*, 2013, 9 (2): 185-195.

[268] 王馨:《互联网金融助解"长尾"小微企业融资难问题研究》,《金融研究》2015 年第 9 期,第 128—139 页。

[269] Wagner W, "Loan Market Competition and Bank Risk-taking", *Journal of Financial Services Research*, 2010, 37 (1): 71-81.

[270] 谢治春、赵兴庐、刘媛:《金融科技发展与商业银行的数字化战略转型》,《中国软科学》2018 年第 8 期,第 184—192 页。

[271] 郭峰、孔涛、王靖一:《互联网金融空间集聚效应分析——来自互联网金融发展指数的证据》,《国际金融研究》2017 年第 8 期,第 75—85 页。

[272] 盛天翔、朱政廷、李祎雯:《金融科技与银行小微企业信贷供给:基于贷款技术视角》,《管理科学》2020 年第 6 期,第 30—40 页。

[273] Beck T, Chen T, Lin C, et al., "Financial Innovation: The Bright and the Dark Sides", *Journal of Banking & Finance*, 2016, 100 (72): 28-51.

[274] 黄益平、黄卓:《中国的数字金融发展:现在与未来》,《经济学(季刊)》2018 年第 4 期,第 1489—1502 页。

［275］Hart O，Zingales L，"How to Avoid a New Financial Crisis"，*University of Chicago Working Paper*，2009.

［276］Eisenberg L，Noe T H，"Systemic Risk in Financial Systems"，*Management Science*，2001，47（2）：236-249.

［277］隋聪、谭照林、王宗尧：《基于网络视角的银行业系统性风险度量方法》，《中国管理科学》2016 年第 5 期，第 54—64 页。

［278］姚鸿、王超、何建敏、李亮：《银行投资组合多元化与系统性风险的关系研究》，《中国管理科学》2019 年第 2 期，第 9—18.

［279］Ariss R T，"On the Implications of Market Power in Banking：Evidence from Developing Countries"，*Journal of Banking and Finance*，2010，34（4）：765-775.

［280］高国华、潘英丽：《基于资产负债表关联的银行系统性风险研究》，《管理工程学报》2012 年第 4 期，第 162—168 页。

［281］陈忠阳、刘志洋：《国有大型商业银行系统性风险贡献度真的高吗——来自中国上市商业银行股票收益率的证据》，《财贸经济》2013 年第 9 期，第 57—66 页。

［282］Beltratti A，Stulz R M，"The Credit Crisis around the Globe：Why did Some Banks Perform Better?"，*Journal of Financial Economics*，2012，105（1）：1-17.

［283］高智贤、李成、刘生福：《货币政策与审慎监管的配合机制研究》，《当代经济科学》2015 年第 1 期，第 56—66 页。

［284］Kishan R P，Opiela T P，"Bank Size，Bank Capital，and the Bank Lending Channel"，*Journal of Money，Credit，and Banking*，2000，32（1）：121-141.

［285］Dam K W，"The Subprime Crisis and Financial Regulation：International and Comparative Perspectives"，*Chicago Journal of International Law*，2009，10（2）：581-639.

［286］林永佳、施宣邑、洪芳：《商业银行多元化资产配置战略与银行盈利能力——基于不同股权结构的讨论》，《新金融》2018 年第 12 期，第 37—42 页。

［287］李久林：《商业银行规模和收入结构对系统性风险的影响研究》，《金融监管研究》2019 年第 3 期，第 39—53 页。

［288］Hideyuki M，"Multiple Directions for Measuring Biased Technical Change"，*CEPA* Working Papers Series WP092015，2015.

［289］郭为民：《金融科技与未来银行》，《中国金融》2017 年第 17 期，第 23—25 页。

［290］修永春、庞歌桐：《我国银行系金融科技公司发展问题探究》，《新金融》2019 年第 4 期，第 60—63 页。

［291］曹宇青：《金融科技时代下商业银行私人银行业务发展研究》，《新金融》2017 年第 11 期，第 33—37 页。

［292］唐松、赖晓冰、黄锐：《金融科技创新如何影响全要素生产率：促进还是抑

制？——理论分析框架与区域实践》，《中国软科学》2019 年第 7 期，第 134—144 页。

[293] Mulherin J H, Boone A L, "Comparing Acquisitions and Divestitures", *Journal of Corporate Finance*, 2000, 6 (2): 117-139.

[294] Saxenian A, Hsu J Y, "The Silicon Valley - Hsinchu Connection: Technical Communities and Industrial Upgrading", *Industrial and corporate change*, 2001, 10(4): 893-920.

[295] 何飞：《破解银行金融科技布局困境》，《中国金融》2019 年第 3 期，第 41—43 页。

[296] 张勋、万广华、张佳佳、何宗樾：《数字经济、普惠金融与包容性增长》，《经济研究》2019 年第 8 期，第 71—86 页。

[297] 郭峰、王靖一、王芳，等：《测度中国数字普惠金融发展：指数编制与空间特征》，《经济学(季刊)》2020 年第 4 期，第 1401—1418 页。

[298] Laeven L, Levine R, "Bank Governance, Regulation and Risk Taking", *Journal of Financial Economics*, 2009, 93(2): 259-275.

[299] 张健华、王鹏：《银行风险、贷款规模与法律保护水平》，《经济研究》2012 年第 5 期，第 18—30＋70 页。

[300] Shim J, "Loan Portfolio Diversification, Market Structure and Bank Stability", *Journal of Banking & Finance*, 2019, 104(7): 103-115.

[301] 王兵、朱宁：《不良贷款约束下的中国银行业全要素生产率增长研究》，《经济研究》2011 年第 5 期，第 32—45＋73 页。

[302] Chan - Lau J A, "Regulatory Capital Charges for Too - Connected - To - Fail Institutions: A Practical Proposal", *Financial Markets*, *Institutions & Instruments*, 2010, 19(5): 355-379.

[303] 顾海峰、杨立翔：《互联网金融与银行风险承担：基于中国银行业的证据》，《世界经济》2018 年第 10 期，第 75—100 页。

[304] 姚树洁、姜春霞、冯根福：《中国银行业的改革与效率：1995—2008》，《经济研究》2011 年第 8 期，第 4—14 页。

[305] 汪可：《金融科技、价格竞争与银行风险承担》，《哈尔滨商业大学学报(社会科学版)》2018 年第 1 期，第 40—48 页。

[306] 喻微锋、周黛：《互联网金融、商业银行规模与风险承担》，《云南财经大学学报》2018 年第 1 期，第 59—69 页。

[307] 牛晓健、裘翔：《利率与银行风险承担——基于中国上市银行的实证研究》，《金融研究》2013 年第 4 期，第 15—28 页。

[308] 谌新民、刘善敏：《上市公司经营者报酬结构性差异的实证研究》，《经济研究》2003 年第 8 期，第 55—63＋92 页。

[309] Sharpe W F, "A Simplified Model for Portfolio Analysis", *Management Science*, 1963, 9 (2): 277-293.

[310] Chen C R, Steiner T L, Whyte A M, "Does Stock Option-based Executive Compensation Induce Risk-taking? An Analysis of the Banking Industry", *Journal of Banking & Finance*, 2006, 30 (3): 915-945.

[311] 朱琪、陈香辉、侯亚:《高管股权激励影响公司风险承担行为:上市公司微观数据的证据》,《管理工程学报》2019 年第 3 期,第 24—34 页。

[312] Gray D F, Bodie Z, Merton R C, "Contingent Claims Approach to Measuring and Managing Sovereign Risk", *Journal of Investment Management*, 2007, 5 (4): 1-42.

[313] Billio M, Getmansky M, Lo A W, et al., "Econometric Measures of Connectedness and Systemic Risk in the Finance and Insurance Sectors", *Journal of Financial Economics*, 2012, 104 (3): 535-559.

[314] Acharya V V, Pedersen L H, Philippon T, et al., "Measuring Systemic Risk", *The Review of Financial Studies*, 2017, 30 (1): 2-47.

[315] Adrian T, Brunnermeier M, "CoVaR: A Method for Macroprudential Regulation", *Federal Reserve Bank of New York* Staff Reports, 348, 2008.

[316] Adrian T, Brunnermeier M K, "CoVaR", *NBER* Working Paper 17454, 2011.

[317] Adrian T, Brunnermeier M K, "CoVaR", *American Economic Review*, 2016, 106 (7): 1705-1741.

[318] Brownlees C, Engle R, "Volatility, Correlation and Tails for Systemic Risk Measurement", *SSRN* Working Paper 1611229, 2011.

[319] 宋清华、姜玉东:《中国系统重要性金融机构的评估》,《统计与决策》2015 年第 7 期,第 145—147 页。

[320] Brownlees C, Engle R F, "SRISK: A Conditional Capital Shortfall Measure of Systemic Risk", *The Review of Financial Studies*, 2016, 30 (1): 48-79.

[321] Macey J R, O'hara M, "The Corporate Governance of Banks", *Economic Policy Review*, 2003, 9 (1): 1-17.

[322] May D O, "Do Managerial Motives Influence Firm Risk Reduction Strategies?", *The Journal of Finance*, 1995, 50 (4): 1291-1308.

[323] Delis M D, Kouretas G P, "Interest Rates and Bank Risk-taking", *Journal of Banking & Finance*, 2011, 35(4): 840-855.

[324] 方意:《货币政策与房地产价格冲击下的银行风险承担分析》,《世界经济》2015 年第 7 期,第 73—98 页。

[325] 郭品、沈悦:《互联网金融对商业银行风险承担的影响:理论解读与实证检验》,《财贸经济》2015 年第 10 期,第 102—116 页。

[326] 汪可、吴青、李计:《金融科技与商业银行风险承担——基于中国银行业的实证分析》,《管理现代化》2017 年第 6 期,第 100—104 页。

[327] 吴桐桐、王仁曾:《数字金融、银行竞争与银行风险承担——基于 149 家中小商

业银行的研究》,《财经论丛》2021 年第 3 期,第 38—48 页。

[328] 应展宇、张夏晗:《双重竞争约束下中国商业银行风险承担行为研究》,《当代经济科学》2020 年第 4 期,第 54—67 页。

[329] 郭瑾、刘志远、彭涛:《银行贷款对企业风险承担的影响:推动还是抑制?》,《会计研究》2017 年第 2 期,第 42—48+96 页。

[330] Hou X, Wang Q, Zhang Q, "Market Structure, Risk Taking, and the Efficiency of Chinese Commercial Banks", *Emerging Markets Review*, 2014, 20: 75-88.

[331] 项后军、张清俊:《存款保险制度是否降低了银行风险:来自中国的经验证据》,《世界经济》2020 年第 3 期,第 117—141 页。

[332] 田国强、李双建:《经济政策不确定性与银行流动性创造:来自中国的经验证据》,《经济研究》2020 年第 11 期,第 19—35 页。

[333] Blundell R, Bond S, "Initial Conditions and Moment Restrictions in Dynamic Panel Data Models", *Journal of econometrics*, 1998, 87 (1): 115-143.

[334] 谢绚丽、沈艳、张皓星、郭峰:《数字金融能促进创业吗?——来自中国的证据》,《经济学(季刊)》2018 年第 4 期,第 1557—1580 页。

[335] 梁榜、张建华:《数字普惠金融发展能激励创新吗?——来自中国城市和中小企业的证据》,《当代经济科学》2019 年第 5 期,第 74—86 页。

[336] 唐松、伍旭川、祝佳:《数字金融与企业技术创新——结构特征,机制识别与金融监管下的效应差异》,《管理世界》2020 年第 5 期,第 52—66 页。

[337] Preacher K J, Hayes A F, "Asymptotic and Resampling Strategies for Assessing and Comparing Indirect Effects in Multiple Mediator Models", *Behavior Research Methods*, 2008, 40 (3): 879-891.

[338] 沈悦、郭品:《互联网金融,技术溢出与商业银行全要素生产率》,《金融研究》2015 年第 3 期,第 160—175 页。

[339] 杨望、徐慧琳、谭小芬、薛翔宇:《金融科技与商业银行效率——基于 DEA-Malmquist 模型的实证研究》,《国际金融研究》2020 年第 7 期,第 56—65 页。

[340] 王晓芳、权飞过:《如何防范银行系统性风险:去杠杆,稳杠杆,还是优杠杆?——基于表外业务结构性数据的实证研究》,《国际金融研究》2019 年第 9 期,第 65—75 页。

[341] 宋凌峰、邬诗婕:《经济增长状态与银行系统性风险——基于马尔科夫区制转移的 CCA 模型》,《管理科学》2017 年第 6 期,第 19—32 页。

[342] 唐文进、苏帆:《极端金融事件对系统性风险的影响分析——以中国银行部门为例》,《经济研究》2017 年第 4 期,第 17—33 页。

[343] Perera A, Ralston D, Wickramanayake J, "Impact of Off-balance Sheet Banking on the Bank Lending Channel of Monetary Transmission: Evidence from South Asia", *Journal of International Financial Markets*, *Institutions and Money*, 2014, 29(3): 195-216.

[344] 申创、刘笑天：《互联网金融，市场势力与商业银行绩效》，《当代经济科学》2017年第5期，第16—29页。

[345] 邱晗、黄益平、纪洋：《金融科技对传统银行行为的影响——基于互联网理财的视角》，《金融研究》2018年第11期，第17—29页。

[346] 郭晔、程玉伟、黄振：《货币政策，同业务与银行流动性创造》，《金融研究》2018年第5期，第65—81页。

[347] 温忠麟、张雷、侯杰泰、刘红云：《中介效应检验程序及其应用》，《心理学报》2004年第5期，第614—620页。

[348] Preacher K J, Hayes A F, "Asymptotic and Resampling Strategies for Assessing and Comparing Indirect Effects in Multiple Mediator Models", *Behavior Research Methods*, 2008, 40 (3): 879-891.

[349] 李广子、张翼：《非信贷业务与银行绩效》，《国际金融研究》2016年第10期，第49—62页。

[350] 徐斌、郑垂勇：《利率市场化下我国商业银行盈利能力影响因素分析——基于16家上市商业银行的实证研究》，《南京社会科学》2018年第3期，第31—37页。

[351] 赵世勇、香伶：《美国社区银行的优势与绩效》，《经济学动态》2010年第6期，第129—134页。

[352] 郭翠荣、刘亮：《基于因子分析法的我国上市商业银行竞争力评价研究》，《管理世界》2012年第1期，第176—177页。

[353] 何美玲、洪正：《民营资本入股与银行绩效改进——基于城市商业银行的经验证据》，《当代财经》2019年第7期，第47—58页。

[354] 史永东、郭子增、王龑：《从重资产到轻资产：商业模式转型对银行绩效的影响——基于我国上市银行的研究》，《商业研究》2019年第7期，第77—83页。

[355] 陈岱孙、厉以宁：《国际金融学说史》，中国金融出版社，1991年。

[356] 田雅群、何广文、范亚辰：《收入多元化、市场势力与农村商业银行经营绩效》，《中南大学学报(社会科学版)》2017年第6期，第101—108页。

[357] 胡德宝、尹翌天：《CEO权力影响中国上市商业银行绩效了吗?》，《中央财经大学学报》2019年第4期，第49—59页。

[358] 蔡卫星：《分支机构市场准入放松、跨区域经营与银行绩效》，《金融研究》2016年第6期，第127—141页。

[359] Charnes A, Cooper W W, Rhodes E, "Measuring the Efficiency of Decision Making Units", *European Journal of Operational Research*, 1978, 2 (6): 429-444.

[360] Banker R D, Charnes A, Cooper W W, "Some Models for Estimating Technical and Scale Inefficiencies in Data Envelopment Analysis", *Management Science*, 1984: 1078-1092.

[361] Sherman H D, Gold F, "Bank Branch Operating Efficiency: Evaluation with

Data Envelopment Analysis", *Journal of Banking & Finance*, 1985, 9(2):
297-315.

[362] 杨宝臣、刘铮、高春阳:《商业银行有效性评价方法》,《管理工程学报》1999 年第
1 期,第 13—18 页。

[363] 魏煜、王丽:《中国商业银行效率研究:一种非参数的分析》,《金融研究》2000 年
第 3 期,第 88—96 页。

[364] 张健华:《我国商业银行效率研究的 DEA 方法及 1997—2001 年效率的实证分
析》,《金融研究》2003 年第 3 期,第 11—25 页。

[365] 蔡跃洲、郭梅军:《我国上市商业银行全要素生产率的实证分析》,《经济研究》
2009 年第 9 期,第 52—65 页。

[366] 柯孔林、冯宗宪:《中国商业银行全要素生产率增长及其收敛性研究——基于
GML 指数的实证分析》,《金融研究》2013 年第 6 期,第 146—159 页。

[367] 李成、高智贤、郭品:《我国商业银行全要素生产率实证研究:1996—2012——基
于无导向型 DEA-Malmquist 指数模型》,《华东经济管理》2014 年第 8 期,第
85—90 页。

[368] Castelli L, Pesenti R, Ukovich W, "A classification of DEA Models When the
Internal Structure of the Decision Making Units Is Considered", *Annals of
Operations Research*, 2010, 173(1): 207-235.

[369] Kao C, Hwang S-N, "Efficiency Measurement for Network Systems: IT Impact
on Firm Performance", *Decision Support Systems*, 2010, 48(3): 437-446.

[370] Holod D, Lewis H F, "Resolving the Deposit Dilemma: A New DEA Bank
Efficiency Model", *Journal of Banking & Finance*, 2011, 35(11): 2801-2810.

[371] Färe R, Grosskopf S, CAK Lovell, *Production Frontiers*, Cambridge:
Cambridge University Press, 1994.

[372] 李兴华、秦建群、孙亮:《经营环境,治理结构与商业银行全要素生产率的动态
变化》,《中国工业经济》2014 年第 1 期,第 57—68 页。

[373] 侯晓辉、李婉丽、王青:《所有权、市场势力与中国商业银行的全要素生产率》,
《世界经济》2011 年第 2 期,第 135—157 页。

[374] Yao S, Jiang C, Feng G, et al. , "WTO Challenges and Efficiency of Chinese
Banks", *Applied Economics*, 2007, 39 (5): 629-643.

[375] Jiang C, Yao S, Zhang Z, "The Effects of Governance Changes on Bank
Efficiency in China: A Stochastic Distance Function Approach", *China
Economic Review*, 2009, 20 (4): 717-731.

[376] 程茂勇、赵红:《市场势力对银行效率影响分析——来自我国商业银行的经验数
据》,《数量经济技术经济研究》2011 年第 10 期,第 78—91 页。

[377] 袁晓玲、张宝山:《中国商业银行全要素生产率的影响因素研究——基于 DEA
模型的 Malmquist 指数分析》,《数量经济技术经济研究》2009 年第 4 期,第 93—

104 页。

[378] Berger A N, Humphrey D B, "Efficiency of Financial Institutions: International Survey and Directions for Future Research", *European Journal of Operational Research*, 1997, 98 (2): 175-212.

[379] Chiu Y-H, Chen Y-C, "The Analysis of Taiwanese Bank Efficiency: Incorporating both External Environment Risk and Internal Risk", *Economic Modelling*, 2009, 26 (2): 456-463.

[380] Manlagñit M C V, "Cost Efficiency, Determinants, and Risk Preferences in Banking: A Case of Stochastic Frontier Analysis in the Philippines", *Journal of Asian Economics*, 2011, 22 (1): 23-35.

[381] Juo J-C, "Decomposing the Change in Profit of Taiwanese Banks: Incorporating Risk", *Journal of Productivity Analysis*, 2014, 41 (2): 247-262.

[382] Zhu X, "Understanding China's Growth: Past, Present, and Future", *Journal of Economic Perspectives*, 2012, 26 (4): 103-124.

[383] Buckley R P, Webster S, "FinTech in Developing Countries: Charting New Customer Journeys", *Journal of Financial Transformation*, 2016, 44: 151-159.

附　　录

附录1　26家银行分位数回归结果(1%)

附表1　26家银行分位数回归结果(1%)

	Coef	Std.Err	T值	P值		Coef.	Std.Err	T值	P值
平安					宁波				
HS300	0.181	0.306	0.590	0.556	HS300	−0.258	0.241	−1.070	0.286
VHS300	−2.517	1.193	−2.110	0.035	VHS300	−1.196	0.544	−2.200	0.028
LIQrisk	−1.682	3.491	−0.480	0.630	LIQrisk	1.382	3.165	0.440	0.663
Rrisk	−2.811	6.883	−0.410	0.683	Rrisk	−2.431	3.928	−0.620	0.536
Qixian	−1.657	1.605	−1.030	0.302	Qixian	−2.569	0.875	−2.940	0.003
Crisk	3.123	6.487	0.480	0.630	Crisk	0.179	2.006	0.090	0.929
Estate	0.079	0.346	0.230	0.819	Estate	−0.319	0.213	−1.500	0.135
cons	−9.494	8.236	−1.150	0.249	cons	−7.363	3.471	−2.120	0.034
江阴					张家港				
HS300	−0.240	0.357	−0.670	0.503	HS300	−0.192	0.637	−0.300	0.764
VHS300	1.158	1.715	0.680	0.500	VHS300	−0.563	2.160	−0.260	0.795
LIQrisk	−14.884	4.468	−3.330	0.001	LIQrisk	−19.068	8.296	−2.300	0.023
Rrisk	−11.185	10.650	−1.050	0.295	Rrisk	−32.691	12.163	−2.690	0.008
Qixian	1.135	4.758	0.240	0.812	Qixian	−0.544	7.117	−0.080	0.939
Crisk	9.243	9.508	0.970	0.332	Crisk	2.273	19.563	0.120	0.908
Estate	0.959	0.737	1.300	0.195	Estate	−0.426	0.627	−0.680	0.498
cons	−12.968	11.281	−1.150	0.252	cons	1.937	20.972	0.090	0.927

	Coef	Std.Err	T值	P值		Coef.	Std.Err	T值	P值
浦发					华夏				
HS300	−0.305	0.230	−1.320	0.186	HS300	0.189	0.331	0.570	0.567
VHS300	−0.679	0.579	−1.170	0.241	VHS300	−1.600	0.795	−2.010	0.045
LIQrisk	0.649	4.134	0.160	0.875	LIQrisk	2.256	3.486	0.650	0.518
Rrisk	−4.496	7.476	−0.600	0.548	Rrisk	−1.315	4.053	−0.320	0.746
Qixian	−4.131	2.344	−1.760	0.078	Qixian	−4.077	1.819	−2.240	0.025
Crisk	−11.566	3.506	−3.300	0.001	Crisk	−4.438	2.839	−1.560	0.119
Estate	0.179	0.445	0.400	0.688	Estate	−0.016	0.229	−0.070	0.944
cons	7.353	5.498	1.340	0.182	cons	−0.705	4.741	−0.150	0.882
民生					招商				
HS300	0.163	0.336	0.490	0.627	HS300	−0.454	0.278	−1.640	0.102
VHS300	−2.319	0.854	−2.720	0.007	VHS300	−1.096	0.631	−1.740	0.083
LIQrisk	−3.512	3.603	−0.970	0.330	LIQrisk	5.503	1.978	2.780	0.006
Rrisk	−4.433	3.835	−1.160	0.248	Rrisk	−3.422	4.900	−0.700	0.485
Qixian	−2.876	1.804	−1.590	0.111	Qixian	−0.040	1.827	−0.020	0.983
Crisk	−2.857	2.959	−0.970	0.335	Crisk	−8.440	3.599	−2.350	0.019
Estate	0.226	0.186	1.220	0.224	Estate	−0.074	0.396	−0.190	0.851
cons	4.704	5.462	0.860	0.389	cons	−4.117	4.698	−0.880	0.381
无锡					江苏				
HS300	−0.724	0.537	−1.350	0.179	HS300	0.131	0.234	0.560	0.577
VHS300	0.828	1.833	0.450	0.652	VHS300	−2.300	1.344	−1.710	0.089
LIQrisk	−14.318	4.473	−3.200	0.002	LIQrisk	−4.146	2.963	−1.400	0.164
Rrisk	−16.033	11.691	−1.370	0.172	Rrisk	0.502	5.234	0.100	0.924
Qixian	1.117	5.070	0.220	0.826	Qixian	0.218	2.058	0.110	0.916
Crisk	−8.486	12.654	−0.670	0.503	Crisk	7.154	4.272	1.670	0.096
Estate	2.237	1.277	1.750	0.082	Estate	−0.208	0.193	−1.080	0.281
cons	4.988	13.698	0.360	0.716	cons	−7.361	4.555	−1.620	0.108

（续表）

	Coef	Std.Err	T 值	P 值		Coef.	Std.Err	T 值	P 值
杭州					苏农				
HS300	0.127	0.244	0.520	0.603	HS300	−1.016	0.434	−2.340	0.021
VHS300	0.378	0.575	0.660	0.512	VHS300	−3.138	2.531	−1.240	0.217
LIQrisk	−3.056	1.392	−2.190	0.030	LIQrisk	−4.315	4.064	−1.060	0.290
Rrisk	2.745	5.386	0.510	0.611	Rrisk	−10.556	9.857	−1.070	0.286
Qixian	−0.325	1.791	−0.180	0.856	Qixian	9.127	7.352	1.240	0.216
Crisk	0.615	2.668	0.230	0.818	Crisk	−1.647	6.486	−0.250	0.800
Estate	0.456	0.180	2.530	0.012	Estate	0.552	0.404	1.370	0.174
cons	−4.312	3.228	−1.340	0.184	cons	−6.539	6.491	−1.010	0.315
南京					常熟				
HS300	0.163	0.190	0.860	0.393	HS300	−0.100	0.313	−0.320	0.750
VHS300	−0.945	0.444	−2.130	0.034	VHS300	−0.758	1.301	−0.580	0.561
LIQrisk	−0.870	2.082	−0.420	0.676	LIQrisk	−8.696	4.872	−1.790	0.076
Rrisk	−1.743	5.286	−0.330	0.742	Rrisk	−15.793	6.204	−2.550	0.012
Qixian	−3.452	0.763	−4.530	0.000	Qixian	5.401	5.027	1.070	0.284
Crisk	0.540	2.246	0.240	0.810	Crisk	4.149	9.945	0.420	0.677
Estate	−0.149	0.161	−0.930	0.355	Estate	0.211	0.380	0.550	0.580
cons	−3.562	2.225	−1.600	0.110	cons	−9.579	10.015	−0.960	0.340
兴业					北京				
HS300	0.046	0.174	0.260	0.791	HS300	0.176	0.170	1.040	0.300
VHS300	−1.095	0.647	−1.690	0.091	VHS300	−0.270	0.335	−0.810	0.421
LIQrisk	−1.044	2.800	−0.370	0.709	LIQrisk	−0.970	1.371	−0.710	0.480
Rrisk	−1.035	4.424	−0.230	0.815	Rrisk	0.073	2.811	0.030	0.979
Qixian	−4.317	1.732	−2.490	0.013	Qixian	−3.882	0.849	−4.570	0.000
Crisk	−9.854	2.956	−3.330	0.001	Crisk	−4.286	2.401	−1.780	0.075
Estate	0.349	0.488	0.720	0.475	Estate	−0.126	0.230	−0.550	0.584
cons	8.645	4.623	1.870	0.062	cons	1.482	3.815	0.390	0.698

（续表）

	Coef	Std.Err	T 值	P 值		Coef.	Std.Err	T 值	P 值
上海					农业				
HS300	−0.653	0.450	−1.450	0.149	HS300	−0.010	0.243	−0.040	0.966
VHS300	−1.847	1.008	−1.830	0.069	VHS300	−1.476	0.358	−4.130	0.000
LIQrisk	−4.825	2.898	−1.670	0.098	LIQrisk	−1.146	1.102	−1.040	0.299
Rrisk	−13.233	5.982	−2.210	0.028	Rrisk	−0.790	4.795	−0.160	0.869
Qixian	4.505	2.904	1.550	0.123	Qixian	−1.161	1.454	−0.800	0.425
Crisk	1.769	5.361	0.330	0.742	Crisk	−3.011	2.632	−1.140	0.253
Estate	0.286	0.275	1.040	0.299	Estate	−0.184	0.180	−1.020	0.308
cons	−4.572	6.818	−0.670	0.503	cons	2.394	3.573	0.670	0.503
交通					工商				
HS300	−0.122	0.313	−0.390	0.697	HS300	0.070	0.162	0.430	0.665
VHS300	−1.839	0.670	−2.750	0.006	VHS300	−1.125	0.430	−2.610	0.009
LIQrisk	0.079	2.207	0.040	0.972	LIQrisk	−5.419	2.787	−1.940	0.052
Rrisk	−1.630	5.205	−0.310	0.754	Rrisk	−2.006	4.239	−0.470	0.636
Qixian	−2.771	0.956	−2.900	0.004	Qixian	−1.184	1.321	−0.900	0.371
Crisk	−3.203	3.434	−0.930	0.351	Crisk	0.081	1.907	0.040	0.966
Estate	−0.191	0.335	−0.570	0.569	Estate	0.253	0.165	1.540	0.125
cons	1.244	3.308	0.380	0.707	cons	1.274	4.513	0.280	0.778
成都					光大				
HS300	0.358	0.346	1.040	0.303	HS300	−0.203	0.153	−1.320	0.187
VHS300	0.847	0.689	1.230	0.222	VHS300	−0.667	0.477	−1.400	0.163
LIQrisk	−3.307	3.628	−0.910	0.365	LIQrisk	−2.593	1.125	−2.310	0.022
Rrisk	−2.490	7.260	−0.340	0.732	Rrisk	−0.365	3.031	−0.120	0.904
Qixian	−8.297	4.548	−1.820	0.072	Qixian	−1.612	1.082	−1.490	0.137
Crisk	−8.323	7.586	−1.100	0.276	Crisk	5.325	1.949	2.730	0.007
Estate	−0.157	0.411	−0.380	0.703	Estate	−0.346	0.235	−1.470	0.141
cons	12.307	8.218	1.500	0.138	cons	−9.251	2.702	−3.420	0.001

（续表）

	Coef	Std.Err	T 值	P 值		Coef.	Std.Err	T 值	P 值
建设					中国				
HS300	0.025	0.147	0.170	0.862	HS300	−0.151	0.168	−0.900	0.369
VHS300	−1.052	0.387	−2.720	0.007	VHS300	−1.592	0.522	−3.050	0.002
LIQrisk	−2.622	1.478	−1.770	0.077	LIQrisk	−1.336	1.508	−0.890	0.376
Rrisk	−1.993	6.138	−0.320	0.745	Rrisk	2.611	5.424	0.480	0.630
Qixian	0.676	1.309	0.520	0.606	Qixian	−1.838	0.918	−2.000	0.046
Crisk	−2.272	2.166	−1.050	0.295	Crisk	−3.997	2.509	−1.590	0.112
Estate	0.332	0.141	2.350	0.019	Estate	−0.292	0.172	−1.700	0.090
cons	−1.592	2.096	−0.760	0.448	cons	3.331	3.097	1.080	0.283
贵阳					中信				
HS300	0.441	0.321	1.370	0.171	HS300	−0.234	0.185	−1.270	0.206
VHS300	−3.260	1.380	−2.360	0.019	VHS300	−1.018	0.663	−1.530	0.125
LIQrisk	−1.380	2.114	−0.650	0.515	LIQrisk	2.654	1.468	1.810	0.071
Rrisk	5.677	7.012	0.810	0.419	Rrisk	2.948	5.614	0.530	0.600
Qixian	2.821	2.794	1.010	0.314	Qixian	−1.149	1.210	−0.950	0.342
Crisk	4.698	3.653	1.290	0.200	Crisk	−3.319	1.836	−1.810	0.071
Estate	0.342	0.246	1.390	0.167	Estate	−0.255	0.260	−0.980	0.326
cons	−8.705	4.472	−1.950	0.053	cons	−5.782	3.950	−1.460	0.144

资料来源：本研究整理

附录 2 26 家银行分位数回归结果(5%)

附表 2 26 家银行分位数回归结果(5%)

	Coef	Std.Err	T 值	P 值		Coef.	Std.Err	T 值	P 值
平安					宁波				
HS300	−0.040	0.148	−0.270	0.787	HS300	−0.084	0.106	−0.800	0.426
VHS300	−0.945	0.305	−3.100	0.002	VHS300	−0.737	0.328	−2.250	0.025
LIQrisk	1.471	0.756	1.950	0.052	LIQrisk	0.801	0.860	0.930	0.352
Rrisk	−0.543	4.095	−0.130	0.895	Rrisk	−2.215	2.393	−0.930	0.355
Qixian	−0.120	1.405	−0.090	0.932	Qixian	−1.435	0.958	−1.500	0.134
Crisk	−3.202	2.198	−1.460	0.146	Crisk	−1.241	2.119	−0.590	0.558
Estate	0.143	0.126	1.140	0.255	Estate	−0.028	0.126	−0.220	0.827
cons	−2.722	2.904	−0.940	0.349	cons	−3.223	2.449	−1.320	0.189
江阴					张家港				
HS300	−0.152	0.269	−0.560	0.573	HS300	−0.116	0.339	−0.340	0.734
VHS300	−0.366	1.468	−0.250	0.803	VHS300	0.626	1.142	0.550	0.584
LIQrisk	−8.824	2.356	−3.750	0.000	LIQrisk	−6.237	5.698	−1.090	0.276
Rrisk	−13.575	6.483	−2.090	0.038	Rrisk	−11.792	9.954	−1.180	0.238
Qixian	−0.039	2.843	−0.010	0.989	Qixian	−1.421	3.906	−0.360	0.717
Crisk	−0.610	5.638	−0.110	0.914	Crisk	−12.961	11.308	−1.150	0.254
Estate	0.236	0.415	0.570	0.571	Estate	0.610	0.378	1.610	0.109
cons	1.793	8.084	0.220	0.825	cons	12.573	10.830	1.160	0.248
浦发					华夏				
HS300	−0.242	0.146	−1.660	0.098	HS300	0.079	0.095	0.830	0.410
VHS300	−0.989	0.437	−2.260	0.024	VHS300	−0.746	0.336	−2.220	0.027
LIQrisk	−0.611	1.128	−0.540	0.588	LIQrisk	0.065	1.330	0.050	0.961
Rrisk	0.040	2.067	0.020	0.985	Rrisk	−1.114	3.832	−0.290	0.771
Qixian	−2.080	0.978	−2.130	0.034	Qixian	−1.617	1.215	−1.330	0.184
Crisk	−3.480	1.124	−3.100	0.002	Crisk	−1.385	1.247	−1.110	0.267
Estate	0.010	0.180	0.050	0.957	Estate	0.065	0.138	0.480	0.635
cons	2.557	1.938	1.320	0.187	cons	−1.975	1.634	−1.210	0.227

（续表）

	Coef	Std.Err	T 值	P 值		Coef.	Std.Err	T 值	P 值
民生					招商				
HS300	−0.134	0.176	−0.760	0.449	HS300	0.060	0.176	0.340	0.732
VHS300	−0.891	0.374	−2.380	0.018	VHS300	−1.151	0.484	−2.380	0.018
LIQrisk	0.447	0.851	0.520	0.600	LIQrisk	0.084	0.916	0.090	0.927
Rrisk	−2.746	2.051	−1.340	0.181	Rrisk	−0.486	3.059	−0.160	0.874
Qixian	−0.366	0.964	−0.380	0.704	Qixian	−1.391	1.109	−1.250	0.210
Crisk	−1.986	2.106	−0.940	0.346	Crisk	−1.558	2.033	−0.770	0.444
Estate	0.018	0.130	0.140	0.887	Estate	0.078	0.156	0.500	0.616
cons	−1.285	3.131	−0.410	0.681	cons	−0.531	2.033	−0.260	0.794
无锡					江苏				
HS300	−0.069	0.451	−0.150	0.879	HS300	0.001	0.274	0.000	0.998
VHS300	1.809	0.981	1.840	0.067	VHS300	0.132	0.813	0.160	0.871
LIQrisk	−8.484	2.178	−3.890	0.000	LIQrisk	−0.093	2.322	−0.040	0.968
Rrisk	−7.519	8.252	−0.910	0.364	Rrisk	−1.775	4.386	−0.400	0.686
Qixian	−4.502	2.805	−1.600	0.111	Qixian	−1.844	2.117	−0.870	0.385
Crisk	7.467	7.586	0.980	0.327	Crisk	2.740	2.764	0.990	0.323
Estate	0.378	0.625	0.610	0.546	Estate	−0.082	0.172	−0.480	0.633
cons	−9.892	9.560	−1.030	0.302	cons	−6.840	2.750	−2.490	0.014
杭州					苏农				
HS300	−0.024	0.242	−0.100	0.921	HS300	−0.028	0.419	−0.070	0.946
VHS300	−0.075	0.492	−0.150	0.879	VHS300	−0.045	1.851	−0.020	0.981
LIQrisk	−3.424	1.418	−2.410	0.017	LIQrisk	−2.893	3.653	−0.790	0.430
Rrisk	−1.229	4.020	−0.310	0.760	Rrisk	−5.500	7.437	−0.740	0.461
Qixian	−0.385	1.476	−0.260	0.795	Qixian	1.629	6.517	0.250	0.803
Crisk	2.203	2.388	0.920	0.358	Crisk	2.815	8.385	0.340	0.738
Estate	0.356	0.159	2.240	0.027	Estate	0.431	0.338	1.280	0.203
cons	−3.932	3.492	−1.130	0.262	cons	−9.482	8.125	−1.170	0.245

（续表）

	$Coef$	$Std.Err$	T 值	P 值		$Coef.$	$Std.Err$	T 值	P 值
南京					常熟				
$HS300$	−0.044	0.146	−0.300	0.763	$HS300$	−0.023	0.331	−0.070	0.944
$VHS300$	−0.961	0.345	−2.790	0.005	$VHS300$	0.217	1.060	0.200	0.838
$LIQrisk$	0.640	0.912	0.700	0.483	$LIQrisk$	−3.069	4.035	−0.760	0.448
$Rrisk$	−0.477	1.708	−0.280	0.780	$Rrisk$	−9.927	5.746	−1.730	0.086
$Qixian$	−1.168	0.738	−1.580	0.114	$Qixian$	1.898	3.434	0.550	0.581
$Crisk$	1.824	2.224	0.820	0.413	$Crisk$	1.175	8.087	0.150	0.885
$Estate$	0.051	0.117	0.430	0.664	$Estate$	0.186	0.352	0.530	0.599
$cons$	−6.653	2.940	−2.260	0.024	$cons$	−8.281	8.143	−1.020	0.311
兴业					北京				
$HS300$	−0.145	0.126	−1.150	0.252	$HS300$	0.151	0.102	1.470	0.142
$VHS300$	−0.876	0.237	−3.700	0.000	$VHS300$	−0.754	0.279	−2.700	0.007
$LIQrisk$	0.772	1.087	0.710	0.478	$LIQrisk$	−0.842	0.878	−0.960	0.338
$Rrisk$	−1.077	2.074	−0.520	0.604	$Rrisk$	0.207	1.499	0.140	0.890
$Qixian$	−1.823	0.939	−1.940	0.053	$Qixian$	−1.782	0.596	−2.990	0.003
$Crisk$	−3.647	2.568	−1.420	0.156	$Crisk$	−0.204	1.928	−0.110	0.916
$Estate$	−0.007	0.175	−0.040	0.967	$Estate$	0.004	0.127	0.030	0.973
$cons$	0.562	3.121	0.180	0.857	$cons$	−1.966	2.594	−0.760	0.449
上海					农业				
$HS300$	−0.498	0.518	−0.960	0.337	$HS300$	−0.166	0.179	−0.930	0.355
$VHS300$	−1.141	0.764	−1.490	0.137	$VHS300$	−1.106	0.283	−3.910	0.000
$LIQrisk$	0.508	1.569	0.320	0.747	$LIQrisk$	−1.517	1.225	−1.240	0.216
$Rrisk$	−5.643	4.527	−1.250	0.214	$Rrisk$	−0.891	1.928	−0.460	0.644
$Qixian$	2.701	2.278	1.190	0.238	$Qixian$	0.535	1.009	0.530	0.596
$Crisk$	2.227	3.663	0.610	0.544	$Crisk$	1.937	1.504	1.290	0.198
$Estate$	0.263	0.173	1.520	0.131	$Estate$	−0.113	0.155	−0.730	0.466
$cons$	−8.222	4.228	−1.940	0.054	$cons$	−3.454	2.135	−1.620	0.106

（续表）

	$Coef$	$Std.Err$	T 值	P 值		$Coef.$	$Std.Err$	T 值	P 值
交通					工商				
$HS300$	0.027	0.188	0.140	0.886	$HS300$	−0.046	0.088	−0.530	0.597
$VHS300$	−1.014	0.411	−2.470	0.014	$VHS300$	−0.535	0.275	−1.950	0.052
$LIQrisk$	0.254	0.828	0.310	0.759	$LIQrisk$	−0.808	0.809	−1.000	0.318
$Rrisk$	−1.412	1.875	−0.750	0.451	$Rrisk$	0.785	1.650	0.480	0.635
$Qixian$	−1.466	0.564	−2.600	0.010	$Qixian$	−0.702	0.485	−1.450	0.148
$Crisk$	−0.333	1.807	−0.180	0.854	$Crisk$	0.868	1.507	0.580	0.565
$Estate$	0.119	0.146	0.810	0.416	$Estate$	0.198	0.090	2.210	0.028
$cons$	−2.119	2.203	−0.960	0.336	$cons$	−3.311	1.679	−1.970	0.049
成都					光大				
$HS300$	0.300	0.347	0.860	0.390	$HS300$	−0.038	0.122	−0.320	0.753
$VHS300$	0.820	0.600	1.370	0.175	$VHS300$	−0.914	0.336	−2.720	0.007
$LIQrisk$	−3.720	3.249	−1.140	0.255	$LIQrisk$	−0.525	0.930	−0.560	0.573
$Rrisk$	−3.510	6.842	−0.510	0.609	$Rrisk$	0.585	1.989	0.290	0.769
$Qixian$	−8.079	3.996	−2.020	0.046	$Qixian$	−0.487	1.249	−0.390	0.697
$Crisk$	−7.551	6.191	−1.220	0.226	$Crisk$	2.991	1.445	2.070	0.039
$Estate$	−0.162	0.401	−0.400	0.687	$Estate$	−0.058	0.092	−0.630	0.528
$cons$	11.582	6.863	1.690	0.095	$cons$	−6.389	2.285	−2.800	0.005
建设					中国				
$HS300$	0.130	0.140	0.920	0.356	$HS300$	0.030	0.175	0.170	0.862
$VHS300$	−0.465	0.237	−1.960	0.050	$VHS300$	−0.839	0.372	−2.250	0.025
$LIQrisk$	−0.970	1.095	−0.890	0.376	$LIQrisk$	−0.792	1.017	−0.780	0.436
$Rrisk$	1.336	2.906	0.460	0.646	$Rrisk$	−0.531	3.726	−0.140	0.887
$Qixian$	−0.806	0.850	−0.950	0.343	$Qixian$	0.156	0.610	0.260	0.798
$Crisk$	1.408	2.613	0.540	0.590	$Crisk$	1.956	1.478	1.320	0.186
$Estate$	0.063	0.094	0.660	0.507	$Estate$	0.122	0.147	0.830	0.408
$cons$	−4.883	2.250	−2.170	0.030	$cons$	−4.479	2.139	−2.090	0.037

（续表）

	Coef	Std.Err	T值	P值		Coef.	Std.Err	T值	P值
贵阳					中信				
HS300	0.270	0.267	1.010	0.313	HS300	−0.124	0.144	−0.860	0.388
VHS300	−1.077	0.790	−1.360	0.175	VHS300	−0.761	0.464	−1.640	0.101
LIQrisk	−0.353	1.597	−0.220	0.825	LIQrisk	0.377	1.144	0.330	0.742
Rrisk	−7.772	2.855	−2.720	0.007	Rrisk	0.990	2.981	0.330	0.740
Qixian	−1.365	1.452	−0.940	0.348	Qixian	−0.866	1.116	−0.780	0.438
Crisk	0.561	3.333	0.170	0.867	Crisk	0.134	1.853	0.070	0.943
Estate	0.091	0.187	0.490	0.627	Estate	−0.011	0.117	−0.100	0.923
cons	−2.913	3.916	−0.740	0.458	cons	−5.237	2.132	−2.460	0.014

资料来源：本研究整理

后 记

本书是我主持的国家社会科学基金后期资助项目"金融科技对商业银行风险、绩效多维影响的理论与对策研究"(20FJYB052)的最终成果。从课题构思、初稿写作、申请立项到鉴证结项,再到书稿最终完成,整个过程历时近四年。一路走来,我得到了很多师长、朋友的帮助和支持,在此向他们表示最诚挚的感谢!

首先,衷心感谢我所在的工作单位陕西师范大学国际商学院给予的大力支持。正是得益于学院提供的良好的工作条件、浓厚的学术氛围,本课题研究才得以顺利完成。感谢学院一流学科学术著作出版基金的有力经费保障,本书才得以如期出版。

感谢西安交通大学的李成、侯晓辉、马草原、杨万平、谢志峰等老师,在本课题申报、研究以及结项过程中,诸位老师提供的建设性意见让我受益匪浅。感谢中央财经大学金融学院王琦,中国人民银行西安分行罗小伟,中国人民银行广州分行王军,上海浦东发展银行战略发展与执行部高级研究员宋艳伟和交通银行总行电子银行部倪志凌,在本课题研究过程中能够得到他们的支持,真的很幸运。

本书的部分前期成果以论文形式已发表在《经济社会体制比较》(2022年第3期)、《会计与经济研究》(2022年第1期)、《武汉大学学报(哲学社会科学版)》(2021年第2期)、《当代经济科学》(2020年第3期)等学术期刊上。感谢这些刊物编辑部相关老师及匿名评审专家给予的支持、勉励与建设性意见。还要感谢课题成果鉴证专家在百忙之中抽出宝贵时间评阅本书稿。

此外,我指导的一些硕士研究生参与了书稿部分文献、数据资料的收集、整理工作,在此一并表示感谢。

最后,引用古人的一句名言——"路漫漫其修远兮,吾将上下而求索",愿以此书与所有有志于学术道路的年轻学子共勉!

刘孟飞

2022 年秋于西安